Antoninus Pius

Der vergessene Kaiser

Günter Aumann

Reichert | Wiesbaden | 2019

Coverabbildung: Aureus, Fritz Rudolf Künker GmbH & Co. KG, Osnabrück, Auktion 295, Los 864

Bibliografische Information der Deutschen Nationalbibliothek: Die Deutsche Bibliothek verzeichnet diese Publikation in der Deutschen Nationalbibliografie; detaillierte bibliografische Daten sind im Internet über http://dnb.dnb.de abrufbar.

Gedruckt auf säurefreiem Papier
(alterungsbeständig – pH 7, neutral)

www.reichert-verlag.de.
ISBN: 978-3-95490-393-1

Inhaltsverzeichnis

Vorwort 7

1 Das Imperium Romanum im Jahr 138 10
- 1.1 Die Quellen 10
- 1.2 Das Territorium 15
- 1.3 Wie regiert man ein Weltreich? 18

2 Antoninus Augustus Pius 22
- 2.1 Der Patrizier 22
- 2.2 Der Adoptivsohn 29
- 2.3 Der Nachfolger 37
- 2.4 Der Fromme? 40

3 Der Kaiser und sein Umfeld 45
- 3.1 Heitere Gelassenheit 45
- 3.2 Die Frauen 49
- 3.3 Die Adoptivsöhne 56
- 3.4 Cornelius Fronto 60

4 Pater patriae 64
- 4.1 Konsens und Kontinuität 64
- 4.2 Privilegien und Kontrolle 68
- 4.3 Im Zentrum des Reichs 70
- 4.4 Der umsichtige Bauherr 74
- 4.5 Der freigebige Stifter 80

5 Übertrieben friedliebend? 86
- 5.1 Britannien 86
- 5.2 Der Osten 89
- 5.3 Die Mauren 95
- 5.4 Donau und Rhein 100
- 5.5 Fazit 104

6 Ein Kümmelspalter? 107
6.1 Rechtsprechung als zentrale Aufgabe 107
6.2 Sklaven und Freigelassene 112
6.3 Vor Gericht 116
6.4 Familienrecht 119
6.5 Juden und Christen 120

7 Gleichmut 124

Anmerkungen 129

Abbildungsnachweise 141

Literaturverzeichnis 142

Register 149

Vorwort

„Meine Arbeit ist beschränkt und ruhmlos; es herrschte ein stabiler oder nur unbedeutend gestörter Friede … und der *princeps* hatte kein Interesse daran, das Reich zu vergrößern." So fasst der Geschichtsschreiber Tacitus[1] die Lage im *Imperium Romanum* unter Kaiser Tiberius zusammen. Er bedauert offenkundig, dass ihm die fast 23 Jahre dauernde Regentschaft dieses Kaisers kaum Möglichkeiten bot, als Historiker zu glänzen.

Hätte er ein gutes Jahrhundert später den etwa gleich lang regierenden Antoninus Pius erlebt, wäre sein Urteil kaum anders ausgefallen. Nach dem gefeierten Feldherrn Trajan, der dem Römischen Reich seine größte Ausdehnung bescherte, und dem ewig unruhigen Hadrian, der die Hälfte seiner Regentschaft auf Reisen verbrachte, konnte der sanfte Antoninus, dem Sehnsucht nach Kriegsruhm völlig fremd war und dessen Reisen ihn von seinem Palast in Rom nicht weiter als zu seinen Villen im Umland oder an den Golf von Neapel führten, nur als „der bemerkenswerte Langweiler" wahrgenommen und seine Herrschaft als die „Zeit der großen Windstille" empfunden werden.[2]

Doch was für die Geschichtsschreibung ein Fluch war (solange sie mehr an Ereignissen als an Strukturen interessiert war, den Fokus also vornehmlich auf innen- und außenpolitische Machtkämpfe richtete), war für die meisten Bürger ein Segen. Für Gibbon steht daher die Regentschaft des Antoninus im Zentrum der glücklichsten Ära der Menschheitsgeschichte: „Sollte jemand aufgefordert werden, jene Epoche in der Weltgeschichte zu bestimmen, in der die Lage des Menschengeschlechts am glücklichsten und gedeihlichsten war, so würde er ohne Zögern den Zeitraum zwischen Domitians Tod und Commodus' Thronbesteigung nennen."[3] Gibbon formulierte diesen viel zitierten Satz in seiner Geschichte vom „Verfall und Untergang des römischen Imperiums", die er zwischen 1776 und 1788 veröffentlichte. Die seitdem verstrichene Zeit bietet kaum Gründe, seine Einschätzung zu revidieren.

Domitian wurde im Jahr 96 ermordet. Der davon offensichtlich nicht sehr überraschte Senat wählte schon am nächsten Tag den knapp 66-jährigen, kinderlosen Nerva zu seinem Nachfolger. Commodus, der bereits seit dem Jahr 177 den Titel *Augustus* führte, übernahm die alleinige Herrschaft nach dem Tod seines Vaters im März des Jahres 180. Das knappe Jahrhundert zwischen Nervas Thronbesteigung und Mark Aurels Tod trägt in der römischen Geschichtsschreibung meist die Überschrift *Adoptivkaisertum*. In diesem Zeitraum gelangten vier Kaiser, nämlich Trajan, Hadrian, Antoninus Pius und Mark Aurel durch Adoption auf den Thron. Angesichts ihres erfolgreichen Wirkens lag es nahe, die Adoption als ideales Mittel zur Gewinnung des besten Thronfolgers zu preisen. Die Wahrheit war aber wesentlich prosaischer. Den Nachfolger durch Adoption zu bestimmen funktionierte nur solange, als der Kaiser keinen männlichen Nachkommen hatte. Und eine wohlüberlegte Wahl des Besten war sie nur selten. Nervas Adoption des Trajan war einzig der Sorge um die eigene Herrschaft geschuldet. Von den Prätorianern bedrängt, suchte und fand Nerva in den Legionen, die Trajan kommandierte, den nötigen militärischen Rückhalt. Ob Trajan seinen Verwandten Hadrian adoptierte, war und ist umstritten. Eine überzeugende Adoptionspolitik betrieb lediglich Hadrian, zwar erst im zweiten Anlauf, doch dann sogar über zwei Generationen. Der Philosophenkaiser Mark Aurel kehrte ohne zu zögern zum dynastischen Prinzip zurück. Er übergab die Herrschaft seinem Sohn Commodus, obwohl dieser nur wenig Hoffnung auf eine verantwortungsvolle Regentschaft bot.

In Vergils *Aeneis* prophezeit Anchises seinem Sohn Aeneas jubelnd, Kaiser Augustus werde dereinst *aurea saecula*, goldene Zeiten, in Latium begründen.[4] Da dieser nach Jahrzehnten eines blutigen Bürgerkriegs im Inneren Frieden und Aussöhnung brachte, stimmten sicher viele Römer gerne in dieses Loblied auf Augustus ein. Nach Vergils Vorbild suchten in der römischen Kaiserzeit Dichter und Herrscher immer wieder, die eigene Zeit als eine goldene zu adeln – bisweilen wenig überzeugend. So wartete das *Imperium Romanum* vergeblich auf die goldenen Zeiten, die Seneca in seiner Abrechnung mit der „tölpelhaften Regentschaft" des Claudius die Schicksalsgöttinnen in Neros Lebensfaden einspinnen ließ.[5] Hadrian brauchte (oder fand) keinen Dichter, der über ihn Ähnliches sagte. Er verkündet selbst auf einem Aureus,[6] dass mit seiner Regentschaft *saecula aurea*, goldene Zeiten, angebrochen seien. Dies spricht nicht für seine Bescheidenheit, dürfte aber das Lebensgefühl vieler Menschen getroffen haben – wenn auch mancher Senator gegenteiliger Meinung gewesen sein dürfte. Unter Antoninus Pius preist sich Aristides gar glücklich, in einer Zeit leben zu dürfen, die selbst das Glück des goldenen Geschlechts der Frühzeit übertreffe.[7]

Als nach dem Ende der prosperierenden Epoche der Adoptivkaiser die Verhältnisse unter Commodus prekär wurden, fand der Kaiser einen einfachen Ausweg, um diesen Nimbus zu wahren. Nach Cassius Dio dekretierte er, dass „sein Zeitalter ‚das Goldene' heißen und in allen Schriftsätzen so bezeichnet werden solle". Spätestens damit war es „von einem goldenen zu einem eisernen und rostigen" abgesunken.[8] Auch dieser Abstieg trug dazu bei, die Sehnsucht nach einer Regentschaft im Sinne des Antoninus Pius wachzuhalten.

Antoninus Pius war der Kaiser, der in den drei Jahrhunderten zwischen Kaiser Augustus und Konstantin dem Großen am längsten regierte. Trotzdem ist er außerhalb der Fachwelt nahezu unbekannt. Schließlich konnte die Regentschaft des Antoninus weder Intrigen am Kaiserhof noch Verschwörungen im Senat, weder Vulkanausbrüche noch große Schlachten an den Grenzen des Reichs bieten. Dass es sich trotzdem lohnt, die Herrschaft dieses pflichtbewussten Kaisers zu betrachten, der völlig frei war von Ruhmsucht und Eitelkeit, sollen die folgenden Seiten zeigen. Ein Kaiser, dem nichts ferner lag als sich in Szene zu setzen, bietet einen wohltuenden Kontrast zu den heute grassierenden Selbstinszenierungen.

Zitate antiker Autoren und Lebensläufe von Zeitgenossen des Antoninus werden helfen, dem Kaiser und seiner Zeit möglichst nahe zu kommen. Den Zugang erleichtern Infoboxen, in denen wichtige Ämter und Begriffe erklärt werden. Einen besonders eindrücklichen Blick auf den Kaiser und seine Familie erlauben zahlreiche Münzporträts. Um Einzelheiten besser erkennen zu können, werden die Münzen vergrößert wiedergegeben. Damit dadurch nicht der Gesamteindruck dieser kleinen Kunstwerke leidet, geschieht dies allerdings nur maßvoll.

Ein erster Entwurf des vorliegenden Buchs wurde dem Verlag Ende März 2018 präsentiert. Die wenige Wochen später im Frühsommer als Buch erschienene Habilitationsschrift [82] von Christoph Michels verzögerte allerdings die Fertigstellung. Schließlich war es geboten zu überprüfen, ob die eigenen Überlegungen vor den – den neuesten Stand der Forschung widerspiegelnden – Darlegungen von Michels bestehen können. Es zeigte sich nicht nur, dass dies der Fall ist, sondern auch, dass Zielgruppen wie Zielsetzungen der beiden Veröffentlichungen grundverschieden sind. Michels wendet sich an Fachkollegen, das vorliegende Buch an interessierte Laien, denen es einen „von der Forschung der letzten Jahrzehnte stiefmütterlich“[9] behandelten Kaiser näher bringen will. Im Gegensatz dazu wird von Michels nicht die Person des Kaisers, sondern „der herrscherliche Aufgabenkanon und die Kontextualisierung mit der Bildersprache von Vorgängern und Nachfolgern in den Mittelpunkt gestellt“[10]. Somit ergänzen sich die Blicke, die beide Publikationen auf den Kaiser Antoninus Pius werfen, zu einem größeren Panorama dieses von den Historikern vernachlässigten, ja weithin vergessenen Kaisers.

Ich danke den Herren Reiner Abenstein und Wolfgang Götz für die kritische Durchsicht des Manuskripts. Dank schulde ich ferner dem Dr. Ludwig Reichert Verlag für die Möglichkeit, diese Biographie zu veröffentlichen, und insbesondere Frau Dr. Thea Kraus, der zuständigen Lektorin, für die konstruktive Zusammenarbeit.

Bretten, im Dezember 2018 *Günter Aumann*

1 Das Imperium Romanum im Jahr 138

Im Juli des Jahres 138 starb Kaiser Hadrian, der annähernd 21 Jahre die Geschicke des *Imperium Romanum* gelenkt hatte. Gut vier Monate vorher hatte der schwerkranke Regent den Patrizier Antoninus adoptiert, der ihm nun nachfolgte und als Antoninus Pius in die Geschichtsbücher einging. Wie sah das Reich aus, dessen Regentschaft der fast 52-Jährige antrat? Wie wurde es regiert? Wo lagen seine Grenzen? Woher beziehen wir unsere Kenntnisse über diese Zeit?

Es ist sinnvoll, zumindest kurz auf diese Fragen einzugehen, bevor wir uns mit den knapp 23 Jahren beschäftigen, die Antoninus Pius über das Römische Reich herrschte.

1.1 Die Quellen

Im Vergleich zum ersten nachchristlichen Jahrhundert fließen die antiken Quellen zur Geschichte des Römischen Reichs im zweiten wesentlich spärlicher – trotz der achtzig Bücher umfassenden, griechisch geschriebenen *Römischen Geschichte* des Cassius Dio[1]. Dio wurde gegen Ende der Regierung des Antoninus Pius oder kurz nach dessen Tod geboren. Unter Commodus wurde er Mitglied des Senats, unter Septimius Severus *consul suffectus* (siehe S. 11). Den Höhepunkt seiner Karriere erlebte er im Jahr 229, als er als Amtskollege des Kaisers Severus Alexander *consul ordinarius* wurde. Danach zog er sich in seine bithynische Heimat im Nordwesten Kleinasiens zurück, wo er sein Geschichtswerk vollendete, an dem er über zwanzig Jahre gearbeitet hatte.

In seinem Werk behandelt Cassius Dio die Geschichte Roms von den Anfängen bis ins Jahr 229. Es wäre somit eine ausgezeichnete Quelle für die Zeit des Antoninus Pius. Heute erhalten sind aber neben einigen kümmerlichen Resten nur die Bücher 36 bis 60, die von den Ereignissen der Jahre 69 v. Chr. bis 46 n. Chr. handeln. Von den späteren Büchern ist lediglich ein Auszug (eine *Epitome*) vorhanden, der den Inhalt nur in stark verkürzter Form wiedergibt. Bei den uns interessierenden Büchern geht er größtenteils auf Johannes Xiphilinos, einen Mönch des 11. Jahrhunderts, zurück, der ihn wohl im Auftrag des byzantinischen Kaisers erstellte.

Zu diesem betrüblichen Befund kommt ein zweiter: Die von Xiphilinos verwendete Abschrift war lückenhaft. Gerade die Regierungszeit des Antoninus Pius und die ersten zehn Jahre der Regentschaft Mark Aurels fehlten. Xiphilinos behalf sich hier mit Informationen aus anderen Quellen. Weitere Ergänzungen zu Dios Werk liefern die *Excerpta Ursiniana de legationibus*, eine Sammlung von Exzerpten verschiedener Historiker. Sie wurde im Jahr 1582 von dem italienischen Bibliothekar und Altertumsforscher Fulvio Orsini veröffentlicht.

Im 3. Jahrhundert lag die römische Geschichtsschreibung darnieder. Im Laufe des vierten erwachte wieder das Interesse an geschichtlichen Werken, vor allem an solchen, die kurz und bündig über die vergangenen Jahrhunderte informierten. So entstand eine Reihe knapper geschichtlicher Abrisse, sogenannter *Breviarien*. Zu ihnen zählt das zehn dünne Bücher umfassende *Breviarium ab urbe condita* des Eutrop. Über den wahrscheinlich heidnischen Autor ist wenig bekannt. Sein Werk, das von der mythischen Gründung Roms im Jahr 753 v. Chr. bis zum Regierungsantritt des Kaisers Valens im Jahr 364 n. Chr. reicht, entstand unter der Herrschaft und im Auftrag dieses Kaisers. Auf Antoninus geht Eutrop im achten Buch ein.

Eine kurze Biographie des Antoninus enthält auch das um 360 entstandene Büchlein *Liber de Caesaribus* (Die römischen Kaiser) des Aurelius Victor[2], der aus einfachen Verhältnissen stammte und vermutlich um 320 in der Provinz *Africa* geboren wurde. Er machte in der Reichsverwaltung eine beeindruckende Karriere, die ihn bis zum Amt des *praefectus urbi* (siehe S. 13) führte. Das in seiner Grundtendenz eindeutig nichtchristliche Werk bietet knappe Biographien der Kaiser von Augustus bis Constantius II.

Die von einem unbekannten nichtchristlichen Autor um 400 verfasste *Epitome de Caesaribus* (Abriss über die Kaiser) basiert zu wesentlichen Teilen auf dem *Liber de Caesaribus*. Sie enthält eine knappe Darstellung der Kaisergeschichte von Augustus bis zum Tod des Kaisers Theodosius im Jahr 395, als das *Imperium Romanum* endgültig in zwei Teile zerbrach. Da die neue Schrift leichter zu lesen war, verdrängte sie in der Folgezeit das Werk des Aurelius Victor.

Die mit Abstand wichtigste Quelle für die Zeit des Antoninus Pius ist aber die (seit dem 17. Jahrhundert so genannte) *Historia Augusta*. Diese Kaisergeschichte umfasst Lebensbe-

► *consul*

Zu Zeiten der Republik waren die beiden gleichberechtigten, ein Jahr amtierenden Konsuln die höchsten Magistrate. Auch in der Kaiserzeit, als die Konsuln ihre Machtstellung fast vollständig eingebüßt hatten, blieb das Konsulat das Amt mit dem höchsten Prestige.
Um genügend viele ehemalige Konsuln (Konsulare) für die Leitungsämter im Reich zur Verfügung zu haben (und um Senatoren durch die Verleihung dieses Amtes auszeichnen zu können), wechselten jetzt die Konsuln mehrmals im Laufe des Jahres. Man unterschied nun zwischen den besonders angesehenen *consules ordinarii*, die ihr Amt am 1. Januar antraten und wie in der Republik dem Jahr seinen Namen gaben (unter den Konsuln …), und den im Laufe des Jahres nachrückenden *consules suffecti*. Zur Zeit des Antoninus Pius gab es pro Jahr vier bis fünf Konsulpaare.
Die Konsuln waren ursprünglich (unbezahlte) Beamte mit *imperium*, also militärischer, ziviler und richterlicher Befehlsgewalt. Wurden sie nach ihrer Amtszeit als Prokonsul Statthalter einer Provinz, so verfügten sie dort über das *imperium proconsulare*.
Seit Augustus war das *imperium proconsulare* Grundlage der allen überlegenen Befehlsgewalt des Kaisers (daher bisweilen auch als *imperium proconsulare maius* bezeichnet).

schreibungen der römischen Herrscher von Hadrian bis zur Machtübernahme Diokletians im Jahr 284. Für die Zeit zwischen 244 und 253 klafft eine Lücke, die daran anschließenden Lebensbeschreibungen des Valerian und des Gallienus sind nur teilweise erhalten. Wir werden die *Historia Augusta* sehr häufig zitieren und daher künftig mit HA abkürzen.[3]

Die HA ist ein in mehrfacher Hinsicht umstrittenes Werk. Es gibt vor, von sechs verschiedenen Autoren in der Zeit um 300 verfasst worden zu sein. Heute geht die Forschung überwiegend davon aus, dass die HA um 400 von einem einzigen Autor verfasst wurde, der die Geschichtswerke des Cassius Dio, Aurelius Victor, Eutrop sowie die *Epitome de Caesaribus* kannte. (Setzt man die HA früher an, kehren sich die Beziehungen natürlich teilweise um.) Solche Abhängigkeiten sind allerdings schwer zu beweisen. So können Übereinstimmungen zwischen der HA und Aurelius Victor auch von der Benutzung einer gemeinsamen Quelle herrühren.

Die Qualität der Viten schwankt sehr stark. Die Beschreibung der Regentschaft des Antoninus Pius gehört erfreulicherweise zu den zuverlässigsten Viten der HA. Bisher konnten ihrem Verfasser nur wenige Fehler nachgewiesen werden, etwa bei den Namen des Aelius Caesar und des späteren Kaisers Lucius Verus oder beim Lebensalter des Antoninus. Obwohl die chronologischen Angaben meist vage sind, bildet die HA daher das Gerüst jeder Würdigung dieses Kaisers.

Wenig beitragen zu Leben und Taten des Antoninus kann der oströmische Historiker Johannes Malalas, der um 490 in Antiochia am Orontes geboren wurde und nach 570 in Konstantinopel starb. Er verfasste eine griechisch geschriebene christliche Weltchronik (Chronographia), für die er auch Dios *Römische Geschichte* verwendete. Wie Schehl zeigte, liegt jedoch bei den meisten Aussagen über Antoninus Pius eine Verwechslung mit Kaiser Caracalla vor.[4] Dies ist erklärlich, da Caracalla nur der Spitzname dieses Kaisers war. Nachdem sich sein Vater Septimius Severus im Jahr 195 zum Adoptivsohn Mark Aurels erklärt hatte, trug er offiziell den Namen Marcus Aurelius Antoninus.

Schließlich sei noch die wohl während der Regentschaft des Antoninus Pius entstandene *Römische Geschichte* des um 95 in Alexandria geborenen und nach 160 in Rom gestorbenen Appian[5] genannt. Das in griechischer Sprache verfasste, aus 24 Büchern bestehende und nur zum Teil erhaltene Werk behandelt die Kriege Roms vom Beginn bis zum Ende der Republik. Sein historischer Wert wird sehr unterschiedlich beurteilt. Für die Zeit des Antoninus sind nur wenige Aussagen interessant.

Neben den Verfassern der bisher genannten Geschichtswerke steuern einige weitere Autoren bemerkenswerte Einzelheiten zu Teilaspekten der Regentschaft des Antoninus Pius bei. Einer von ihnen ist der griechische Autor Pausanias. Der um 115 in Kleinasien geborene Zeitgenosse des Antoninus verfasste zwischen den Jahren 160 und 175 eine zehnbändige *Beschreibung Griechenlands*.[6] Gestützt auf eigene Anschauung und frühere Werke beschreibt er darin in einem schlichten Stil die Sehenswürdigkeiten, aber auch die Landschaften Griechenlands. Besonders interessieren ihn Stätten von historischer und mythologischer Bedeutung. Im achten Buch seines Werks nimmt er die Beschreibung der Stadt Pallantion zum Anlass für einen Exkurs über Antoninus Pius.

In einer im Dezember 361 – also 200 Jahre nach dem Tod des Antoninus Pius – entstandenen Schrift, die unter den Titeln *Das Gastmahl* oder *Die Kronia* (Saturnalien) oder auch *Caesares* (Die Kaiser) bekannt ist, lässt Kaiser Julian (361–363) seine Vorgänger vor den Göttern um den Vorrang streiten.[7] Wir werden sehen, wie Antoninus bei diesem Wettbewerb abschneidet.

Paulus Orosius, der etwa von 385 bis 418 lebte, war ein in Spanien geborener spätantiker Historiker und christlicher Theologe. Er schrieb die sieben Bücher der *Historiarum Adversum Paganos* in den Jahren 417/418 auf Bitten des Augustinus. Darin versucht er zu beweisen, dass sich seit Christi Geburt das Schicksal der Menschheit zum Besseren gewendet hat. Auch in dieser Schrift wird Antoninus Pius erwähnt.

Philostratos wurde um 165 auf Lemnos geboren. In Athen und Rom machte er als Redner und Lehrer Karriere. Nach 200 fand er in Rom Zugang zum Hof des Kaisers Septimius Severus. Philostratos hinterließ die zweibändigen (griechisch geschriebenen) *Vitae sophistarum*[8] mit 59 Biographien von Philosophen und Rhetoren, die er – inzwischen fast 80-jährig – um 242/243 dem Kaiser Gordian III. widmete. In diesen Lebensläufen findet man auch einige Anekdoten über Antoninus Pius.

Philostratus prägte in seinem Werk den Begriff *Zweite Sophistik*, unter dem heute viele griechische Autoren der römischen Kaiserzeit von der Mitte des ersten bis zur Mitte des dritten Jahrhunderts zusammengefasst werden. Ausgefeilte Rhetorik und eine stolz präsentierte Bildung kennzeichnen deren Vertreter. Zu ihnen gehören Herodes Atticus, der uns als Lehrer Mark Aurels begegnen wird, und der in den *Vitae sophistarum* vorgestellte Aelius Aristides (117–181). Uns interessiert vor allem die große *Romrede*[9], die dieser gefeierte Rhetor vor Kaiser Antoninus hielt. In ihr preist er den Kaiser und das Glück, unter seiner Herrschaft im *Imperium Romanum* leben zu dürfen. Der genaue Zeitpunkt der Rede ist umstritten.

Schließlich lieferten zwei Zeitgenossen, die Antoninus nahe standen, wichtige Quellen. Zum einen würdigt Mark Aurel seinen Adoptivvater eindrucksvoll in seinen *Selbstbetrachtungen*.[10] Zum anderen hinterließ Marcus Cornelius Fronto, ein wichtiger Erzieher Mark Aurels, einen umfangreichen – erst im 19. Jahrhundert wiederentdeckten – Briefwechsel.[11]

► *praefectus urbi*

Das Amt des Stadtpräfekten war ursprünglich ein bloßes Ehrenamt, mit dem junge Männer für den Tag des Latinerfestes ausgezeichnet wurden, an dem die Konsuln mit den übrigen Magistraten Rom verließen, um an einem Jupiterheiligtum in den Albaner Bergen ein Opfer darzubringen.
Kaiser Augustus machte daraus ein einflussreiches Amt, das in der Regel mit einem ehemaligen Konsul besetzt wurde. Der Stadtpräfekt bekam eine wichtige Funktion in der Strafgerichtsbarkeit, wo er die traditionelle Gerichtsbarkeit der Prätoren zunehmend in den Hintergrund drängte. Ihm unterstanden auch die *cohortes urbanae*, also die römische Stadtpolizei.

Er umfasst neben zahlreichen Briefen an seinen Zögling auch solche an Antoninus oder an Freunde. Neben Belanglosem bietet diese Korrespondenz interessante Einblicke in das Umfeld des Kaisers und die Versuche, auf seine Entscheidungen Einfluss zu nehmen.

Da Antoninus die Rechtsprechung sehr ernst nahm und bedeutende Juristen an seinen Hof holte, sind die kaiserlichen Urteile und Erlasse von besonderem Interesse. Dass wir davon zahlreiche kennen, ist Kaiser Justinian (527–565) zu verdanken. Er ließ über 4000 der seit Hadrian ergangenen kaiserlichen Verfügungen im *Codex Iustinianus* sammeln. Ergänzt wird diese Sammlung durch die *Institutiones* und die Digesten. Bei den *Institutiones* handelt es sich um ein einführendes Lehrbuch, das auf dem gleichnamigen Werk eines Juristen namens Gaius aus dem zweiten Jahrhundert basiert. Gaius, von dem man weder den vollständigen Namen noch die Herkunft kennt, schrieb (oder vollendete) seine *Institutiones* unter der Regierung des Kaisers Mark Aurel. Wiederentdeckt wurden sie erst 1816 auf einem Palimpsest unter den Briefen des hl. Hieronymus. Die nach Sachgebieten geordneten Digesten (lat. *digesta*: Geordnetes) oder Pandekten (griech. pandéktes: Alles enthaltend) enthalten Auszüge aus über 200 Juristenschriften. Viele auf Antoninus Pius zurückgehende Entscheidungen sind darin zu finden.

Dionysius Gothofredus gab im Jahr 1583 die unter Justinian entstandenen Werke (zusammen mit einigen späteren Entscheidungen dieses Kaisers) unter dem Namen *Corpus Iuris Civilis* heraus (in Abgrenzung vom kirchlichen *Corpus Iuris Canonici*). Seitdem sind sie unter diesem Namen bekannt.

Weitere juristische Texte aus der Zeit des Antoninus Pius findet man in der *Collatio legum Mosaicarum et Romanarum*, einer Ende des 4. Jahrhunderts entstandenen Gesetzessammlung. In ihr sind Texte des Alten Testaments solchen des römischen Rechts gegenübergestellt (wohl um deren Übereinstimmung zu zeigen).

Auch die unter Antoninus in außergewöhnlicher Vielfalt geprägten Münzen bieten wertvolle Informationen. Cohen listet in [25] etwa 1500 verschiedene Typen auf, darunter mehr als 300 für seine verstorbene Gattin Faustina. Da die in den Umschriften aufgeführten kaiserlichen Ämter den Prägezeitraum in der Regel recht eng begrenzen, lassen sich Ereignisse, die auf den Münzrückseiten gefeiert werden, oft genauer datieren. Allerdings sind die auf dem Revers angesprochenen Themen meist allgemeinerer Natur, wenn sie etwa die Tugenden und Werte zeigen, die dem Kaiser wichtig waren. Häufig werden diese abstrakten Begriffe durch göttliche Wesen (meist weiblichen Geschlechts) veranschaulicht. Auch zur Illustration geographischer Begriffe werden sie verwendet. Besonders auf den unter Hadrian und Antoninus Pius geprägten Münzen findet man ein breites Spektrum solcher Personifikationen. Interessant sind ferner Münzen, mit denen der Kaiser seinen Nachfolger präsentierte oder die weiblichen Familienmitglieder der Öffentlichkeit vorstellte.

Überprüfen und ergänzen lassen sich die von den Geschichtsschreibern überlieferten Fakten und Einschätzungen durch zigtausende privater und öffentlicher Inschriften verschiedenster Art, z. B. Grabplatten, Bauinschriften, Ehrenmale, aber auch kaiserliche Verlautbarungen und Reden. So geben Ziegelstempel Einblick in die Vermögensverhältnisse. Das leider nur fragmentarisch erhaltene Kalendarium der *Fasti Ostienses* aus Ostia bietet

Informationen von 49 vor bis 175 nach Christus. Papyri – die leider nur im trockenen Klima Ägyptens überdauert haben – erlauben einen Blick in den römischen Verwaltungsalltag. Eine Reihe von Papyri erschließt die Sammlung ägyptischer Urkunden aus den Königlichen (später Staatlichen) Museen zu Berlin (abgekürzt BGU), deren erster Band 1895 erschien.

Lateinische Inschriften werden seit 1853 im *Corpus Inscriptionum Latinarum* (CIL) gesammelt. Die Initiative dazu ging von Theodor Mommsen aus. Das CIL besteht derzeit aus 17 Bänden in über 70 Teilen und enthält ungefähr 180 000 lateinische Inschriften. Später kamen weitere, teilweise spezialisierte Sammlungen hinzu. Genannt seien die 1888 begründete *L'Année épigraphique* (AE) oder die seit 1978 erscheinenden *Roman Military Diplomas* (RMD).[12]

Selbst wenn man den Zufall außer Acht lässt, der zum Verschwinden wie zur Entdeckung einer Inschrift führen kann, bieten die Inschriften keinen repräsentativen Eindruck ihrer Zeit. Da niemand ein Interesse daran hatte, einen abschlägigen Bescheid des Kaisers in Stein gemeißelt der Nachwelt zu erhalten (bisweilen haben – zur Freude der Historiker – die Antragsgegner diese Aufgabe übernommen), findet man überwiegend positive Antworten. Außerdem konnte sich eine derart aufwändige Veröffentlichung nur jemand leisten, der über ein entsprechendes Vermögen verfügte. Antworten an weniger betuchte Antragsteller und untergeordnete Verwaltungsstellen sind daher meist verloren. Schließlich ist es nicht so, dass vor allem wichtige Erlasse erhalten blieben. Da auch banale Antworten in Stein gehauen wurden, liegt der Verdacht nahe, dass es den Auftraggebern nicht selten vornehmlich darum ging, auf der Inschrift ihren Namen – als anfragender Beamter oder als Mitglied einer Gesandtschaft an den Kaiser – lesen zu können und damit Zeitgenossen wie Nachwelt zu beeindrucken.

So lässt das zur Verfügung stehende Material – schon aufgrund der zahlreichen Lücken, die trotz dieser Texte im geschichtlichen Mosaik bleiben – stets Raum für Interpretationen. Dabei ist die Gefahr nicht zu unterschätzen, dass man in die Texte etwas hineinliest, während man meint, etwas aus ihnen herauszulesen. Die Geschichtsschreibung bietet dafür genügend Beispiele. Trotzdem führt daran kein Weg vorbei, insbesondere dann nicht, wenn man die eigentlich spannenden Fragen beantworten will: Wie sah sich Antoninus Pius selbst? Worin sah er seine Aufgabe? Was lag ihm am Herzen?

1.2 Das Territorium

Das Reich, dessen Regentschaft Antoninus im Jahr 138 antrat, war riesig. Wie die Abb. 1-1 zeigt, waren Rom und das italische Kernland umgeben von einer lückenlosen Kette von Provinzen (siehe S. 18), die das Mittelmeer zum Binnenmeer dieses Reichs machten. Man versteht, warum es die Römer *mare nostrum* (unser Meer) nannten. Um eine bessere Vorstellung vom Ausmaß des *Imperium Romanum* zu erhalten, lassen wir uns von einem Zeitgenossen des Antoninus führen, dem in Alexandria geborenen Geschichtsschreiber Appian (vgl. S. 12). Er beginnt das Vorwort zu seiner *Römischen Geschichte*, das er nach seinen eigenen Angaben gut 900 Jahre nach der Gründung Roms – also nach dem Jahr 148 – verfasst hat, mit einer Schilderung seiner gewaltigen Größe.[13] Dazu unternimmt er mit dem Leser eine Kreuzfahrt auf einem Segelschiff. Stark verkürzt beschreibt er dessen Route etwa wie folgt.

Im Ozean beherrschen die Römer von Britannien mehr als die Hälfte, wobei sie am Rest kein Interesse haben, weil schon der bessere, von ihnen beherrschte Teil nicht sehr einträglich ist. Segelt man durch die Säulen des Herkules, also die Straße von Gibraltar, in das Mittelmeer, so stehen alle Inseln, die man passiert, und alle angrenzenden Länder unter römischer Herrschaft. Im Norden Afrikas reicht die Herrschaft bis Äthiopien, in Asien bis an den Euphrat. Segelt man um Kleinasien herum, so gehören die Völker beidseits der Dardanellen und des Marmarameeres, aber auch jene an der Südküste des Schwarzen Meeres dazu. Zurück in der Ägäis passiert man die römischen Gebiete Thrakien, Mazedonien und Griechenland. Dann folgt Italien. Schließlich kommt man an Gallien vorbei zur iberischen Halbinsel, die sich beide vom Mittelmeer bis zum Ozean erstrecken.

Weiter führt Appian aus, dass im Inneren Europas größtenteils der Rhein und die Donau die Grenze des römischen Herrschaftsgebiets bilden. Überschreitet man diese Flüsse, so seien jenseits des Rheins einige germanische Stämme, jenseits der Donau die Daker Untertanen der Römer.

Beeindruckt ist Appian nicht nur von der Größe des Imperiums, sondern auch von der bunten Vielfalt der unterworfenen Völker. Das Gebiet weiter auszudehnen, hält er nicht für sinnvoll, da die Herrschaft über die ringsum lebenden Barbaren keinen Gewinn verspreche. Mit dieser nüchternen Kosten-Nutzen-Rechnung kritisiert er Kaiser Trajan, der auf den Spuren Alexanders des Großen über den Euphrat nach Osten vorgedrungen war. Die im Rahmen dieses Vorstoßes eingerichteten Provinzen hatten allerdings nicht lange Bestand; Hadrian kehrte wieder zur bewährten Methode zurück, dort Klientelfürstentümer als Pufferstaaten zwischen dem römischen und dem parthischen Reich zu etablieren. Unter seinem Nachfolger Antoninus Pius änderte sich wenig an dem von Hadrian hinterlassenen Grenzverlauf. Von kleineren Grenzkorrekturen abgesehen, hielt er sich an die Mahnung des greisen Kaisers Augustus, „sich mit dem Vorhandenen zu begnügen und keinesfalls darauf auszusein, die Herrschaft immer weiter auszudehnen“[14].

Im *Imperium Romanum* des Jahres 138 hatten alle Bewohner unter 40 Jahren – und das war der bei Weitem größere Teil – in ihrem Leben nur zwei Herrscher erlebt, Kaiser Trajan, der von 98 bis 117 regierte, und seinen Nachfolger Hadrian. Obwohl grundverschieden, hatten sie den Bürgern das Gefühl vermittelt, in einem unbezwingbaren Reich zu leben, das sich Grenzen nur selber setzen konnte. So sieht es auch Appian: „In einem langen, stabilen Frieden hat sich alles zu sicherem Wohlstand und Glück entwickelt.“[15]

Hätte Antoninus, als er im Juli 138 auf den Thron kam, den „Mann auf der Straße“ nach seinen Wünschen an den neuen Regenten gefragt, hätte dieser wohl die Hoffnung geäußert, dass es so weitergehen möge wie bisher. Die Antwort der meisten Senatoren wäre zurückhaltender ausgefallen. Sie erwarteten vom neuen Regenten in erster Linie, das unter Hadrian frostig bis eisig gewordene Klima zwischen Senat und Kaiser wieder auf angeneh-

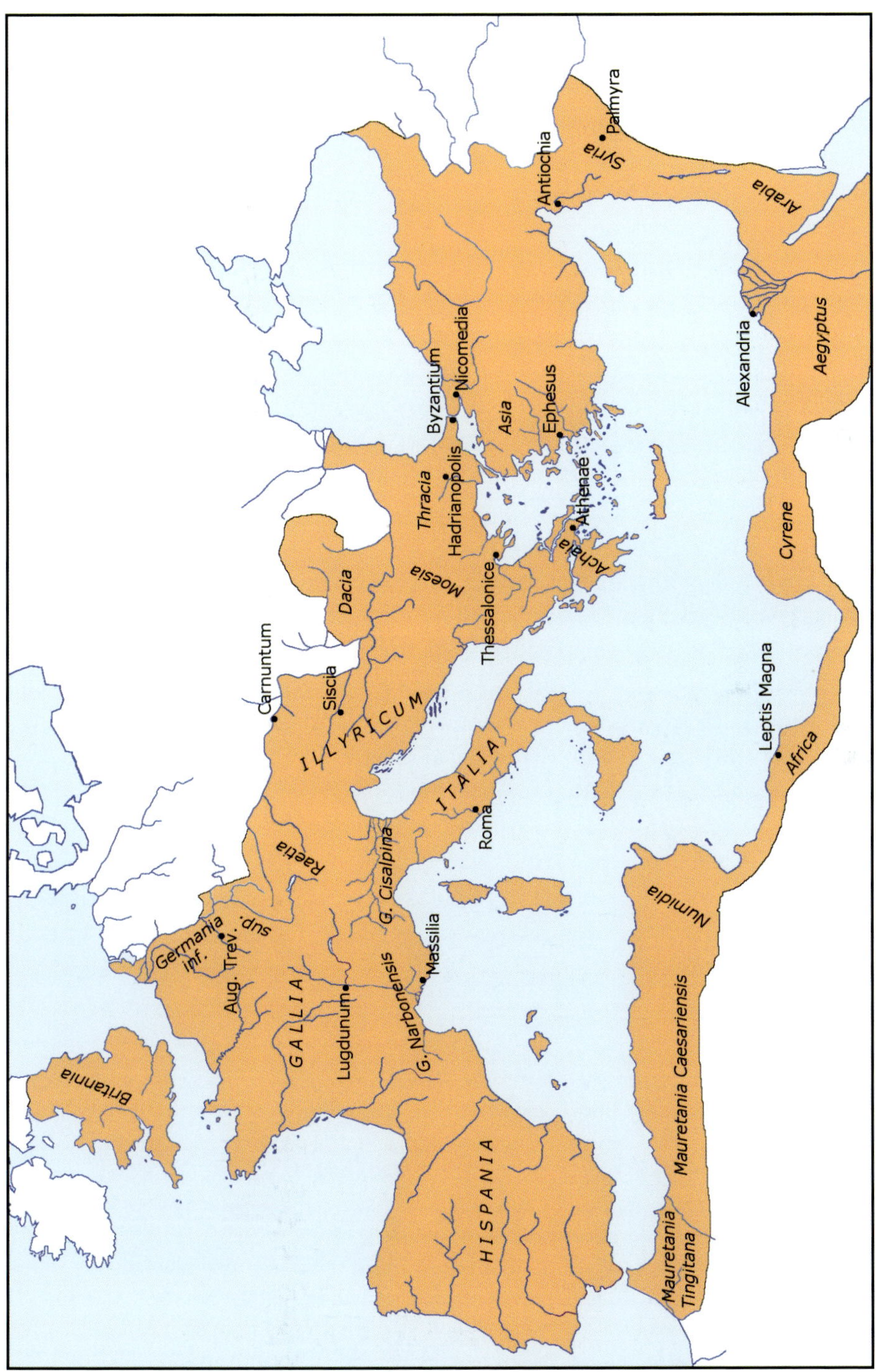

Abb. 1-1: Das Imperium Romanum unter Antoninus Pius

me Temperaturen steigen zu lassen, um sorgenfrei ihren Reichtum genießen und sich in ihrer vom Kaiser respektierten ehrenvollen Stellung sonnen zu können.

1.3 Wie regiert man ein Weltreich?

Im Jahr 138 war Rom eine Millionenstadt, die mit Abstand größte Stadt des *Imperium Romanum* und das unbestrittene Zentrum der Macht. Aus allen Teilen des Reichs strömten die Menschen in diese Stadt, „die Tugenden wie Lastern große Belohnungen verhieß“[16]. Die Folgen kann man bei Juvenal nachlesen.[17] Für die Jahresmiete eines finsteren Lochs konnte man in den Landstädten Latiums das schönste Haus kaufen. Nachts raubten die durch die engen, verwinkelten Gassen rumpelnden Fuhrwerke und das Gekeife der Fuhrknechte, wenn sich zwei Wagen verkeilten, den Schlaf. Tagsüber hatte ein Fußgänger bald einen Ellbogen, bald die Tragstange einer Sänfte im Kreuz, der eine traf ihn mit einem Balken am Kopf, der andere mit einem Weinfass. Seine Beine waren von Kot und Schlamm bedeckt, bald traten ihn Quadratlatschen, bald bohrte sich der Schuhnagel eines Soldaten in seinen Zeh.

Die Macht bündelte sich im Kaiser, im *Caesar Augustus* (siehe S. 20), der über eine vergleichsweise kleine Schar von Beamten und Amtsträgern gebot. Auch wenn das Volk, um dessen Gunst die Politiker einst buhlten, längst seine politischen Einflussmöglichkeiten verloren hatte, verlangte die pulsierende Metropole vom Kaiser Fingerspitzengefühl. Kein Kaiser konnte es sich leisten, die Sympathien der Volksmassen zu verspielen. Sie mussten durch die sprichwörtlich gewordenen „Brot und Spiele“[18] ruhig gestellt werden. Schon Kaiser Augustus vermerkt in seinem Tatenbericht stolz die von ihm veranstalteten Spektakel (darunter eine Seeschlacht mit mehr als 3 000 Mann) und die Geldsummen und Getreidespenden, die er regelmäßig an das Volk verteilen ließ.[19]

Doch im Kern hing die Stabilität des Reichs davon ab, wie es dem Kaiser gelang, den Senat – genauer: dessen von den Konsularen gebildete Führungsschicht – in die Herr-

► *provincia*

Das außeritalische Territorium des *Imperium Romanum* war in Provinzen eingeteilt, die jeweils von einem römischen Statthalter verwaltet wurden. Dieser verfügte zwar nur über einen kleinen Verwaltungsapparat, aber über weitgehende Vollmachten. Seit den Reformen Sullas erhielten Konsuln und Prätoren nach ihrem Amtsjahr als Prokonsul (*pro consule*, anstelle eines Konsuls) bzw. Proprätor (*pro praetore*, anstelle eines Prätors) durch das Los eine Provinz übertragen.
Seit Augustus unterschied man kaiserliche Provinzen, deren Statthalter der Kaiser ernannte, und senatorische Provinzen (oder Provinzen des römischen Volkes), deren Statthalter weiterhin durch das Los bestimmt wurden. Unter den senatorischen Provinzen besaßen *Asia* und *Africa* das höchste Sozialprestige. Der Statthalter einer kaiserlichen Provinz, in der Legionen stationiert waren, hieß nun *legatus (Augusti) pro praetore* (siehe S. 30). Die übrigen kaiserlichen Provinzen leitete ein Präfekt oder später ein Prokurator aus dem Ritterstand.

schaft einzubinden. Dies verlangte von ihm, bei der Vergabe der Ämter, die zum Konsulat führten, die tradierten Privilegien der etablierten Familien zu respektieren. An deren Spitze standen die adligen Patrizier, die zwar ihre politischen Vorrechte schon in der Frühzeit der Republik verloren hatten, denen aber ihre sakrale Sonderstellung und die daraus resultierende Würde eine Karriere im Staatsdienst in die Wiege legten. Vom Kaiser in diesen erlesenen Zirkel (*inter patricios*) aufgenommen zu werden, blieb daher nicht nur wegen des damit verbundenen Prestiges erstrebenswert. Auf S. 29 ist die Laufbahn eines Patriziers aus der Zeit des Antoninus Pius nachzulesen.

Patrizier durchliefen die senatorischen (Ehren-)Ämter, den *cursus honorum*, weitgehend, ohne zusätzliche Aufgaben übernehmen zu müssen. Mit etwa 25 Jahren wurden sie Quästor, mit 31 Jahren absolvierten sie die Prätur, zwei Jahre später erreichten sie das Konsulat, meist sogar als *consul ordinarius*. Da pro Jahr nur zwei solche Posten zu vergeben waren, schätzte es die senatorische Elite, wenn die Mitglieder der kaiserlichen Familie, die natürlich ebenfalls auf ein solches Amt Anspruch hatten, nicht zu viele dieser Stellen vereinnahmten. Antoninus Pius war hier vorbildlich. Als Kaiser übernahm er ein ordentliches Konsulat lediglich in den Jahren 139 (am Beginn der Herrschaft obligatorisch), 140 (um seinen Adoptivsohn Mark Aurel als Amtskollegen der Öffentlichkeit präsentieren zu können) und 145 (ebenfalls mit Mark Aurel, der in diesem Jahr die Kaisertochter Faustina heiratete). Außerdem nahmen seine Adoptivsöhne dieses Amt kurz vor seinem Tod im Jahr 161 wahr.

Auch Söhne konsularer Familien, die nicht zu den Patriziern gehörten, konnten davon ausgehen, das Konsulat zu erreichen. Im Unterschied zu den Patriziern hatten sie allerdings zwischen Prätur und Konsulat ein oder zwei Ämter – etwa das Kommando über eine Legion oder die Statthalterschaft einer kaiserlichen prätorischen Provinz – zu übernehmen, weshalb sie das Konsulat erst mit knapp 40 Jahren erlangten.

Mit diesen aristokratischen Privilegien hatte der Kaiser aber ein zweites Prinzip in Einklang zu bringen: das Leistungsprinzip. Er musste neuen Kräften, die sich im kaiserlichen Dienst besonders bewährt hatten, die Chance geben, in diese Führungsschicht aufzusteigen, um deren Ausbluten zu verhindern. Insbesondere für *homines novi*, Neulinge ohne senatorische Vorfahren, war dieser Weg lang und mühevoll. Die meisten von ihnen mussten, ebenso wie der Großteil der Söhne aus nicht-konsularen senatorischen Familien, nach der Prätur mindestens drei Ämter übernehmen. Nur wenn ihnen der Kaiser dabei neben niederen Dienststellungen (etwa einem Legionskommando) auch höhere übertrug (z. B. die Statthalterschaft einer kaiserlichen Provinz), konnten sie mit dem Konsulat rechnen, das sie aber selten vor dem 43. Geburtstag erreichten.

Doch die Kompetenzen, die Aufsteiger auf dem Weg zum Konsulat erwarben, führten dazu, dass sie in den wichtigen konsularen Ämtern, etwa unter den Statthaltern der kaiserlichen Provinzen mit starker Militärpräsenz, überproportional vertreten waren. Dass in diesem System durchaus spektakuläre Senatskarrieren möglich waren, beweist die Laufbahn des *homo novus* Salvius Iulianus (siehe S. 111). Seine provinziale Herkunft aus Nordafrika bedeutete längst kein Handicap mehr. Zwar stammte die Mehrzahl der Senatoren zur Zeit des Antoninus noch aus Italien. Doch bereits für Konsuln ohne konsulare Vorfahren dürfte dies nicht mehr gestimmt haben.[20] Und Trajan und Hadrian hatten bewiesen, dass Provinziale sogar Kaiser werden konnten.

Sich im Senat keine Feinde zu schaffen, war nicht nur für ein gedeihliches Regieren, sondern auch für ein sorgenfreies Leben des Kaisers wichtig. Schließlich wurden, abgesehen von der in Ägypten stehenden Legion, alle Legionen von Senatoren kommandiert. Die Gefahr, dass ehrgeizige Heerführer unzufriedene Truppen aufwiegelten, durfte also nicht unterschätzt werden. Schon deshalb war es für den Kaiser wichtig, die Truppe bei Laune zu halten. Auch wenn die zeitweise chaotischen Verhältnisse des 3. Jahrhunderts, in dem sich in den Provinzen bisweilen monatlich Gegenkaiser erhoben, noch in weiter Ferne lagen, kam es auch unter Antoninus zu (eng begrenzten) Revolten (siehe S. 65).

Die Ritterschaft, der *ordo equester*, bildete die zweite tragende Säule der Staatsverwaltung. Als Kommandeure von Hilfstruppen und in den Stabsstellen der Legionen bildeten die Ritter das Rückgrat der Armee. Als Prokuratoren fungierten sie danach in kleineren kaiserlichen Provinzen, in denen nur Hilfstruppen standen, als Statthalter, in größeren als Leiter der Finanzverwaltung. Als Minister am Kaiserhof oder als Präfekten der Prätorianergarde konnten sie zu erheblichem Einfluss gelangen. Die Laufbahn des Ritters Titus Varius Clemens, die auf S. 101 nachzulesen ist, zeigt beispielhaft die traditionell starke militärische Komponente einer ritterlichen Laufbahn.

Doch militärische Kompetenz war nicht mehr die einzige Möglichkeit, nach oben zu kommen. Auch als Jurist konnte ein Ritter Karriere machen, wie der von Antoninus Pius

► *Caesar Augustus*

Im Januar des Jahres 27 v. Chr. übertrug der Senat dem Großneffen und Adoptivsohn des an den Iden des März 44 v. Chr. ermordeten und später vergöttlichten Gaius Iulius Caesar den Oberbefehl über die meisten Legionen und ehrte ihn mit dem Beinamen *Augustus*. Für alle Nachfolger war die Herrschaft über das *Imperium Romanum* untrennbar mit der Übernahme oder Verleihung dieses bald zum Titel gewordenen Attributs verbunden.

Den karrierefördernden Namen Caesar, den der erste Augustus von seinem Adoptivvater erhalten hatte, vererbte er seinen (ebenfalls adoptierten) Nachkommen. Später wurde *Caesar* Titelbestandteil der römischen Kaiser. Auch männliche Nachkommen eines Kaisers konnten diesen Titel erhalten, seit Hadrian nur noch designierte Nachfolger. In der Tetrarchie Diocletians wurde *Caesar* zum Titel der als Nachfolger der beiden ranghöheren Kaiser (mit dem Titel *Augustus*) bestimmten Unterkaiser.

Im bewussten Rückgriff auf die republikanische Tradition, Versammlungen einflussreicher Staatsmänner oder früherer Konsuln mit *principes* (erste Bürger) anzusprechen, bevorzugte Kaiser Augustus allerdings die Anrede *princeps*. Obwohl nicht in die offizielle Kaisertitulatur aufgenommen, blieb dies auch unter seinen Nachfolgern die gängige Anrede. Auf Inschriften begnügte man sich damit nicht immer. Selbst der persönlich bescheidene Antoninus Pius konnte es nicht verhindern, darauf[21] zum *optimus maximusque princeps*, zum besten und größten *princeps* zu werden, also dieselben Attribute zu bekommen wie der kapitolinische Jupiter.

hoch geschätzte Lucius Volusius Maecianus beweist (siehe S. 110). Man sieht an seinem Lebenslauf, dass selbst der Einzug in den Senat nicht ausgeschlossen war. Spektakulär ist der Aufstieg des Ritters Statius Priscus, den Antoninus Pius sogar zum *consul ordinarius* machte (siehe S. 105).

Alle Quellen bescheinigen Kaiser Antoninus, die tradierten Sitten geschätzt und geachtet zu haben. Trotzdem bewahrte er sich den nötigen Handlungsspielraum für eine sachorientierte Personalpolitik. Er schaffte den Spagat zwischen der Respektierung überkommener Privilegien und der Förderung talentierter Männer ohne senatorische Vorfahren aus allen Teilen des Reichs,[22] denen er selbst das prestigeträchtige ordentliche Konsulat nicht vorenthielt. Er formte aus dem komplizierten, aus standespolitischen Regeln, persönlichen Qualifikationen und den Anforderungen der Ämter bestehenden Räderwerk eine nahezu reibungslos arbeitende Verwaltungsmaschinerie. Dass ihm dies gelang, lag auch daran, dass die schmale Führungsschicht des *Imperium Romanum* während seiner Regentschaft weder durch Kriege noch durch Seuchen dezimiert wurde. Seine Nachfolger hatten es da wesentlich schwerer.

Im dritten Jahrhundert verlor der Senat seine Bedeutung als wichtigste Stütze des Kaisers – ohne dass die Senatoren ihr Sozialprestige oder ihren Reichtum einbüßten. Offenkundig wurde dies im Jahr 217, als mit Macrinus erstmals ein Angehöriger des Ritterstands auf den Thron kam. Eine Generation später schloss Gallienus (253–268) die Senatoren weitgehend von den zivilen und insbesondere den militärischen Leitungspositionen aus. Im vierten Jahrhundert begannen Senatoren- und Ritterstand zu verschmelzen. Eine neue, hierarchisch stark differenzierte Senatorenschicht entstand.

2 Antoninus Augustus Pius

Als Antoninus geboren wurde, stand Kaiser Domitian, der letzte Vertreter der flavischen Dynastie, auf dem Höhepunkt seiner Macht. Kein noch so weiser Seher hätte zu diesem Zeitpunkt die Karriere erahnen können, die der Neugeborene machen sollte. Wie das Umfeld aussah, in das der spätere Kaiser hineingeboren wurde, und welche Umstände ihn auf den Thron führten, soll uns in diesem Kapitel beschäftigen.

2.1 Der Patrizier

Titus Aurelius Fulvus Boionius Antoninus wurde am 19. September 86 in Lanuvium geboren, einem wohlhabenden, am Abhang der Albaner Berge gelegenen Städtchen gut 30 km südöstlich von Rom.[1]

Weit über ihre Grenzen hinaus berühmt war die Stadt wegen ihres Heiligtums für Juno. Diese vielschichtige Gottheit wurde in Lanuvium als *Iuno Sospita*, als rettende Juno verehrt, die ein Ziegenfell mit markanten Hörnern über dem Kopf unverwechselbar machte.[2] In Abb. 2-1 sehen wir sie auf einem Stirnziegel eines etruskischen Tempels aus dem 5. vorchristlichen Jahrhundert. Münzmeister, deren Familien aus Lanuvium stammten, schmückten mit dem Haupt dieser Göttin den Avers republikanischer Denare.[3] Dies zeigt, dass der uralte Kult der *Iuno Sospita* weithin bekannt und über Jahrhunderte lebendig geblieben war. Das dadurch reich gewordene Heiligtum konnte im Bürgerkrieg nach Caesars Tod sogar Octavian durch Darlehen unterstützen[4] (ob dies freiwillig geschah, sei dahingestellt). Appian hält ausdrücklich fest, dass der Reichtum dieses Tempels, ebenso wie der Heiligtümer in Antium und Tibur, auch zu seiner Zeit – und damit zu der des Antoninus Pius – immens sei. Übersetzt man diese finanzielle in eine kultische Aussage, so bedeutet dies, dass die Heiligtümer noch Mitte des zweiten Jahrhunderts gut besucht waren.

Auch Kaiser Antoninus Pius erwies dem altehrwürdigen Juno-Heiligtum in seinem Geburtsort seine Reverenz durch einen Sesterz, den er zu Beginn seiner Herrschaft prägen ließ.[5] Archaisierend wird die Göttin darauf als *Iuno Sispita* angesprochen.

Sehen wir uns Familie und Vorfahren des Antoninus und seiner Frau Faustina etwas näher an.[6] Der auf S. 25 gezeigte Stammbaum enthält die wichtigsten verwandtschaftlichen Beziehungen. Er kann helfen, nicht den Überblick zu verlieren.

Die Mutter des Antoninus war die sehr wohlhabende Arria Fadilla. Inschriften aus den Jahren 123 bis 127 belegen, dass sie eine Ziegelbrennerei besaß.[7] Die Zahl der gefundenen Ziegel lässt auf ein großes Unternehmen schließen, in dem es mehrere Fabriken oder Öfen gab, die verpachtet wurden. Ziegeleien waren für die Angehörigen des Senatorenstands in mehrfacher Hinsicht attraktiv. Auch wenn sie nicht mehr wie früher von Handel und Ge-

Abb. 2-1: Iuno Sospita

werbe ausgeschlossen waren, resultierte noch immer der gesellschaftlich angesehenste Profit aus dem Grundbesitz und als solchen konnte man Gewinne aus einer Ziegelei verkaufen. Die Herstellung von Ziegeln war ja letztlich die Nutzung von Bodenschätzen – und zwar eine sehr lukrative. Nach dem großen Brand Roms im Jahr 64, aber auch für die zahlreichen Bauprojekte unter Trajan und Hadrian wurden nämlich riesige Mengen gebrannter (nicht mehr wie früher luftgetrockneter) Ziegel benötigt. Sie bildeten die Außenschalen der Wände, deren Kern meist aus Bruchstein und Mörtel bestand.

Der Vater des späteren Kaisers hieß (nach seinem Vater) Aurelius Fulvus. Er entstammte einem Geschlecht aus Nemausus (Nîmes), dessen Amphitheater uns noch heute die römische Vergangenheit der Stadt eindrucksvoll vor Augen führt (siehe Abb. 2-2). Nemausus gehörte zur Provinz *Gallia Narbonensis*, die oft nur *provincia nostra* (unsere Provinz) oder einfach *provincia* genannt wurde, weshalb diese Gegend noch heute den Namen Provence trägt. Plinius der Ältere beschreibt sie so: „Als *Narbonensis provincia* bezeichnet man den Teil Galliens, der vom Mittelmeer bespült wird, einst *Bracata* [barbarisch] genannt. Von Italien wird die Provinz vom Fluss Var und von der dem *Imperium Romanum* sehr zuträglichen Alpenkette getrennt, vom übrigen Gallien an der Nordflanke durch die Berge der Cevennen und des Jura. Was die Kultivierung des Bodens, das Ansehen ihrer Männer und ihrer Sitten oder die Größe ihres Reichtums betrifft, steht sie hinter keiner anderen Provinz zurück. Kurz gesagt: Sie ist eher Italien als eine Provinz.“[8]

Abb. 2-2: Amphitheater von Nemausus

Die Vorfahren des Antoninus stammen also nicht „aus der hintersten Provinz", sondern aus einer Gegend, deren Vorzüge nicht nur die Franzosen des 21. Jahrhunderts zu schätzen wissen, sondern auch für die Römer des zweiten attraktiv waren. Diese Zwitterrolle erklärt, warum Aurelius Victor die Familie des späteren Kaisers als „sehr alt" bezeichnet, Eutrop sie dagegen als „angesehen, aber nicht gerade alt" einstuft.[9]

Nach der HA war Aurelius Fulvus ein ernster und integrer Mann. Im Jahr 89 war er *consul ordinarius*. Da Antoninus bei seinen Großeltern in Lorium aufwuchs, einem Ort im südlichen Etrurien an der Via Aurelia knapp 20 km westlich von Rom, verstarb Aurelius Fulvus wohl kurz nach seinem Konsulat. Es blieb ihm daher verwehrt, die glanzvolle Karriere seines Vaters zu wiederholen. Seine Witwe heiratete später den ehemaligen Konsul Iulius Lupus.

Titus Aurelius Fulvus, der Großvater des Antoninus väterlicherseits, befehligte im Jahr 64 die *legio III Gallica*, die damals in Armenien stationiert war.[10] Fünf Jahre später kämpfte er an der Spitze dieser Legion gegen die Sarmaten, die die Wirren während des Vierkaiserjahres zu einem Einfall in das Römische Reich genutzt hatten. Dafür wurde er von Otho mit den *ornamenta consularia* ausgezeichnet, den Rangabzeichen und Privilegien eines Konsuls, ohne dieses Amt bekleidet zu haben.[11] Unter Vespasian wurde er *consul suffectus*. Das kaiserliche Wohlwollen verlor er also auch unter den Flaviern nicht. Den Höhepunkt seiner Karriere erreichte er unter Domitian, der in Senatskreisen bekanntlich nicht sehr beliebt war. Er erlangte im Jahr 85 nicht nur – als einer von wenigen Senatoren ohne verwandtschaftliche Beziehungen zum Kaiserhaus – ein zweites Konsulat. Er erreichte es sogar in einer besonders herausgehobenen Position: Er hatte Kaiser Domitian als Amtskollegen. Es verwundert nicht, dass er anschließend *praefectus urbi* wurde.[12]

Auch sein Großvater mütterlicherseits war ein bemerkenswerter Mann. In zwei Jahren fragiler Herrschaftsverhältnisse war Arrius Antoninus Suffektkonsul. Im Vierkaiserjahr 69 hatte er dieses Amt unter Kaiser Vitellius inne.[13] Eine Generation später war er im Jahr 97,

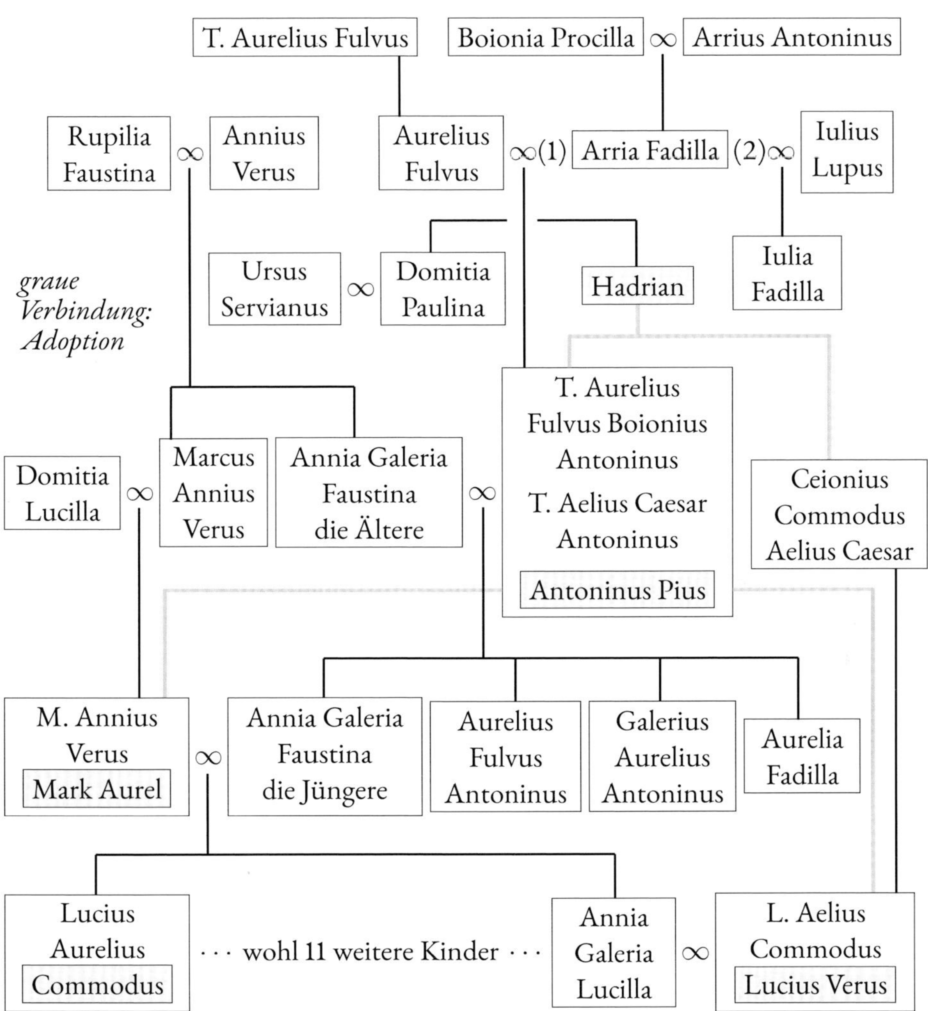

Abb. 2-3: Stammtafel

als Nerva um seine Herrschaft bangen musste, einer von zahlreichen mit Bedacht ausgewählten Amtsträgern. Zu ihnen gehörte auch der Historiker Tacitus, einen dritten werden wir noch kennenlernen.[14]

Nerva war einer der wenigen Kaiser, die ihr Amt nicht nur formal den Senatoren verdankten. Am 19. September 96, einen Tag nach der Ermordung Domitians, machten sie den knapp 66-Jährigen zum *Augustus*. Arrius Antoninus neidete ihm sein Amt nicht. „Als ihn der Senat in der Kurie freudig empfangen hatte, sprach als einziger Arrius Antoninus, ein scharfzüngiger Mann und mit ihm gut befreundet, das Los der Herrscher an. Er umarmte ihn und sagte, man könne dem Senat, dem Volk und den Provinzen gratulieren, ihm selbst aber ganz und gar nicht. Denn es war besser, grundschlechten Herrschern aus dem Weg zu gehen, als die Last einer so großen Bürde zu übernehmen und sich so nicht nur Beschwerden und Gefahren auszusetzen, sondern auch der üblen Nachrede von Gegnern wie Freunden. Wenn sie dir etwas nicht abtrotzen können, sind Freunde sogar schlimmer als Feinde, da sie ja meinen, alles zu verdienen."[15] Besonders viel hielt Arrius von seinen Senatskollegen offenkundig nicht.

Auch zuhause wird Arrius Antoninus nicht verhehlt haben, dass er es eher für einen Fluch als für einen Segen hielt, zum *Augustus* bestimmt zu werden. Sein Enkel, der an diesem denkwürdigen Tag seinen zehnten Geburtstag feierte, dürfte ihm aufmerksam zugehört haben.

Besonders interessant wird Arrius durch Briefe, die Plinius der Jüngere an ihn richtete.[16] Dass man diesen Schreiben entnehmen kann, er habe sein Prokonsulat in der Provinz *Asia* so untadelig wie kaum ein anderer ausgeübt, mag übliche Schmeichelei sein. Nicht alltäglich für einen römischen Politiker ist es aber, dass Plinius mehr noch die griechischen Epigramme und Jamben rühmt, die Arrius Antoninus dichtete. In Anlehnung an Homer schreibt Plinius voller Bewunderung, es scheine, dass Bienen seine Werke mit Honig und Nektar füllten.

Arrius, in dessen Haus Antoninus einen großen Teil seiner Kindheit und seine Jugend verbrachte, war also eine Persönlichkeit mit vielfältigen Begabungen und Interessen. Da Arria Fadilla, die Mutter des Antoninus, nach dem Tod ihres Gatten Aurelius Fulvus wieder geheiratet hatte, dürfte Arrius den entscheidenden Einfluss auf die Erziehung des jungen Patriziers gehabt und durch sein Vorbild den Heranwachsenden stark geprägt haben. Auch seine Gattin Boionia Procilla, die Großmutter mütterlicherseits des Antoninus, wird eine wichtige Rolle gespielt haben. Da Antoninus unter anderen den Namen Boionius führte, wurde er von ihr vermutlich sogar testamentarisch adoptiert und als Erbe eingesetzt. Geschäftliche Beziehungen oder einen gemeinsamen Haushalt von Boionia Procilla und ihrem Schwiegersohn Aurelius Fulvus, dem Vater des Antoninus, belegt ein Grabstein[17] für einen mit 26 Jahren verstorbenen Kassenwart (*dispensator*) der beiden.

Vor dem Jahr 120 heiratete Antoninus die um 100 geborene Faustina,[18] die zur Unterscheidung von der etwa 130 geborenen Tochter gleichen Namens die Ältere genannt wird. Auch sie stammte aus einer wohlhabenden patrizischen Familie. Ihre Mutter Rupilia Faustina besaß wie die Mutter des Antoninus eine Ziegelbrennerei.[19]

Väterlicherseits stammten Faustinas Vorfahren aus Spanien. Der Großvater zog nach Rom, wo er den Sprung in den Senat schaffte und die Prätur erreichte. Wesentlich weiter führte die Karriere ihres Vaters Annius Verus.[20] Im Jahr 73 oder 74, als Kaiser Vespasian zusammen mit seinem Sohn Titus das Amt des Zensors wahrnahm, wurde er unter die Patrizier aufgenommen. Unter Kaiser Nerva war er in dem schon erwähnten Jahr 97 *consul suffectus*. Noch beeindruckender ging es unter Hadrian weiter. Im Jahr 121 – in dem sein Enkel Marcus, der 40 Jahre später Kaiser werden sollte, geboren wurde – erhielt er ein zweites, im Jahr 126 sogar ein drittes Konsulat, beide Male als *consul ordinarius*. Von 117 bis 125 war er *praefectus urbi*. Da in diese Zeit die erste große Reise Hadrians durch zahlreiche Provinzen des *Imperium Romanum* fällt, war dies ein außerordentlicher Vertrauensbeweis des Kaisers.

Der Patrizier Antoninus gehörte also durch seine Vorfahren und die seiner Frau zum innersten Kreis der senatorischen Elite. „Seinen Angehörigen begegnete er dermaßen aufmerksam, dass ihn sogar seine Neffen, sein Stiefvater und viele mit ihm Verschwägerte durch ihre Testamente reich machten.“[21] Statt „reich“ hätte der Verfasser der HA eigentlich „noch reicher“ schreiben müssen. Schließlich hatten ihm bereits seine Vorfahren umfangreiche Besitztümer hinterlassen. So verwundert es nicht, dass er Geld verleihen konnte: „Er verlieh Geld zu einem Drittel Prozent, also zum kleinsten Zinssatz, um auf diese Weise sehr viele mit seinem Vermögen zu unterstützen.“[22] Der angegebene Zins bezieht sich auf den Monat. Antoninus verlangte also 4 % pro Jahr. Dass dies ohne Zweifel ein sehr niedriger Satz war, zeigt eine (ein Jahrhundert früher formulierte) Stelle bei Plinius dem Älteren, derzufolge ein Jahreszins von 6 % maßvoll und angemessen war[23]. Antoninus war also sicher nicht habgierig, im Unterschied etwa zu Seneca, dem vorgeworfen wurde, er würde „Italien und die Provinzen durch maßlosen Wucherzins aussaugen“.[24]

Die Karriere des Antoninus verlief völlig unspektakulär. Er tat nicht mehr, als von einem Patrizier, dessen beide Großväter zur kleinen Zahl zweimaliger Konsuln gehörten, erwartet wurde. Trotzdem fällt auf, dass in seinem Lebenslauf keinerlei militärische Einsätze zu finden sind.

Im Jahr 110 oder 111 wurde Antoninus Quästor und damit Mitglied des Senats. Am Beginn des Jahres 112 verfolgte der frischgebackene Senator sicher voller Stolz im Kreis seiner Kollegen die prunkvolle Einweihung des Trajansforums. Die Größe und Pracht dieser monumentalen Anlage, die sich nach Ansicht Ammians mit keinem anderen Bauwerk unter dem Himmel vergleichen ließ,[25] dürfte den 25-Jährigen tief beeindruckt haben. Das von Jupiter versprochene Imperium ohne Grenzen in Raum und Zeit[26] hatte in diesem Forum seinen sichtbaren Ausdruck gefunden. Was sollte einem Reich, in dessen Zentrum ein solches Weltwunder zu bestaunen war, gefährlich werden?

Wohl im Jahr 117 wurde Antoninus Prätor. Die Turbulenzen, die auf den Tod Trajans und Hadrians Ausrufung zum *Augustus* im August dieses Jahres folgten und unter den Senatoren erhebliche Unruhe auslösten, erlebte er also hautnah mit. Er wird daraus seine Lehren gezogen haben. Seinen *cursus honorum* beeinflussten die Ereignisse nicht. In dem für Patrizier üblichen Alter von 33 Jahren wurde er im Jahr 120 – einem der nicht so zahlreichen Jahre, die Hadrian vollständig in Rom verbrachte – *consul ordinarius*. In den Akten der Arvalbrüder lesen wir dazu[27]

L · CATILIO SEVERO II · T · AVRELIO FVLVO · COS

Antoninus, der hier unter den von der Vaterseite geerbten und nach seiner Adoption durch Hadrian ablegten Namen aufgeführt ist, steht nur an zweiter Stelle. Der höhere Rang gebührte Catilius Severus, der in diesem Jahr zum zweiten Mal mit diesem Amt ausgezeichnet wurde. Sein erstes Konsulat bekleidete er im Jahr 110 unter Trajan.[28] Catilius Severus besaß das besondere Vertrauen Hadrians, wie sich schon am Beginn von dessen Regentschaft zeigte. Als nämlich Hadrian nach Rom aufbrach, um seine Macht zu festigen, übergab er ihm die Provinz *Syria*, deren Statthalter er bis dahin war. Später machte er ihn sogar zum *praefectus urbi*. Gegen Ende der Regentschaft Hadrians sollte sich dieses Verhältnis allerdings deutlich abkühlen (siehe S. 32).

Nach seinem Konsulat wurde Antoninus einer der vier Konsulare, denen Hadrian die Rechtsprechung in Italien übertrug. Da diese den Titel *legati Augusti pro praetore* führten, begann sich durch dieses von Hadrian etablierte Amt der Unterschied zwischen den römischen Provinzen und dem italischen Kernland zu verwischen. Für Antoninus hielt sich die Belastung durch die Amtsgeschäfte in Grenzen. Hadrian wählte für ihn nämlich jenen Teil Italiens, „wo er den meisten Grundbesitz hatte, so dass Hadrian bei diesem so ausgezeichneten Mann sowohl für ein Ehrenamt als auch für ein ruhiges Leben sorgte".[29]

Das Interesse an der Rechtsprechung, das spätestens dieser Posten bei ihm weckte, zeigte Antoninus auch als Prokonsul in der Provinz *Asia*. Er trat die Statthalterschaft im Jahr 135 oder 136 an, also im üblichen Abstand von etwa 15 Jahren zum Konsulat. Nach der HA führte er das Amt so korrekt, dass er darin sogar seinen Großvater Arrius, dessen vorbildliche Amtsführung ja schon Plinius der Jüngere gerühmt hatte, übertraf.[30]

Nach seinem Prokonsulat gehörte Antoninus dem engsten Beraterstab Hadrians an, seinem *consilium*, in dem auch die vor den Kaiser gebrachten Rechtsfragen und Urteile erörtert wurden. Schon in der Republik war es üblich, dass sich Magistrate vor wichtigen (militärischen, juristischen oder politischen) Entscheidungen mit Freunden berieten. Die Kaiser behielten diese Praxis bei. Hadrian machte aus dem *consilium principis* ein offizielles Gremium, in dem Senatoren und Ritter saßen.[31] Antoninus äußerte sich dort „häufig zu allen Themen, über die Hadrian beraten ließ, wobei er immer einen mitfühlenden Standpunkt einnahm".[32] Man kann dies so verstehen, dass er zwischen streitenden Parteien zu schlichten versuchte und in Prozessen für ein mildes Strafmaß plädierte.

Antoninus und Faustina hatten vier Kinder, zwei Töchter und zwei Söhne.[33] Fadilla, die ältere der beiden Töchter, starb unmittelbar vor der Abreise des Antoninus in die Provinz *Asia*. Auch ihre beiden Söhne Aurelius Fulvus Antoninus und Galerius Aurelius Antoninus starben vor dem Jahr 138. Von den Grabplatten[34] kennen wir zwar ihre Namen, aber nicht ihr Sterbealter. Trotz der damals üblichen hohen Kindersterblichkeit war es für die Familie zweifellos ein schwerer Schlag, drei ihrer vier Kinder zu verlieren. Zumindest die jüngere Tochter Faustina machte noch Karriere. Sie wurde die Tochter, die Gattin, die Schwiegermutter und posthum die Mutter eines Kaisers.

2.2 Der Adoptivsohn

Angeblich adoptierte Kaiser Trajan seinen Verwandten Hadrian auf dem Sterbebett. Ob dies der Wahrheit entspricht oder nur von den damals um Trajan Versammelten (unter ihnen Hadrians Schwiegermutter Matidia und Plotina, die Hadrian stets gewogene Gattin Trajans) verbreitet wurde, um Hadrian an die Macht zu bringen, wird sich nicht mehr klären lassen. Die Probleme, die dieser unvorbereitete Übergang bescherte, waren jedenfalls beträchtlich. Sie mündeten in der Hinrichtung von vier führenden Senatoren aus der Umgebung Trajans,[35] die die gesamte Regentschaft Hadrians überschattete und sein Verhältnis zum Senat dauerhaft belastete. Man darf annehmen, dass der wie Trajan kinderlose Hadrian seinem Nachfolger Ähnliches ersparen und durch eine rechtzeitige Adoption für einen reibungslosen Übergang sorgen wollte. Trotzdem fiel ihm – wie vielen mächtigen Männern – die Regelung der Nachfolge schwer. Er schob sie auf, bis ihn eine schwere Erkrankung zum Handeln zwang.

Hadrian war schon länger krank.[36] Die Strapazen seiner Reisen, auf denen er nach der HA auch Unwettern und Frost barhäuptig trotzte, trugen sicher nicht zu einer Besserung

Laufbahn eines Patriziers

Manius Acilius Glabrio[37] startete seine Laufbahn als einer der drei Münzmeister, also mit der angesehensten Aufgabe, die das 20-köpfige Gremium bot, in dem angehende Senatoren erste Verwaltungserfahrungen sammelten. Nach seinem Amtsjahr wurde er *sevir turmarum equitum Romanorum*, einer der sechs vom Kaiser ernannten Vorsteher der Ritterschaft. Dass dies eine besondere Auszeichnung war, zeigt die Berufung des designierten Konsuls Mark Aurel in dieses Amt, die Antoninus Pius für das Jahr 139 aussprach. Da Acilius Glabrio zu diesem Zeitpunkt etwa 20 Jahre alt war, könnte er sogar zusammen mit dem Kaisersohn dieses Ehrenamt bekleidet haben. Anschließend war er als senatorischer Militärtribun stellvertretender Kommandeur der in der Provinz *Cappadocia* stationierten *legio XV Apollinaris*, bevor er als Legat in die Provinz *Creta et Cyrenae* ging, wo er vielleicht in Kyrene den in Gortys auf Kreta residierenden Statthalter vertrat. Anschließend wechselte er in gleicher Funktion in die Provinz *Africa*. Da er zwei derartige Ämter übernahm, kann man vermuten, dass er in *Africa* seinen Vater unterstützte, der 124 Konsul war und nach 140 dort Prokonsul gewesen sein könnte. Die Quästur absolvierte er wieder auf dem renommiertesten Posten. Als *quaestor Augusti* hatte er im Senat die Botschaften und Gesetzesvorlagen des Kaisers vorzutragen. Dass er nach der Prätur als Legat in die Provinz *Asia* ging, war – weil für seine Laufbahn nicht erforderlich, eher sogar hinderlich – wohl persönlichen Bindungen geschuldet. Unter Antoninus Pius erreichte er im Jahr 152 das ordentliche Konsulat. Die letzte Station seiner Karriere war das Prokonsulat der Provinz *Africa* zwischen 164 und 168. Zudem war er *pontifex* und als *salius Collinus* Mitglied der altehrwürdigen, nur Patriziern zugänglichen Priesterschaft der Salier.

Abb. 2-4: Aelius Caesar

bei. Im Jahr 136 trat eine deutliche Verschlechterung seines Gesundheitszustands ein. Er konnte längere Zeit das Bett nicht verlassen, ein Blutsturz brachte ihn schließlich an den Rand des Grabes. Nun musste Hadrian rasch einen Thronfolger präsentieren. Der Zeitpunkt dieses gesundheitlichen Zusammenbruchs ist nicht überliefert, man kann ihn aber näherungsweise erschließen. Da die Adoption nach dem 19. Juni 136 im Frühsommer dieses Jahres erfolgte,[38] dürfte ihn Hadrian im Mai 136 erlitten haben.

Hadrians Wahl fiel auf den um 101 geborenen Ceionius Commodus, aus dem nach seiner Adoption Aelius Caesar wurde. Den Geschlechter- oder Gentilnamen (*nomen gentile*) Aelius erbte er von seinem Adoptivvater, der Titel *Caesar* machte ihn zum Thronfolger (siehe S. 20). Über die Laufbahn des Kronprinzen, der einen fünfjährigen Sohn hatte, weiß man recht wenig. Im Jahr 130 war er Prätor. 136, also im Jahr der Adoption, wurde er *consul ordinarius*. Wir sehen Aelius Caesar in Abb. 2-4 auf einem Aureus als ernst blickenden Mann mit gekräuseltem Haar. Auf der Rückseite wird die *Concordia*, die Eintracht im Reich, beschworen.

Natürlich stammte Ceionius Commodus aus gutem Haus. Sein Vater war unter Trajan *consul ordinarius*. Seinen Großvater hatte Kaiser Vespasian unter die Patrizier aufgenommen und im Jahr 78 zum *consul ordinarius* gemacht. Da sowohl im Jahr zuvor als auch im Jahr darauf Vespasian und sein Sohn Titus gemeinsam dieses Amt bekleideten, war er am Hof sicher sehr geschätzt.

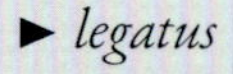
► *legatus*

Legat (*legatus*) hieß jeder, dem der Kaiser oder ein Magistrat (mit Erlaubnis des Senats oder des Kaisers) einen Teil seiner Befehlsgewalt (seines *imperium*) abtrat. Als *legatus Augusti pro praetore* war er Statthalter einer kaiserlichen Provinz. War dort lediglich *eine* Legion stationiert, war er gleichzeitig deren Kommandeur. Standen in der Provinz mehrere Legionen, wurde jede von einem *legatus legionis* geführt. In senatorischen Provinzen standen keine Legionen. Dort unterstützten *legati proconsulis* den Prokonsul bei Verwaltungsaufgaben oder in der Rechtsprechung. In der angesehenen Provinz *Asia* gab es drei solche Posten.

Die Wahl, die Hadrian traf, sorgte in Rom für Verwunderung, „zumal dieser Mann häufig Blut erbrach“[39]. Wahrscheinlich litt er – wie Hadrian – an Tuberkulose. Auch seine Qualifikation wurde bezweifelt. Nur durch seine Schönheit habe er sich für dieses Amt empfohlen, schreibt die HA[40] abfällig. So konnte es nicht ausbleiben, dass allerlei Vermutungen über die Motive Hadrians geäußert wurden, insbesondere die, Aelius Caesar sei ein Sohn Hadrians gewesen.

Zur Absicherung seiner Pläne schreckte Hadrian nicht davor zurück, Personen, die dem von ihm Erwählten gefährlich werden konnten, aus dem Weg zu räumen. Dies musste Ursus Servianus, der Gatte von Hadrians Schwester Domitia Paulina, erfahren. Wie Annius Verus war er dreimaliger Konsul (und wie dieser Meister im Spiel mit dem gläsernen Ball[41]). Trotz seiner fast 90 Jahre hielt ihn Hadrian für so gefährlich, dass er ihn zwang, Selbstmord zu begehen. Er hatte wohl die Sorge, dieser könne versuchen, seinen 18-jährigen Enkel Fuscus auf den Thron zu bringen. Jedenfalls überlebte auch dieser Hadrians Säuberungen nicht.[42] Vor seinem Tod habe sich Servianus mit folgenden Worten an die Götter gewandt: „Was Hadrian betrifft, so erbitte ich nur das Eine: Er soll den Wunsch haben zu sterben, aber nicht sterben können!“[43]

Hadrian sollte noch etwa zwei Jahre leben – und damit länger als Aelius. Als dieser anderthalb Jahre nach seiner Adoption am 1. Januar 138 mit nicht einmal 40 Jahren an einem Blutsturz starb, war auch Hadrians Krankheit soweit fortgeschritten, dass er kaum noch vor dem Senat sprechen konnte. Nun war Eile geboten.

Es gab zwei Tage im Jahr, an denen es kein Senator versäumte, dem Kaiser seine Glückwünsche auszusprechen. Der eine war sein Geburtstag, der andere der *dies imperii*, der Jahrestag seiner Machtübernahme. Als zehn Jahre später Cornelius Fronto, der Erzieher Mark Aurels, Kaiser Antoninus an diesem Jahrestag nicht aufsuchen konnte, entschuldigte er sein Fernbleiben wortreich in einem Brief an den Kaiser: „Einen Teil meines Lebens würde ich geben, wenn ich dich zum Jahrestag deines so überaus glücklichen und willkommenen Regierungsantritts umarmen könnte, den ich für den Geburtstag meines Glücks, meiner Würde, meiner Sicherheit halte. Doch heftige Schmerzen an der Schulter, im Nacken aber wirklich äußerst heftige, haben mich so gepackt, dass ich mich noch immer kaum vorbeugen, aufrichten oder umwenden kann: So ruhig muss ich den Hals halten. Aber ich habe bei den Laren, Penaten und den Göttern der Familie die Gelübde [*vota*] geleistet und erneuert und darum gebetet, dass ich dich im nächsten Jahr an diesem Tag zweimal umarmen, zweimal deine Brust und Hände küssen kann und so auf einmal die Aufgabe für das vergangene und das laufende Jahr erfülle.“[44] Die Verlegenheit Frontos ist mit Händen zu greifen.

Beim 62. Geburtstag Hadrians, den dieser am 24. Januar 138 beging, wäre einem Senator ein Fernbleiben noch viel peinlicher gewesen. Verschiedene Faktoren erregten die Gemüter. Das Verhältnis zwischen Kaiser und Senat, das beim Herrschaftsantritt Hadrians äußerst prekär war, hatte sich nie wirklich entspannt. Jetzt, gegen Ende seiner Herrschaft, als die fortschreitende Krankheit Hadrian zunehmend unberechenbar und launisch gemacht hatte, wurde es wieder eisiger. Und nun war auch noch wenige Wochen zuvor der erste Versuch gescheitert, die Nachfolge zu regeln. So führten Nervosität und Neugier, Sorge um die eigene Zukunft und Mitgefühl mit dem leidenden Herrscher die Senatoren scharenweise an Hadrians Krankenbett. Auf dem Weg zu ihm wurde sicherlich viel getuschelt. Man hatte ja schon immer gewusst, dass es keine gute Idee war, Ceionius Commodus zum *Caesar* zu machen. Wen wird Hadrian als Nächsten präsentieren? Ob man heute endlich eine Antwort auf diese drängende Frage erhalten werde?

Wahrscheinlich war genau dies der Fall.[45] Nach Cassius Dio stellte Hadrian den versammelten Senatoren seinen Nachfolger mit folgenden Worten vor: „Da ihn [Aelius Caesar] uns aber der Himmel genommen hat, habe ich an seiner Stelle für euch einen Kaiser gefunden, den ich euch nun gebe, einen Mann vornehmer Abkunft, mild, umgänglich und verständig, der weder durch Jugend etwas Unüberlegtes tun noch infolge Alters etwas übersehen kann. Er wurde nach den Gesetzen erzogen und hat getreu unseren Überlieferungen führende Stellungen bekleidet, so dass ihm nichts unbekannt ist, was sich auf das kaiserliche Amt bezieht, er vielmehr alle Aufgaben gut wahrzunehmen vermag. Ich meine damit Antoninus Pius hier. Obschon ich ihn als einen Mann kenne, der am wenigsten von allen darauf ausgeht, sich mit Staatsgeschäften zu befassen, und einem solchen Streben ganz ferne steht, so bin ich doch überzeugt, dass er weder meinen noch euren Wunsch missachten, sondern auch gegen seinen Willen das Amt annehmen wird.“[46]

Auch diese Ankündigung löste anscheinend nicht nur Begeisterung aus. Dem Stadtpräfekten Catilius Severus wurden wohl wegen seiner Verwandtschaft mit Marcus Annius Verus – er war Großvater von dessen Mutter Domitia Lucilla[47] – eigene Nachfolgepläne unterstellt. Er wurde deshalb seines Amtes enthoben. Ob der zu diesem Zeitpunkt gut 70-Jährige wirklich derartige Ambitionen hegte, scheint aber eher fraglich.

Hadrian hatte richtig vermutet, dass es Antoninus nicht nach der Herrschaft drängte. Dieser erbat sich Bedenkzeit, „um sich reiflich zu überlegen, ob er von Hadrian adoptiert werden wolle.“[48] Gewiss erinnerte sich Antoninus an einen Tag seiner Kindheit, der sich ihm besonders nachhaltig eingeprägt hatte, den Tag, an dem Nerva die Macht übernommen und er seinen zehnten Geburtstag gefeiert hatte (siehe S. 26). Die eindringlichen Warnungen vor der Last und den Gefahren der Macht, die sein Großvater Arrius Antoninus damals aussprach, machten ihm die folgenschwere Entscheidung, die er nun zu treffen hatte, nicht leichter.

► *praenomen imperatoris*

Ursprünglich trug den Titel *Imperator* der oberste Befehlshaber des militärischen Aufgebots im Krieg. Später war *Imperator* ein Ehrentitel, der einem siegreichen Feldherrn von seinen Soldaten per Akklamation verliehen wurde. Der Feldherr führte dann diesen Titel, bis er in Rom seinen Triumph feierte, sofern ihm dieser vom Senat zugestanden wurde. Octavian (der spätere Kaiser Augustus) legte sich 38 v. Chr. den Titel *Imperator* als Vornamen zu. Ab 66 n. Chr. führte auch Nero diesen Vornamen. Seitdem war der Titel *Imperator* Namensbestandteil aller römischen Kaiser.

Abb. 2-5: Adoptionen

Am 25. Februar 138, einen Monat nach Hadrians 62. Geburtstag, wurde das Adoptionsgesetz vom Senat beschlossen.[49] Es sah vor, dass Antoninus nach seiner Adoption durch Hadrian seinerseits zwei Adoptionen vornehmen musste. Zum einen hatte er den knapp 17-jährigen Marcus Annius Verus, den Neffen seiner Frau, zu adoptieren, der künftig Marcus Aelius Aurelius Verus und nach dem Antritt der Regentschaft Marcus Aurelius Antoninus hieß.[50] Die zweite Adoption betraf den 7-jährigen Lucius Aelius Commodus, den Sohn des Aelius Caesar. Geboren wurde er als Lucius Ceionius Commodus. Den Gentilnamen Aelius erhielt er nach der Adoption seines Vaters durch Hadrian. Die Adoption durch Antoninus machte ihn zu Lucius Aelius Aurelius Commodus. Als *Augustus* nannte er sich schließlich Lucius Aurelius Verus.

Die Vielzahl der Namen ist äußerst verwirrend. Es verwundert nicht, dass auch der Verfasser der HA mit den Namen erhebliche Probleme hatte. So gibt er Lucius Aelius mehrfach die Beinamen Verus und Antoninus, obwohl er sich den ersten erst als *Augustus* zulegte und den zweiten nie führte. Bisweilen nennt er ihn sogar Annius Verus, verwechselt ihn also mit Mark Aurel.[51] Um nicht den Überblick zu verlieren, werden wir für den älteren Adoptivsohn künftig den vertrauten Namen Mark Aurel verwenden und den jüngeren als Lucius Aelius ansprechen.[52]

Ein Relief aus Ephesus, das österreichische Archäologen um 1900 fanden und das heute in Wien zu sehen ist, illustriert die Adoption (siehe Abb. 2-5). Antoninus steht zwischen seinen beiden Adoptivsöhnen. Links – zwar im Hintergrund, aber in gleicher Größe – erkennen wir Mark Aurel. Nicht nur in der Regentschaft, auch im Bild folgt er dem Antoninus. Als Kind deutlich kleiner dargestellt ist Lucius Aelius, den Antoninus mit seiner Linken liebevoll umfasst. Am rechten Bildrand sehen wir Hadrian mit abgeschlagenem Gesicht. Wie sein Adoptivsohn ist er als Opfernder mit bedecktem Hinterkopf dargestellt. Das lange Zepter zwischen den beiden symbolisiert die Übergabe der Macht.

Nach der HA[53] erhielt Antoninus ein *imperium proconsulare* sowie die *tribunicia potestas* (siehe S. 11 und S. 36). Mit diesen beiden zentralen Amtsgewalten, auf denen formal die Macht des Kaisers beruhte, wurde er Mitregent Hadrians. Darüber hinaus trug Antoninus den Titel *Caesar* und führte sogar – im Unterschied zu Aelius Caesar – das *praenomen imperatoris* (siehe S. 32). Dies zeigt die Inschrift auf dem Sockel einer Statue, welche die Amtsboten (*viatores*) der höheren Magistrate (also der (beiden) *Caesares*, Konsuln und Prätoren) dem neuen *Caesar* errichteten.[54] Er wird darauf nicht nur als Sohn des – mit allen Titeln und Würden aufgeführten – Kaisers, sondern auch als Enkel des vergöttlichten Trajan und Urenkel des vergöttlichten Nerva vorgestellt:

IMP · T · AELIO · CAESARI
ANTONINO
IMP · TRAIANI · HADRIANI · AVG
PONTIF · MAX · TRIB · POT · XXII
IMP · II · COS · III · P · P · FILIO
DIVI · TRAIANI · PARTHIC · N
DIVI · NERVAE · PRONEPOTI
TRIB · POTEST · COS
VIATORES · QVI · CAESARIB
ET · COS · ET · PR · APPARENT

Mit der Adoption übernimmt Antoninus den Gentilnamen Hadrians. Er heißt nun Titus Aelius Caesar (Hadrianus) Antoninus. Seine Titel und Kompetenzen machen deutlich, dass Hadrian seine Kräfte rasch schwinden sah und er deshalb schon zum Zeitpunkt der Adoption die Regentschaft größtenteils in die Hände seines Nachfolgers legte.[55]

Münzen waren das beste Mittel, um dies im gesamten Reich publik zu machen. Die Umschrift, die auf der Vorderseite des in Abb. 2-6 gezeigten Denars das Haupt des Antoninus und auf der Rückseite die mit Pfeil und Bogen als Göttin der Jagd dargestellte Diana umrahmt, lautet IMP(erator) T(itus) AEL(ius) CAES(ar) ANTONINVS TRIB(unicia) POT(estate) CO(n)S(ul). Sie ist also identisch mit obiger Sockelaufschrift (Zeilen 1, 2, 8) und auf einer Serie von Gold- und Silbermünzen zu lesen.[56] Auf den Rückseiten findet man neben Diana die vielschichtige Göttin Minerva, die Glück und Erfolg verheißende *Felicitas* oder *Concordia*, die Personifikation der Eintracht im Kaiserhaus und im Reich. Auch die *Pietas* fehlt nicht, die später auf den Münzen in religiösem Zusammenhang (über einem

Abb. 2-6: Antoninus Caesar

Altar opfernd) wie in familiärem Kontext (mit drei oder vier Kindern) noch deutlicher in Erscheinung treten wird. Im Abschnitt 2.4 gehen wir ausführlich auf die Bedeutung der *Pietas* und des zugehörigen, später dem Antoninus beigegebenen Adjektivs *pius* ein.

Auf dem Avers dieser Münzen sehen wir einen gut 50-Jährigen mit üppigem gewelltem Haar, der wie sein Adoptivvater einen Vollbart trägt. Am Münzporträt des Kaisers wird die lange Regentschaft des Antoninus kaum Spuren hinterlassen.

Das Datum der Adoption war nicht zufällig gewählt. Vermutlich wurde sie nach dem Rechtsakt im Senat dem Volk im *Circus Maximus* verkündet, wo an diesem Tag mehrtägige Zirkusspiele mit zahlreichen Wagenrennen zu Ehren Trajans begannen.[57] Gemäß dem Chronographen von 354, einem aufwendig gestalteten Kalenderhandbuch, das Filocalus in jenem Jahr herausbrachte, wurde der Jahrestag der Adoption später mit 12 Wagenrennen im Zirkus von Lorium gefeiert.[58]

Antoninus nutzte die Bedenkzeit vor seiner Adoption für eine wichtige Entscheidung: „Sein Privatvermögen übertrug er seiner Tochter, aber die erzielten Erträge schenkte er dem Staat."[59] Die Übertragung seines Vermögens an Faustina – sein einziges zu diesem Zeitpunkt noch lebendes Kind – sollte verhindern, dass es Teil des kaiserlichen Vermögens würde, also nach seinem Tod an seinen Nachfolger ginge und damit möglicherweise für die eigene Familie verloren wäre. Dass ihm dies schon bei Hadrians Adoptionsangebot bewusst war, macht eine in der HA berichtete Anekdote[60] deutlich: Als er seiner Frau von den Adoptionsplänen Hadrians berichtete, habe diese ihm vorgeworfen, dass er dabei mehr für seine Familie hätte herausholen können. Er aber habe geantwortet: „Närrin [*stulta*]! Wenn wir einmal die Herrschaft übernommen haben, haben wir auch das, was wir vorher hatten, verloren."

Die HA zeichnet hier ein wenig vorteilhaftes Bild der künftigen Kaiserin. Sie erscheint als habgierige, nicht besonders intelligente Frau, deren Äußerung sogar eine barsche Erwiderung des sonst so zurückhaltenden Antoninus provoziert. Da bei dieser Unterhaltung – so sie denn stattgefunden hat – kein Geschichtsschreiber anwesend war, ist die Frage zu stellen, welche Absicht der Verfasser der HA mit dieser Passage verfolgt. Wir werden darauf im Abschnitt 3.2 zurückkommen.

War die Adoption des Antoninus eine Notlösung nach dem Tod des eigentlichen Favoriten? War sie gar eine spontane Entscheidung, wie dies Aurelius Victor behauptet? „Als die

[Senatoren] eilends herbeiströmten, erblickte er zufällig Antoninus, wie er die unsicheren Schritte seines Schwiegervaters oder Vaters mit seinem Arm stützte. Hierüber wunderlich erfreut, ordnete er dessen gesetzliche Adoption als *Caesar* an und gab ihm sofort den Befehl, einen großen Teil der Senatoren, die ihn zum Spott gemacht hatten, zu töten."[61] Diese geradezu kindlich-naive Geschichte hat mit der Wahrheit sicher nichts zu tun.

Um Hadrians Nachfolgeregelung zu verstehen, muss man einige Jahre vor die Adoption des Ceionius Commodus zurückgehen. Betrachtet man die vom Kaiser besonders geförderten Senatoren, so stechen zwei Karrieren heraus: die von Hadrians Schwager Ursus Servianus und die des Marcus Annius Verus, die beide dreimal das Konsulat bekleideten. Ursus verdankte diese Ehre seiner verwandtschaftlichen Beziehung zum Hof. Wie sein Ende zeigt (siehe S. 31), entstand trotz dieser Nähe zwischen ihm und dem Kaiser nie ein vertrauensvolles oder gar enges Verhältnis.

Ein solches hatte aber Annius Verus, dem Hadrian das wegen seiner langen Auslandsreisen wichtige Amt des *praefectus urbi* übertrug. Wir sind Annius Verus schon als Vater der älteren Faustina begegnet (siehe S. 27). Neben der Tochter hatte er einen Sohn namens Marcus Annius Verus. Dieser war mit Domitia Lucilla verheiratet, die von ihrer gleichnamigen Mutter ein beträchtliches Vermögen (darunter – nicht mehr überraschend – eine Ziegelei[62]) geerbt hatte. Die verzwickte und für die Familie peinliche Geschichte, wie die ältere Domitia Lucilla an ihr Erbe gelangt war, bot in Rom reichlich Gesprächsstoff, wie ein langer Brief des jüngeren Plinius[63] zeigt.

Die Ausnahmestellung, die Annius Verus unter Hadrian einnahm, spricht dafür, dass der Kaiser ursprünglich gern dessen Sohn als Nachfolger gesehen hätte, doch erreichte dieser nur die Prätur, da er bereits um das Jahr 130 starb. Vielleicht trug auch dieser Todesfall dazu bei, dass Hadrian die letztlich vorgenommene Nachfolgeregelung so lange aufschob.

Zwei weitere Tatsachen stützen die Vermutung, dass Marcus Annius Verus Hadrians erste Wahl war. Zum einen war Antoninus, auf den es schließlich hinauslief, mit dessen Schwester verheiratet. Wichtiger noch: Antoninus musste dessen Sohn Mark Aurel adoptieren. Und die Loyalität und Zuverlässigkeit, die Antoninus unter Hadrians Regentschaft gezeigt hatte, gaben Hadrian die Gewissheit, dass sein Adoptivsohn die Herrschaft in seinem Sinne weitergeben würde.

► *tribunicia potestas*

287 v. Chr. wurden die ursprünglich zum Schutz des Volkes gegen die Willkür der Magistrate eingesetzten Volkstribune selbst Magistrate. Jeder der zehn Volkstribune war unverletzlich. Er hatte das Recht, Volksversammlungen einzuberufen, den Senat zusammenzurufen und (innerhalb Roms) sein Veto gegen jede Amtshandlung eines Magistrats sowie gegen Volks- und Senatsbeschlüsse einzulegen.
Ohne selbst Volkstribune zu sein, übernahmen die Kaiser deren Vollmachten, die – jährlich erneuerte – *tribunicia potestas*. Die eigentlichen Volkstribune verloren jegliche Bedeutung.

Wie passt aber die Adoption des Ceionius Commodus in diese Überlegungen? Recht einfach: Als im Mai 136 ein gesundheitlicher Zusammenbruch Hadrian zu raschem Handeln zwang, war Antoninus nicht greifbar.

Der Zeitpunkt, zu dem die Prokonsuln der Provinz *Asia* ihr Amt anzutreten hatten, ist umstritten. Es ist aber davon auszugehen, dass die Anordnung des Kaisers Claudius, nach der die Statthalter vor Mitte April in ihre Provinz abzureisen hatten,[64] noch unter Hadrian in Kraft war. Hatte Antoninus sein Prokonsulat im Jahr 136 angetreten, war er – als ordentlicher Beamter – spätestens Anfang April in seine Provinz abgereist. Lag der Amtsantritt ein Jahr früher, war er mindestens bis zum Mai 136 im Amt. Antoninus hatte nicht den geringsten Grund, die Rückreise nach Rom zu beschleunigen. Er hatte seine Verpflichtungen als Statthalter vorbildlich erfüllt und damit seinen *cursus honorum* ehrenvoll abgeschlossen. Weitere Aufgaben waren nicht zu erwarten und von ihm auch nicht angestrebt. Man darf daher davon ausgehen, dass er für diese Fahrt – seinen religiösen wie kulturellen Interessen folgend – kürzere oder längere Unterbrechungen und Umwege eingeplant hatte.

Jenseits aller Spekulation ist klar, dass Antoninus nicht in Rom weilte, als Hadrian die Adoption des Ceionius Commodus betrieb. Dass Antoninus damals schon auf Hadrians Agenda stand, lässt sich nicht beweisen. Doch die nur wenige Wochen umfassende Zeitspanne zwischen dem Tod des ersten Kronprinzen und der Designation des Antoninus samt ausgeklügelter Adoptionsregelung macht dies mehr als wahrscheinlich.

Antoninus war nur zehn Jahre jünger als Hadrian. Falls ihn Hadrian als Übergangslösung betrachtet hatte, hatte er sich geirrt. Antoninus sollte der Kaiser werden, der in den drei Jahrhunderten zwischen Augustus und Konstantin am längsten regierte.

2.3 Der Nachfolger

Nachdem Hadrian die Nachfolge geregelt hatte, zog er sich nach Baiae am nordwestlichen Rand des Golfs von Neapel zurück, um in diesem Heilbad seine Leiden zu lindern. Als er sein Ende nahen sah, schickte er nach Antoninus. In seinem Beisein starb er am 10. Juli 138. Sterbend habe er die folgenden berührenden Verse gedichtet:[65]

Animula vagula blandula
hospes comesque corporis,
quae nunc abibis in loca
pallidula rigida nudula,
nec, ut soles, dabis iocos…

⋆

Seele du, schweifende, zärtliche,
Leibes Gefährtin und Gast,
Nun führt ins düstere Reich
Fröstelnder Schatten dein Weg,
Und nie scherzest du fürder wie einst…

Zunächst wurde der Leichnam Hadrians in Puteoli (dem heutigen Pozzuoli) in der Villa, die Cicero einst sein *Puteolanum* genannt hatte,[66] aufgebahrt und dort wahrscheinlich auch verbrannt.[67] Später überführte Antoninus „dessen Überreste feierlich und ehrerbietig nach Rom und setzte sie in den Gärten der Domitia bei".[68] Domitia, deren Namen die Gärten trugen, war eine sehr vermögende Tante des Kaisers Nero gewesen. Zu ihrem Tod schreibt Sueton: „[Nero] verband den Mord an seiner Tante mit dem an seiner Mutter."[69]

In diesen Gärten hatte Hadrian den Bau eines Mausoleums in Auftrag gegeben, weil das Mausoleum des Augustus, das etwa einen Kilometer entfernt auf der anderen Seite des Tiber lag, keinen Platz für weitere Gräber bot.[70] Das nach diesem Vorbild konzipierte Bauwerk Hadrians beeindruckt noch heute als vom Erzengel Michael überragte Engelsburg. Fertiggestellt wurde es gut ein Jahr nach Hadrians Tod. Erst danach konnte Hadrian in seinem Mausoleum bestattet werden.

Nach Hadrians Ableben kam es zu einem Kräftemessen zwischen Antoninus und dem Senat, dessen Dauer umstritten ist. Gegenstand des Streits war nicht seine Bestätigung als *Augustus*, sondern die Vergöttlichung Hadrians, seine *consecratio*, die einen entsprechenden Senatsbeschluss erforderte. In der HA heißt es dazu: „Er ließ ihn unter die Götter aufnehmen, obwohl sich alle widersetzten."[71] Die Epitome des Cassius Dio ist hier wesentlich ausführlicher: „Lediglich das eine ist bekannt ..., dass der Senat wegen gewisser Hinrichtungen von hervorragenden Männern dem toten Hadrian die göttlichen Ehren versagen wollte. Antoninus aber habe unter Tränen und Wehklagen viele Worte an die Senatoren gerichtet und seine Erklärungen damit beendet: ‚Nun, dann will auch ich nicht euer Kaiser sein, wenn jener euch als Übeltäter, Gegner und Staatsfeind erschien; denn dann werdet ihr

► *consecratio*

„Nachdem man auf dem Campus Martius den Toten auf den Scheiterhaufen gelegt hatte, umschritten diesen zuerst alle Priester; dann liefen sämtliche Berittenen, nicht nur jene, die dem *ordo equester* angehörten, sondern auch der gesamte Rest und das Fußvolk der Garnison um den Scheiterhaufen und warfen all ihre Auszeichnungen, sofern einige dergleichen jemals von ihm für eine Großtat empfangen hatten, darauf. Anschließend ergriffen nach Senatsbeschluss Zenturionen Fackeln und steckten das Holzwerk von unten her an. Und die Flammen verzehrten es, ein Adler aber, den man freiließ, stieg von dort empor, als trüge er die Seele des Augustus himmelwärts." So beschrieb Cassius Dio[72] (wohl in Anlehnung an zeitgenössische Feiern) die Konsekration (*consecratio*) des Augustus.

Diese posthume Divinisierung, die nur auf Beschluss des Senats erfolgen konnte, wurde später zahlreichen Kaisern, aber auch anderen Angehörigen des Kaiserhauses zuteil. Ein Mann wurde durch die Vergöttlichung zum *divus*, eine Frau zur *diva*. Nicht jeder sah diese Ehre so ironisch distanziert wie Kaiser Vespasian, der bei jedem Anzeichen einer Krankheit gesagt haben soll: „Oh weh, ich glaube, ich werde ein Gott."[73]

Der neue Kaiser wurde durch die Divinisierung seines Vorgängers zum *divi filius*, zum Sohn des Vergöttlichten, und damit in ähnlicher Weise geehrt wie der Verstorbene.

Abb. 2-7: Divus Hadrianus

offensichtlich auch seine sämtlichen Maßnahmen für ungültig erklären, wozu auch meine Adoption zählt.‘ Als der Senat dies hörte, verlieh er aus Achtung vor dem Manne, doch auch aus gewisser Angst vor den Soldaten Hadrian die Ehren.“[74]

Dass es bei der Konsekration Hadrians weniger um die fromme Gesinnung des Antoninus ging als um die Legitimation seiner Herrschaft, zeigt auch das Verhalten des Kaisers. Um unnötigen Ärger mit dem Senat zu vermeiden, unternahm Antoninus im Zusammenhang mit der Konsekration nichts, was nicht unabdingbar war. Der prachtvolle Ehrenschild, den er für Hadrian aufstellen ließ,[75] ist nicht das imposanteste Denkmal, das man sich für diesen Anlass vorstellen kann. Auch die Konsekrationsprägung war sehr spärlich (in unverkennbarem Kontrast zu den entsprechenden Prägungen gut zwei Jahre später nach dem Tod seiner Frau). Einen aus diesem Anlass geprägten Denar mit dem Porträt des Vergöttlichten auf dem Avers und einem auf der Weltkugel stehenden Adler auf dem Revers zeigt die Abb. 2-7.

Wie lange die Auseinandersetzungen um die Konsekration Hadrians dauerten, ist unklar. Dass sie spätestens nach drei Monaten beendet waren, beweist ein auf den 10. Oktober 138 datiertes Militärdiplom[76] (siehe S. 96), auf dem Antoninus bereits den Beinamen *pius* trägt und als *divi Hadriani filius*, als Sohn des vergöttlichten Hadrian, angesprochen wird. Doch das danach immer noch mögliche monatelange Ringen mit dem Senat konnte sich der neue *princeps* schlicht nicht leisten, wenn er seine Autorität nicht nachhaltig beschädigen wollte. Dies schloss auch einen vom Senat vielleicht vorgeschlagenen Kompromiss (Bestätigung der Maßnahmen Hadrians, aber keine Konsekration) aus. Vermutlich wurde nur einige Tage um Details gefeilscht, möglicherweise um Begnadigungen von Senatoren (siehe S. 41) oder die Abschaffung der von Hadrian über Italien eingesetzten Richter (siehe S. 73).

Die bei Cassius Dio angedeutete Drohung mit der Prätorianergarde hat Antoninus sicher nicht ausgesprochen – was nicht ausschließt, dass entsprechende Äußerungen aus seiner Umgebung die Senatoren verunsicherten.

Antoninus erhielt vom Senat die für einen neuen Kaiser üblichen Ehrungen: „Die für seinen Vater, seine Mutter, seine Großväter und seine bereits verstorbenen Brüder beschlossenen Statuen akzeptierte er gerne. Zirkusspielen anlässlich seines Geburtstags widersetzte er sich nicht, doch andere Ehrungen wies er zurück."[77] Zirkusspiele am Geburtstag des Kaisers waren seit Augustus üblich. Der Chronograph von 354 vermerkt für den Geburtstag des Antoninus 24 Wagenrennen.[78]

Endgültig abgeschlossen war die Übergangsphase, als Antoninus Anfang 139 während seines zweiten Konsulats nach der üblichen, allerdings sehr kurzen rituellen Zurückweisung den Titel *pater patriae* (Vater des Vaterlands) mit einer großen Dankesrede entgegennahm.[79] Hadrian hatte den Titel erst nach gut zehnjähriger Regentschaft angenommen.

Die Widmungsinschrift[80] des von Hadrian begonnenen Mausoleums, das Antoninus im zweiten Halbjahr 139 einweihte, präsentiert den seit gut einem Jahr amtierenden Kaiser auf Augenhöhe mit seinem Vorgänger. Sie lautet:

IMP · CAESARI · DIVI · TRAIANI · PARTHICI · FILIO
DIVI · NERVAE · NEPOTI · TRAIANO · HADRIANO · AVGVSTO
PONT · MAX · TRIB · POT · XXII · IMP · II · COS · III · P · P
ET · DIVAE · SABINAE
IMP · CAESAR · T · AELIVS · HADRIANVS · ANTONINVS · AVG · PIVS
PONTIFEX · MAX · TRIBVN · POTEST · II · COS · II · DESIGN · III · P · P
PARENTIBVS · SVIS

★

dem Imperator Caesar · des vergöttlichten Traianus Parthicus Sohn
des vergöttlichten Nerva Enkel
Traianus Hadrianus Augustus
pontifex maximus · 22-mal Inhaber der tribunizischen Gewalt
zweifacher *Imperator* · dreimal Konsul · Vater des Vaterlands
und der vergöttlichten Sabina
Imperator Caesar Titus Aelius Hadrianus Antoninus Augustus Pius
pontifex maximus · zweimal Inhaber der tribunizischen Gewalt
zweimal Konsul und für die dritte Amtszeit designiert
Vater des Vaterlands
seinen Eltern

2.4 Der Fromme?

Das im vorigen Abschnitt angesprochene Militärdiplom belegt den engen zeitlichen Zusammenhang zwischen der Vergöttlichung Hadrians und der Verleihung des Beinamens *pius* an Antoninus. Warum erhielt Antoninus vom Senat diesen Beinamen, der meist mit „der Fromme" übersetzt wird? Es spricht für die Qualität der HA, dass sie nicht vorgibt, die Antwort zu kennen. Sie überliefert lediglich die von verschiedenen Seiten vertretenen Ansichten, überprüft aber auch deren Glaubwürdigkeit.[81]

So verwirft sie die Meinung, er habe den Beinamen erhalten, weil der 51-Jährige seinen gebrechlichen Schwiegervater beim Besuch des Senats stützte (wir haben diese Geschichte

Abb. 2-8: Aeneas flüchtet aus Troja

schon im Zusammenhang mit der Adoption des Antoninus kennengelernt). Dies sei ja kein Beweis für große *pietas*, „da man eher jemandem mangelnde *pietas* vorwerfen würde, der nicht so handelte, als die *pietas* dessen zu loben, der nur seine Schuldigkeit tut."

Auch die Konsekration Hadrians dürfte nicht der Grund gewesen sein. Wieso sollte der Senat Antoninus wegen einer Tat ehren, die er nur zähneknirschend akzeptierte? Und von „zahllosen und unermesslichen Ehren" für den verstorbenen Hadrian kann ja keine Rede sein. Ebenso wenig Grund hatte der Senat, ihm den Beinamen zu verleihen, weil er, als sich der von Schmerzen gepeinigte „Hadrian umbringen wollte, mit großer Wachsamkeit und Umsicht dafür sorgte, dass dies nicht geschah".

Plausibler ist die Annahme, er habe die Ehrung erhalten, „weil er diejenigen rettete, die Hadrian während seiner Krankheit zu töten befohlen hatte". Wir haben ja gesehen, dass fragwürdige Todesfälle nicht nur den Beginn, sondern auch das Ende von Hadrians Herrschaft begleiteten. Cassius Dio begründet die Verleihung des Beinamens an Antoninus genau in diesem Sinn: „Als bei seinem Regierungsantritt Anklagen gegen viele einliefen und in einigen Fällen sogar mit Namensnennung eine Bestrafung gefordert wurde, bestrafte er doch keinen, sondern bemerkte: ‚Ich darf nicht mit solchen Taten meine Regierung über euch antreten.'"[82]

Doch diese Begründung greift ebenso zu kurz wie die verbreitete Aussage,[83] er habe den Beiname *pius* erhalten, „weil er tatsächlich von Natur aus äußerst milde war und zeitlebens nichts Grobes tat". Daran ist vieles richtig. Zum einen ist damit das Wesen des Antoninus gut beschrieben. Zum anderen meint *pius* in der Tat eine Person, die gerecht und gütig handelt und ihren Pflichten gewissenhaft nachkommt, nicht nur im Sinne der Frömmigkeit gegenüber den Göttern, sondern auch Eltern und Kindern oder dem Vaterland gegenüber. Wäre dies aber der einzige Grund gewesen, ihn durch dieses Attribut zu ehren, so wäre die spätere Karriere des Beinamens *pius* kaum zu erklären. Auch Commodus nahm ihn an und seit Septimius Severus war er fester Bestandteil jeder Kaisertitulatur.

Vielleicht führen Münzen des Antoninus weiter. Als erster Kaiser greift er darauf ein Motiv auf, das auch unter Gaius Iulius Caesar auf Münzen zu finden war[84] und in der *Aeneis* des Vergil, dem Gründungsepos Roms, eine zentrale Rolle spielt. Auf der Rücksei-

Abb. 2-9: Die Lavinische Sau

te der Münze, die wir in Abb. 2-8 sehen, wirft Aeneas einen letzten Blick auf das brennende Troja, dem er gerade entronnen ist. Seinen Vater Anchises trägt er auf den Schultern, seinen Sohn Ascanius (mit phrygischer Mütze und Hirtenstab) hält er an der Hand. Mit der Linken umklammert Anchises den Schrein mit den Hausgöttern (Penaten), die der noch vom Blut der Schlacht besudelte Aeneas nicht berühren darf.[85] Ihre neue Heimat fanden die Penaten in Lavinium, einem Ort südlich von Rom, etwa 25 km von Lanuvium, dem Geburtsort des Antoninus Pius, entfernt. Dieser Sesterz baut eine Brücke zum Beinamen des Kaisers. Mit der Rettung seines gelähmten Vaters beweist Aeneas nämlich seine *pietas*, die ihn in der *Aeneis* vor allen anderen auszeichnet.[86] An die 20 Mal tritt er in diesem Epos als *pius Aeneas* auf, einmal stellt er sich sogar selbst so vor: „*Sum pius Aeneas.*“[87] All dies war auch Mitte des zweiten Jahrhunderts noch vielen Römern geläufig.

Während Caesar solche Münzen schlagen ließ, um seinen uralten Adel, ja seine göttliche Abstammung in Erinnerung zu rufen, sind diese Münzen unter Antoninus Teil eines umfangreicheren Prägeprogramms, mit dem er den Bürgern des Reichs ihr stolzes Erbe nahebringen möchte. So erzählen die unter Antoninus geprägten Münzen den römischen Gründungsmythos noch weiter. Die Stelle, an der Aeneas die neue Stadt gründen soll, wird ihm durch eine riesige, unter Steineichen liegende Wildsau angezeigt, die ihre eben geworfenen 30 Frischlinge säugt.[88] Wir sehen dieses Empfangskomitee auf der Rückseite des in Abb. 2-9 gezeigten Sesterzes. 30 Ferkel konnte der Stempelschneider nicht auf der Münze unterbringen. Er beließ es bei sieben säugenden Ferkeln und einem weiteren rechts unter dem Kopf der Bache.

Auch das bekannte Motiv der Wölfin, die Romulus und Remus säugt, schmückte unter Antoninus die Reverse zahlreicher Münzen.[89] Man erkennt an solchen Münzen (und Medaillons mit ähnlicher Thematik), dass der Gründungsmythos Roms und der darauf basierende Anspruch des *Imperium Romanum* für Antoninus keine Folklore waren, sondern Grundlagen seiner Regierung. Die Münzen drücken das Versprechen des Antoninus aus, dem *mos maiorum* gemäß zu regieren, also den von den Vorfahren seit Anbeginn beschrittenen, erfolgreichen Weg weiterzugehen. So bedeutete *pius* für ihn, diese Überlieferung lebendig zu halten – und sich damit auch von Kaiser Hadrian und dessen Vorliebe für alles Griechische abzuheben.

Die traditionsbewusste Grundhaltung des Antoninus belegen auch von ihm verliehene Privilegien, die auf dem Gründungsmythos Roms fußten. Mit dem Hinweis auf den weithin bekannten Rang der Stadt Troja und ihre Beziehung zum Ursprung Roms bestätigte er deren Steuerfreiheit und ergänzte sie um die Freistellung von weiteren Verpflichtungen.[90] In ähnlicher Weise konnte sich Lavinium über die Bestätigung und Erweiterung seiner Privilegien freuen.[91] Dem im Inneren der Peloponnes gelegenen Pallantion verlieh er das Stadtrecht und gewährte er Steuerfreiheit. Nach Pausanias[92] ist der Grund dafür ebenfalls in der Mythologie zu suchen. Die Namensähnlichkeit mit dem Palatin hatte nämlich zur Sage von Euander geführt, der mit einigen Gefährten aus Pallantion am Tiber eine Stadt gleichen Namens gegründet haben soll. Später habe sich dieser Name „durch Fortfall der Buchstaben n und l" in Palation (lateinisch *Palatium*) geändert, also in den Namen, den der heute als Palatin bekannte Hügel Roms unter den Römern trug.

Pausanias behauptet auch als einziger, Antoninus habe den Beinamen *pius* erhalten, weil er fromm war.[93] Natürlich achtete er die religiösen Riten und vollzog die religiösen Handlungen gewissenhaft: „Niemals ließ er ein Opfer durch einen Stellvertreter durchführen, außer wenn er krank war."[94] Er nahm also das Amt des *pontifex maximus*, das er als Herrscher innehatte, ernst. Doch das lässt sich für alle Aufgaben sagen, die Antoninus als Kaiser übernahm, und macht ihn nicht zum Frömmler. Dies unterstreichen auch die Münzen, auf denen der Titel *pontifex maximus* ab dem Jahr 140 kaum noch auftritt.

Als Kronzeuge für ein in keiner Weise übersteigertes, geschweige denn ostentativ zur Schau gestelltes religiöses Interesse des Kaisers kann Mark Aurel gelten. In seinen Selbstbetrachtungen, in denen er ein wahres Loblied auf seinen Adoptivvater singt, ist ihm dessen Religiosität nur einen Halbsatz wert: „Was die Götter betrifft, war er nicht übertrieben fromm [deisidaímon]."[95] Mark Aurels Wortwahl überrascht, da schon im zweiten vorchristlichen Jahrhundert Polybios die deisidaimonía für den Grundstein des römischen Staatswesens hielt.[96]

Im Gegensatz zu Hadrian, der sich intensiv mit der Astrologie beschäftigte und „zu Jahresbeginn niederschrieb, was ihm im Laufe des Jahres passieren könnte",[97] fand Antoninus keinen Gefallen an Horoskopen und Wahrsagerei. Schon zu Beginn seiner Regentschaft macht er dies in einem Reskript an den Statthalter der Provinz *Gallia Lugdunensis* klar. Leider kennen wir davon nur einen Satz: „Gewiss dürfen solche Leute nicht ungestraft bleiben, die unter dem Vorwand, Warnungen der Götter erhalten zu haben, allerlei Dinge herumerzählen, verbreiten oder sich als Wissende ausgeben."[98]

Man darf sich Antoninus also nicht als rückwärtsgewandten Eiferer vorstellen. Mark Aurel hält im Gegenteil ausdrücklich fest, dass Antoninus „keineswegs darauf aus war hinauszuposaunen, dass er die väterlichen Sitten befolge."[99] Auch in diesem Punkt entsprach also sein Verhalten dem in der HA formulierten Resümee: „Er war gelassen und freigebig, er achtete die Rechte anderer. Das alles hatte er im rechten Maß und stellte es nicht eitel zur Schau."[100]

Die religiösen Traditionen waren für Antoninus ein zentraler und auch persönlich unverzichtbarer Bestandteil der tradierten Lebensweise, des *mos maiorum*. Im täglichen unspektakulären Umgang mit den überlieferten Riten suchte und fand er Ruhe. Sie bildeten die kaum zu erschütternde Basis seiner viel gerühmten Gelassenheit. Von ihm selbst erfahren wir darüber nichts – kaum erstaunlich für einen *princeps*, der nie auch nur im Entferntesten daran dachte, sich in den Vordergrund zu drängen. Da wir nichts über spezielle philosophische Interessen des Kaisers wissen, muss das Gottesbild des Antoninus Pius im Dunkeln bleiben.

3 Der Kaiser und sein Umfeld

So gewissenhaft Antoninus Pius seine Pflichten als Kaiser erfüllte, so wenig ließ er sich von diesem Amt vereinnahmen oder gar verbiegen. Er änderte weder seinen Lebensstil noch den Umgang mit seinen Freunden. Nach dem frühen Tod seiner Frau Faustina, deren ehrendes Andenken ihm sehr am Herzen lag, entwickelte er ein enges Verhältnis zur gleichnamigen Tochter, seinem einzigen noch lebenden Kind. Das Verhalten des Kaisers gegenüber den beiden Faustinae steht in bizarrem Kontrast zum überlieferten Bild dieser Frauen.

Nicht zuletzt Frontos vielgeschmähter Korrespondenz ist es zu verdanken, dass wir das private Umfeld des Kaisers besser als das anderer Kaiser kennen. Insbesondere seinen Adoptivsohn Mark Aurel bringt uns dieser Briefwechsel näher.

3.1 Heitere Gelassenheit

Wir wissen aus der HA[1], dass die beiden Adoptivsöhne des Antoninus Pius in der *Domus Tiberiana* aufwuchsen, dem nach Kaiser Tiberius benannten Palast auf der Nordseite des Palatin. Der unter seinem Namensgeber erst ansatzweise vorhandene Bau war von Caligula oder Nero repräsentativ ausgebaut worden. Nach einem verheerenden Brand im Jahr 80 wurde er unter Domitian neu aufgeführt und schließlich von Hadrian nochmals umgebaut.

Der Palast war auch das Domizil des Antoninus, wenn er in Rom weilte. Allerdings scheint er sich dort nicht länger als nötig aufgehalten zu haben: „Statt dessen lebte er abwechselnd je nach Jahreszeit auf seinen eigenen Gütern.“[2] Wenn es die Staatsgeschäfte erlaubten, weilte Antoninus in Lanuvium, wo er auf die Welt gekommen war, in Lorium, wo er aufgewachsen war, in Tusculum, wo sich schon Cicero vom Trubel Roms erholt hatte, in Centumcellae (dem heutigen Civitavecchia), dessen Hafen Kaiser Trajan hatte ausbauen lassen, oder in Signia (heute Segni) am Rand der etwa 60 Kilometer südöstlich von Rom gelegenen Monti Lepini. Auch Aufenthalte am Golf von Neapel durften nicht fehlen.

Zu seinen Landgütern fuhr der Kaiser meist mit dem Wagen[3], bisweilen ritt er wohl auch, wie folgende Geschichte zeigt, die Mark Aurel seinem Lehrer Fronto geradezu atemlos schildert. In ihr wird deutlich, dass Antoninus auf solchen Fahrten keine kaiserlichen Insignien vorangetragen wurden. Sie wirft auch ein erstaunliches Licht auf den sonst als Stubenhocker bekannten 18-jährigen Thronfolger.

„Als sich mein Vater aus den Weinbergen nach Hause begab, stieg ich wie üblich aufs Pferd, machte mich auf den Weg und kam allmählich voran. Dann ballten sich – wie es an Engstellen passiert – viele Schafe auf dem Weg, dazu vier Hunde und zwei Hirten, sonst nichts. Da sagte der eine Hirt zum anderen: ‚Behalte jene Reiter im Auge, denn die verüben gewöhnlich die größten Räubereien!‘ Kaum hatte ich das gehört, gebe ich meinem Pferd die Sporen, treibe es in die Herde hinein. Die Schafe stieben panisch auseinander, irren blökend umher. Ein Hirte schleudert seinen Stab, er fällt auf einen Reiter aus meiner Begleitung. Wir fliehen. So verlor der, der fürchtete Schafe zu verlieren, seinen Hirtenstab. Du hältst das für ein Märchen? Es ist so passiert.“[4]

Mark Aurels Briefwechsel mit Fronto lässt erkennen, wie sehr die kaiserliche Familie ihre Domizile außerhalb Roms schätzte.[5] In einem Brief, den Mark Aurel „seinem Konsul und Meister“ im Jahr 142 schickte, schildert er fast im Stil eines Reisekatalogs das Klima bei Neapel. Es sei in jeder Hinsicht angenehm, wenn auch höchst wechselhaft. Um Mitternacht sei es lau – wie in (dem südlich von Ostia gelegenen) Laurentum, beim Hahnenschrei ein wenig kühl – wie in Lanuvium, der Vormittag werde von einer milden Sonne erwärmt – wie in Tusculum, mittags werde es glühend heiß – wie in Puteoli (heute Pozzuoli), nach Sonnenuntergang aber wieder gemäßigter – wie in Tibur (heute Tivoli).

Wenn Antoninus zu diesen Zielen unterwegs war, nahm er sich bisweilen Zeit für touristische Unternehmungen. So schrieb Mark Aurel an Fronto, man habe auf dem Weg zu einer kaiserlichen Villa einen kurzen Abstecher nach Anagnia gemacht, „einer kleinen alten Stadt, die viel Altertümliches barg, Gebäude und zahllose religiöse Zeremonien. Es gab keinen Winkel ohne ein Heiligtum, einen geweihten Ort oder einen Tempel.“[6] Auch diese Randnotiz verrät das Interesse des Antoninus am reichen – nicht nur religiösen – Erbe Roms.

Der gelegentliche Rückzug aufs Land darf nicht als Flucht vor seinen Pflichten als Herrscher missverstanden werden. Die Quellen bestätigen Antoninus ja, dass er sein Amt vorbildlich führte. Vielmehr zeigte er sich alter römischer Tradition verbunden, wenn er sich „gewissenhaft um seinen Grundbesitz kümmerte“.[7] Zwar nutzten die Senatoren im zweiten Jahrhundert alle Verdienstmöglichkeiten, die sich ihnen boten, doch Ciceros geradezu hymnisches Lob der Landwirtschaft wurde in konservativen Kreisen sicher noch immer zitiert: „Von allen Erwerbszweigen ist keiner besser als der Ackerbau, keiner einträglicher, keiner angenehmer, keiner eines Freien würdiger.“[8]

Dass Antoninus aber auch der steifen Förmlichkeit am Kaiserhof entkommen wollte, zeigt die ausgesprochen legere Atmosphäre auf seinen Landgütern und sein entspannter Umgang mit seinen Freunden, mit denen „er während seiner Herrschaft nicht anders verkehrte, als er es als Privatmann tat… Seine Freunde sahen ihn durchaus in bürgerlichem Gewand und bei der Verrichtung häuslicher Tätigkeiten.“[9] Im Gegenzug ließ er sich von ihnen auch gern zum Essen einladen.[10]

Die Vergnügungen waren sehr bodenständig: „Er fand große Freude am Fischen und Jagen, an Spaziergängen und Gesprächen mit Freunden.“[11] Mit ihnen feierte Antoninus auch die Weinlese, den alljährlichen Höhepunkt des Landlebens. Die heitere Stimmung, die dabei herrschte, spricht aus einem Brief, den Mark Aurel seinem Lehrer Fronto (schnell noch abends vor dem Einschlafen) schrieb.[12] Nach dem Frühstück „widmeten wir uns der Lese der Trauben. Wir kamen gehörig ins Schwitzen, jodelten und ließen – wie der Dichter sagt – einige hoch hängende Trauben als Überlebende der Lese übrig.“ Am frühen Nachmittag ging es nach Hause, wo man sich die Zeit mit Plaudereien vertrieb. „Dann ertönte der Gong, der uns sagte, dass sich mein Vater ins Bad begeben hatte. Nach dem Bad in der Kelter gegessen. Nein, nicht in der Kelter gebadet, sondern nach dem Bad gegessen. Mit Vergnügen hörten wir dabei den Landleuten zu, wie sie sich gegenseitig aufzogen." Der Tonfall lässt vermuten, dass Mark Aurel, der für seine asketische Lebensführung bekannt war, an diesem Abend den einen oder anderen Becher Wein geleert hatte.

So gern Antoninus seine Freunde um sich hatte, so wenig engte er deren Lebensraum ein: „Er verlangte nicht, dass seine Freunde immer mit ihm speisten, auch konnte er ihrer auf Reisen entbehren."[13] Er nahm es also keinem übel, wenn er ihn nicht aufs Land begleiten wollte.

Der lateinische Begriff *amicus* (Freund) besitzt ein breites Bedeutungsspektrum, was bei vielen Texten Interpretationsspielräume eröffnet. Besonders deutlich wird dies bei den Freunden des Kaisers. Einerseits betrachtete sich jeder Senator als Freund des Kaisers und wollte auch als solcher behandelt werden. Andererseits waren es deutlich weniger, mit denen der Kaiser enger zusammenarbeitete oder gar vertraut verkehrte. So ist zunächst nicht klar, welche Freunde des Antoninus die HA in ihrer Schilderung seiner Landaufenthalte meint. Die ungezwungene Atmosphäre lässt aber auf einen vertrauten Freundeskreis schließen. Es scheint, dass sich Antoninus im Kreis der Freunde, die er seit seiner Jugend kannte, am wohlsten fühlte. Da er erst mit mehr als 50 Jahren ins Zentrum der Macht rückte, wird er versucht haben, vertraute Gewohnheiten weiter zu pflegen, sich also auch als Kaiser ein Stück Privatleben zu bewahren. Obige Schilderungen lassen vermuten, dass Antoninus Pius dies gelungen ist.

„Die kaiserliche Überhöhung ersetzte er durch höchste Leutseligkeit, wodurch sein Ansehen weiter wuchs."[14] Als Privatmann wie als Kaiser war seine Lebensweise geprägt von „Fülle ohne Übermaß und Sparsamkeit ohne Geiz. Um seine Tafel kümmerten sich eigene Sklaven, Vogelfänger, Fischer und Jäger. In das Bad, das er selbst besucht hatte, ließ er das Volk kostenlos ein. Überhaupt änderte er nicht das Geringste an dem Lebensstil, den er als Privatmann gepflegt hatte."[15]

Es fällt auf, dass die HA mehrfach Antoninus dafür lobt, dass er mit der Übernahme der Regierung nichts an seinem Lebensstil geändert habe. Für den um 400 lebenden Geschichtsschreiber, der nur ein prunkvoll überhöhtes, der Welt entrücktes Kaisertum kannte, war dies ein schier unglaubliches Verhalten.

In einem Brief aus dem Jahr 162 versuchte Fronto Kaiser Mark Aurel den Krieg auszureden, den dieser „gegen Spiel, Muße, Überfluss und Vergnügungen" führe, indem er auf dessen Adoptivvater verwies: „Sogar dein Vater, jener göttliche Mann, der an Fürsorge, Anstand, Mäßigkeit, Rechtschaffenheit, Pflichtgefühl, gottgefälligem Wandel alle Tugenden aller *principes* übertraf, besuchte den Ringplatz, bestückte den Angelhaken und lachte über Spaßmacher."[16]

Antoninus beherrschte also die heute zum abwertenden „mittelmäßig" verkommene hohe Kunst, im Leben das rechte Maß zu finden. Oder mit den Worten Mark Aurels: „Auf ihn ließ sich trefflich anwenden, was man von Sokrates berichtet, dass er entbehren und genießen konnte, wo viele zum Entbehren zu schwach und im Genusse zu unmäßig gewesen wären."[17]

Dazu passt die ruhige Ausgeglichenheit des Kaisers, die in den Quellen gerühmt wird. Die HA beschreibt Antoninus Pius als *clemens, placidus, mitis*.[18] Sie benötigt also drei Adjektive, um sein sanftes Wesen hinreichend zu beschreiben. Es dürfte sehr schwer gewesen sein, ihn auf die Palme zu bringen. Keinesfalls darf aber der Eindruck entstehen, Antoninus werde dadurch zum Schwächling abgestempelt. Schließlich bescheinigt Cicero in einem Brief an seinen Freund Caecina[19] dem sicherlich nicht unter einem solchen Verdacht stehenden Caesar eine „*mitis clemensque natura*". Auch wenn Cicero damit seinem Freund Hoffnung auf eine baldige Rückkehr nach Rom machen wollte, ist dies nicht aus der Luft gegriffen. Die *clementia Caesaris*, seine Milde gegenüber den Gegnern im Bürgerkrieg, war ja sprichwörtlich.

Antoninus war ein humorvoller, schlagfertiger Mann. Selbst Scherze über ihn selbst, wie sie etwa der Patrizier Valerius Homullus bei jeder passenden und unpassenden Gelegenheit machte, ertrug er gelassen.[20] Homullus war im Jahr 152 (zusammen mit Acilius Glabrio) *consul ordinarius* und zudem Mitglied der altehrwürdigen Priesterschaft der Arvalbrüder. Deren Akten zeigen die auf Augustus zurückgehende enge Beziehung der Bruderschaft zum Kaiserhaus. Für den 3. Januar 155 vermerken sie[21]:

> IN CAPITOLIO VOTORVM NVNCVPANDORVM CAVSA PRO SALVTE
> IMP CAESARIS TITI AELI HADRIANI ANTONINI AVG · PII · P P ·
> FRATRES ARVALES CONVENERVNT

Die Arvalbrüder kamen also am Beginn dieses Jahres auf dem Kapitol zusammen, um die Gelübde (*vota*) für das Wohl des Kaisers feierlich zu erneuern. Auch Homullus ist unter den Teilnehmern aufgeführt. Die HA überliefert ein Beispiel seiner oft grenzwertigen, mit diesem Priesteramt nur schwer zu vereinbarenden Äußerungen gegenüber Antoninus.[22] Als er sah, wie Lucilla, die Mutter des Mark Aurel, im Garten vor einem Bildnis Apollos betete, habe er Antoninus zugeflüstert: „Sie bittet nun, dass du deine Tage beschließt und ihr Sohn herrsche." Der Kaiser habe diese Äußerung ignoriert und sein herzliches Verhältnis zum Kronprinzen dadurch nicht trüben lassen.

Die Schlagfertigkeit des Antoninus belegen zwei Anekdoten, die Philostratos überliefert.[23] Die erste dreht sich um den Sophisten und Rhetor Polemon und beginnt während der Amtszeit des Antoninus als *proconsul* der Provinz *Asia*: „Einmal bezog er Quartier im Haus des Polemon, weil es das beste in Smyrna [Izmir] war und dem bedeutendsten Bürger gehörte. Doch Polemon kam nachts von einer Reise nach Hause und erhob ein Geschrei an der Tür, dass er abscheulich behandelt und aus seinem eigenen Hause ausgesperrt werde; unmittelbar danach nötigte er Antoninus, sich in ein anderes Haus zu begeben... Antoninus machte gegenüber Polemon Scherze über das, was in Smyrna geschehen war, um damit zu zeigen, dass er dies in keiner Weise vergessen hatte, obwohl er durch die Ehrungen, mit denen er ihn bei jeder Gelegenheit erhöhte, sich selbst zu verpflichten schien, dies nicht im Gedächtnis zu behalten... Als Polemon nach Rom kam, umarmte er ihn und sagte: ‚Gebt

Polemon eine Unterkunft und lasst ihn von niemanden vertreiben!' Und als einmal ein Tragöde, der bei den olympischen Wettkämpfen in *Asia* auftrat, denen Polemon vorstand, diesen anklagen wollte, weil er ihn am Beginn des Dramas hinausgeworfen hatte, fragte der Kaiser den Schauspieler, zu welcher Uhrzeit dies passierte. Als er antwortete, dies habe sich mittags ereignet, gab der Kaiser die sehr witzige Antwort: ‚Mich hat er um Mitternacht aus seinem Haus geworfen und ich habe ihn nicht angeklagt.'" Antoninus wusste natürlich, dass Polemon damals das Recht hatte, ihn aus seinem Haus zu werfen; aufgrund seiner Stellung war er von Einquartierungen befreit (siehe Abschnitt 4.2). Hätte Polemon geahnt, dass er den künftigen Kaiser vor sich hatte, hätte er bestimmt gastfreundlicher gehandelt. So musste er nun mit den (gutmütigen) Scherzen des Kaisers leben.

In der zweiten Anekdote geht es um einen griechischen Rhetor namens Alexander. „Als ihm der Kaiser zu wenig Aufmerksamkeit zu schenken schien, steigerte er seine Lautstärke und sprach: ‚Richte deine Aufmerksamkeit auf mich, *Caesar*!' Und der Kaiser, sehr erstaunt so gegen jedes Protokoll angesprochen zu werden, antwortete: ‚Ich schenke dir meine Aufmerksamkeit und ich kenne dich gut. Du bist der, der dauernd seine Haare richtet, seine Zähne reinigt, seine Fingernägel poliert und immer nach Myrrhe duftet.'"

Der Karriere des eitlen Rhetors scheint dieser Vorfall nicht weiter geschadet zu haben. Kaiser Mark Aurel machte ihn zum *ab epistulis* (siehe S. 111) für die griechische Korrespondenz.

3.2 Die Frauen

Als Antoninus an die Macht kam, lebte von seinen vier Kindern nur noch die jüngere Tochter, die ebenso wie seine Frau den Namen Faustina trug. Glauben wir der HA, so wurde sie von Hadrian mit dem späteren Kaiser Lucius Verus verlobt. Antoninus habe nach Hadrians Tod diese Verlobung aufgelöst und die jüngere Faustina mit Mark Aurel verlobt.[24] Dies erstaunt, da Antoninus Hadrians Wünsche meist respektierte. Warum sollte er sich gerade in diesem Punkt schon kurz nach dem Tod seines Vorgängers anders entschieden haben? Da wir gesehen haben, dass die Übernahme der Herrschaft durch Mark Aurel das zentrale Ziel Hadrians war (siehe S. 36) und der Verfasser der HA beträchtliche Probleme mit den Namen der beiden Adoptivsöhne des Kaisers hatte (siehe S. 33), spricht manches dafür, dass sich der Autor der HA hier irrt und bereits Hadrian Faustina mit Mark Aurel verlobte.[25]

► *Augusta*

In seinem Testament adoptierte Kaiser Augustus seine Gattin Livia, die damit zur Trägerin des Namens Augusta wurde. Später wurde daraus ein Titel, den viele Kaisergattinnen, aber auch andere weibliche Angehörige des Kaiserhauses führten. Der Titel *Augusta* brachte seiner Trägerin zwar keine besonderen Rechte, aber höchsten gesellschaftlichen Rang.

Abb. 3-1:
Diva Augusta Faustina

Die Kaisergattin Faustina die Ältere wurde zur *Augusta* (siehe S. 49) erhoben, als der Senat den Kaiser mit dem Beinamen *pius* ehrte.[26] Sie war damals etwa 38 Jahre alt. Lange konnte sie sich ihrer neuen ehrenvollen Stellung nicht erfreuen. Schon gut zwei Jahre später, im Oktober 140, wurde Antoninus Witwer. „Im dritten Jahr seiner Herrschaft verlor er seine Frau Faustina, die vom Senat vergöttlicht wurde und Zirkusspiele, einen Tempel, Flamen sowie goldene und silberne Statuen erhielt. Außerdem erlaubte er, dass ihr Bildnis bei allen Zirkusspielen aufgestellt wurde. Die Errichtung der vom Senat beschlossenen goldenen Statue übernahm er selbst.“[27]

Der Kontrast zu den Feierlichkeiten nach Hadrians Tod fällt auf. Was ist schon ein Schild gegen goldene und silberne Statuen! Mindestens ebenso beeindrucken die gewaltige Zahl und die nie dagewesene Vielfalt der Münzen, die zu Ehren der Vergöttlichten geprägt wurden.[28] Erstmals erscheint auf Konsekrationsmünzen der Scheiterhaufen, auf dem der Leichnam verbrannt wurde. Der Pfau tritt neben den bei männlichen Mitgliedern des Kaiserhauses üblichen Adler.

Der Aureus, der in Abb. 3-1 zu sehen ist, zeigt nicht nur ein beeindruckendes Porträt der Verstorbenen. Er vermittelt auf der Rückseite auch einen guten Eindruck des Tempels, den Antoninus für sie auf einem der wenigen noch freien Plätze des Forums errichten ließ. Dass die Darstellung wirklichkeitsnah ist, lässt sich noch heute überprüfen. Da der Tempel im 11. Jahrhundert in die Kirche *San Lorenzo in Miranda* umgewandelt wurde, ist er nämlich ausgezeichnet erhalten (siehe Abb. 3-2). Nach dem Tod des Antoninus wurde der Tempel auch ihm geweiht. Die Inschrift des Architravs lautet seitdem:

DIVO · ANTONINO · ET
DIVAE · FAVSTINAE · EX · S · C

⋆

dem vergöttlichten Antoninus und
der vergöttlichten Faustina auf Beschluss des Senats

Man erkennt unschwer, dass die Widmung für die *diva* Faustina so eingemeißelt wurde, dass sie nach dem Tod (und der zu erwartenden Vergöttlichung) des Antoninus problemlos an passender Stelle ergänzt werden konnte.

Abb. 3-2: Tempel des Antoninus und der Faustina

Nach dem Willen des Senats sollte ferner der Monat Oktober, in dem Faustina verstarb, nach ihr und gleichzeitig der Monat September, in dem Antoninus geboren wurde, nach dem Kaiser benannt werden. Doch diese Ehrung wies Antoninus zurück.[29] Wahrscheinlich konnte sich Antoninus bei diesem Antrag ein leichtes Schmunzeln nicht verkneifen. Hatten wirklich alle Senatoren vergessen, dass diese Monate schon einmal umgetauft worden waren, nämlich von dem im Oktober geborenen und im September auf den Thron gekommenen Kaiser Domitian (81–96), der ihnen die Namen Germanicus und Domitianus gab?[30] Für seinen Großvater Arrius Antoninus war es bestimmt Anlass für manch spöttische Bemerkung, dass der Enkel jahrelang seinen Geburtstag im Monat Germanicus feierte, an seinem 10. Geburtstag dieser Monat aber wieder September genannt werden konnte, da am Vortag Domitian umgebracht worden war. Eine solche Tradition wollte Antoninus keinesfalls wiederbeleben. Und auf einer Stufe mit Iulius Caesar und Augustus, deren Namen ja zwei Monate trugen, sah sich der bescheidene Herrscher noch weniger. So firmieren der neunte und zehnte Monat des Jahres noch heute als der siebte und achte.

Abb. 3-3: Das vorbildliche Paar

Dass Faustina nach ihrem Tod und ihr – noch sehr vitaler – kaiserlicher Gatte schlechthin zu Patronen der römischen Familien wurden, beweist folgende in Ostia gefundene Inschrift[31]:

DECVRIONVM · DECRETO
IMP · CAESARI · T · AELIO HADRIANO · ANTONINO · AVG · PIO P · P
ET · DIVAE · FAVSTINAE OB INSIGNEM EORVM CONCORDIAM
VTIQVE IN ARA VIRGINES QVAE IN COLONIA OSTIENSI · NVBENT
ITEM MARITI · EARVM SVPPLICENT

⋆

auf Beschluss der Dekurionen sollen
an den Imperator Antoninus Pius Augustus Vater des Vaterlands
und die vergöttlichte Faustina wegen ihrer beispiellosen Eintracht
an diesem Altar die Jungfrauen, die in der *Colonia* Ostia heiraten,
und ebenso ihre Ehemänner unbedingt ein Bittgebet richten

Verbreitet wurde diese Botschaft auch durch Münzen, deren Reverse die Umschrift *Concordiae* tragen (also der Eintracht gewidmet sind) und auf zwei Sockeln Statuen des kaiserlichen Paars mit verschlungenen Händen zeigen (siehe Abb. 3-3). Zusätzlich überreicht Pius der Faustina eine *Concordia*-Statue. Im Vordergrund ist ein Paar zu sehen, das an einem Altar den beiden ein Opfer darbringt.[32]

Der mit 54 Jahren Witwer gewordene Antoninus konnte nicht wieder heiraten. Zum einen hätte eine zweite Heirat der mustergültigen Kaiserehe ihren Nimbus genommen. Vor allem aber hätte jeder Sohn aus einer solchen Verbindung die sorgsam geplante Nachfolgeregelung ins Wanken gebracht. Der Kaiser nahm sich statt dessen eine Konkubine. Schon Kaiser Vespasian hatte nach dem Tod seiner Frau diese gesellschaftlich anerkannte, aber rechtlich folgenlose Form der Monogamie einer erneuten Heirat vorgezogen.

In der Geschichtsschreibung ist die Konkubine des Antoninus kaum greifbar. Natürlich wurde sie auch nicht im Mausoleum der kaiserlichen Familie bestattet. Ihren Namen kennen wir nur zufällig aus einer im Jahr 1786 in Rom außerhalb der Porta Maggiore gefundenen fragmentarischen Inschrift.[33] Sie lautet:

...S · AVG · LIB · NARCISSVS
... NATIONE · PARTHVS · PAEDAGOGVS
[PVERO]RVM IMP · ET · PAPAS GALERIAE
[AVG LIBERT]AE · LYSISTRATES · CONCVBINAE
DIVI PII
[CONDIT]ORIVM · FVNDI PAELIGNIANI ·
... [VETV]STATE · DILAPSVM · A · SOLO · IMPENSA
[SVA R]ESTITVIT
... [MA]CERIAM · A · FVNDAMENTIS · EXSTRV
[CTAM] CIRCVMDEDIT

⋆

Narcissus, der Freigelassene des *Augustus*,
parthischer Herkunft, Lehrer
der Kinder des Kaisers und Erzieher der Galeria
Lysistrate, der Freigelassenen der Kaiserin und Konkubine
des vergöttlichten Pius,
ließ ihr Grabhaus auf dem Paelignergut,
das wegen seines Alters zusammengefallen war, von Grund auf
mit eigenen Mitteln erneuern und
mit einer auf dem Fundament errichteten Einfriedung
umgeben

Lysistrate war danach eine Freigelassene (also eine ehemalige Sklavin) und Vertraute der verstorbenen Kaisergattin Galeria Faustina und demnach schon lange im Haus des Antoninus tätig. In der HA taucht sie – ohne Namensnennung – lediglich im Zusammenhang mit der Ernennung eines Prätorianerpräfekten auf: „Doch der gute Ruf des Repentinus litt unter dem Gerücht, er sei durch die Konkubine des Kaisers zur Präfektur gelangt.“[34] Unabhängig von ihrem Wahrheitsgehalt zeigt diese Nachricht, dass der Einfluss der Lysistrate am Kaiserhof nicht unterschätzt werden darf. Die langjährige Partnerin des Kaisers dürfte auch wesentlich zur viel gerühmten Ausgeglichenheit des Antoninus Pius beigetragen haben.

Doch „first lady“ war Lysistrate nie. Bald nach dem Tod der Kaisergattin Faustina übernahm ihre gleichnamige – vom Vater ja finanziell bestens abgesicherte – Tochter diese Rolle. Wie nahe ihr Antoninus stand, zeigt eine Äußerung in einem wohl im Jahr 143 verfassten Brief an Fronto: „Jener Teil deiner Rede, in dem du so überaus freundlich meine Faustina gerühmt hast, schien mir so wahr wie wohlgesetzt. Denn es verhält sich so: Ich würde lieber mit ihr auf Gyaros als ohne sie im Palast leben.“[35] Diese überspitzte Formulierung – die „raue und unbewohnte“[36], nur 23 km^2 große Kykladeninsel Gyaros war zu dieser Zeit ein besonders gefürchteter Verbannungsort – lässt die enge Verbundenheit des Kaisers mit seiner Tochter spürbar werden.

Abb. 3-4: Die Heirat

Im Jahr 145 richtete Antoninus die Hochzeit seiner etwa 15-jährigen Tochter mit seinem Adoptivsohn Mark Aurel aus. Wie die HA berichtet, war es ein äußerst glanzvolles Ereignis.[37] Sicher nicht zufällig hießen in diesem Jahr die *consules ordinarii* Antoninus Pius und Marcus Aurelius.[38] Für Antoninus war es sein viertes (und letztes) Konsulat, für Mark Aurel sein zweites. Die sorgfältige Planung dieses für das Kaiserhaus wichtigen Jahres zeigt auch das unmittelbar nachrückende Konsulpaar. Zu ihm gehörte L. Lamia Silvanus,[39] der Schwiegersohn des Kaisers, der zehn Jahre vorher seine Gattin Aurelia Fadilla verloren hatte. Die Abb. 3-4 zeigt einen aus Anlass der Trauung geprägten Aureus. Auf dem Avers sehen wir ein Porträt des 24-jährigen Thronfolgers mit dünnem Bart. Auf dem Revers reichen sich die Brautleute die Hände. Dahinter steht in der Mitte *Concordia*, die Personifikation der Eintracht. Sie führt das Paar zueinander, wobei sie Mark Aurel anblickt. Die Umschrift verweist auf die zu diesem Anlass geleisteten Gelübde (mehr zu diesen *vota* auf S. 84).

Am 30. November 147 konnte sich das Paar über die Geburt des ersten Kindes, der Tochter Domitia Faustina, freuen. Am Tag darauf erhielt Mark Aurel die *tribunicia potestas* und ein *imperium proconsulare*. Gleichzeitig wurde seine Gattin Faustina zur *Augusta* erhoben, obwohl ihr Gatte nur den Titel *Caesar* trug. Selbst die Geburt eines Thronfolgers hätte den Eltern keine größeren Ehren einbringen können.

Ein elegantes Porträt der jungen *Augusta* mit kunstvoll drapierten Stirnlocken und Perlenschnüren im Haar sehen wir auf dem Denar der Abb. 3-5. Auf dem Revers hält Venus einen Apfel in der ausgestreckten Rechten, während sie sich mit der Linken auf ein Ruder stützt, um dessen Fuß sich ein Delfin windet. Ein motivgleicher Aureus unterstreicht die Bedeutung des Anlasses. Von nun an begleiten Prägungen für die jüngere Faustina neben den Münzen für ihre Mutter die Regentschaft des Antoninus.

Dass Antoninus seinen Adoptivsohn gerade zu diesem Zeitpunkt an der Macht beteiligte und gleichzeitig Faustina mit dem Titel *Augusta* auszeichnete, macht deutlich, wie wichtig dem Kaiser die Einbeziehung der eigenen Nachkommen in die Thronfolge war. Nimmt man die Münzprägungen für die ältere Faustina hinzu, führte Antoninus wesentlich deutlicher als frühere Kaiser der Öffentlichkeit die Bedeutung der weiblichen Mitglieder des Kaiserhauses vor Augen. Zudem konnte er so die Adoptionsregelung Hadrians – also die eigentliche Legitimation des Thronfolgers – in den Hintergrund treten lassen.

Abb. 3-5: Die neue Augusta

Faustina brachte mindestens elf, wahrscheinlich sogar dreizehn Kinder zur Welt. In seinen Selbstbetrachtungen dankt Mark Aurel den Göttern dafür, dass er eine „lenksame, zärtliche und schlichte“ Gattin erhalten hatte.[40] Dieser dürre Satz über seine Gattin befremdet angesichts der vorausgehenden seitenlangen Elogen über seinen Adoptivvater und Dankeshymnen an seine Lehrer. Hatte der erste Augustus mit seiner Gattin Livia noch intensive politische Gespräche geführt, sich sogar von ihren Argumenten überzeugen lassen,[41] reduziert Mark Aurel seine Gattin auf die wichtigste Aufgabe einer Kaiserin, nämlich für Nachwuchs zu sorgen. Und die erledigte sie wie keine zweite.

Man darf bezweifeln, dass die in einer wohlhabenden patrizischen Familie erzogene Faustina das schlichte Gemüt war, als das sie Mark Aurel präsentiert. Die Quellen bieten auch eine völlig andere Sicht der Dinge – allerdings in wenig rühmlichem Zusammenhang. Diese lässt sich nur verstehen, wenn man bedenkt, dass die Geschichtsschreiber wussten, wie die glückliche Zeit der Adoptivkaiser endete: mit der Schreckensherrschaft des – knapp ein halbes Jahr nach dem Tod des Antoninus Pius geborenen – Commodus, der lieber den Gladiator gab als sich den Regierungsgeschäften zu widmen. Natürlich suchten sie eine Antwort auf die Frage, wie Mark Aurels Sohn derart aus der Art schlagen konnte.

Die HA gibt zwar nicht vor, die Antwort zu kennen, sie hält aber die überlieferten Gerüchte für durchaus glaubwürdig. Und sie referiert sie ausführlich: „Manche sagen, was auch plausibel scheint, dass Commodus Antoninus, sein Nachfolger und Sohn, nicht von ihm, sondern aus einem Ehebruch stamme; sie verbinden diese Aussage mit einem weitverbreiteten Gerücht. Als Faustina, die Tochter des Pius und Gattin des Marcus, einmal Gladiatoren vorbeigehen sah, entbrannte sie in Liebe zu einem von ihnen; danach, als sie lange an dieser Krankheit litt, gestand sie ihrem Mann ihre Leidenschaft. Als dies Marcus den Chaldäern berichtete, sei ihr Rat gewesen, dass der Gladiator getötet werden, Faustina in seinem Blut baden und sie so mit ihrem Mann schlafen sollte. Als dies geschehen war, war sie zwar von diesem Verlangen befreit, doch Commodus kam als Gladiator zur Welt, nicht als *princeps*; denn als *imperator* focht er vor den Augen des Volkes an die tausend Gladiatorenkämpfe, wie in seinem Lebenslauf zu berichten sein wird. Dies ist auch deshalb glaubwürdig, weil der Sohn eines so tugendhaften *princeps* Eigenschaften hatte, die kein Gladiatorentrainer, kein Schauspieler, kein Kämpfer in der Arena, keiner schließlich von allen Ehrlosen und Verbrechern an Unrat besaß. Auch berichten viele, Commodus sei ganz und gar Folge eines Ehebruchs, da allgemein bekannt sei, dass Faustina bei Caeta

Verhältnisse mit Seeleuten und Gladiatoren gehabt habe. Als man dies Antoninus Marcus erzählte, damit er sich scheiden, wenn nicht sogar sie töten lasse, habe er gesagt: ‚Wenn wir die Gattin wegschicken, müssen wir auch ihre Mitgift herausgeben.' Was nämlich war die Mitgift? Das *imperium*, das er erhalten hatte, nachdem er auf Wunsch des Hadrian von seinem Schwiegervater adoptiert worden war."[42]

Die diametral entgegengesetzten Lebensweisen des Mark Aurel und des Commodus waren am einfachsten dadurch zu erklären, dass Commodus gar nicht Mark Aurels Sohn, sondern der eines Gladiators ist. Dazu musste man seiner Frau einen entsprechend unsoliden Lebenswandel zuschreiben. Wie aber kommt eine wohlbehütete Tochter aus gutem Haus dazu? Sie kann es sich nur von ihrer Mutter abgeschaut haben. Daher kommt auch die ältere Faustina in der HA keinen Deut besser weg.[43] Hier liefert Aurelius Victor – eingebettet in ein überschwängliches Lob des Antoninus – die pikanten Details. „Bei diesem war alles göttlich, was er in Krieg und Frieden vollbrachte und beschloss. Dies wird nur durch seine Unfähigkeit, seine Frau zu zügeln, geschmälert. Sie hatte sich zu solcher Schamlosigkeit hinreißen lassen, dass sie bei ihren Aufenthalten in Kampanien an der lieblichen Küste lauerte, um sich unter den Seeleuten, die ja meist unbekleidet arbeiten, die für ihre schändlichen Gelüste Geeignetsten auszusuchen."[44]

Eine sich im Schilf versteckende Faustina, die spärlich bekleidete Seeleute bei ihrer Arbeit beobachtet, lässt eher an einen billigen Sandalenfilm denken als an seriöse Geschichtsschreibung. Es ist offensichtlich, dass dadurch lediglich Mark Aurel vom Makel gereinigt werden sollte, er trage über seinen Sohn die Schuld am Ende einer so langen, glücklichen Zeit. Diese Schuld auf die Frauen des Kaiserhauses abzuwälzen und so das Andenken der beiden Faustinae zu verdunkeln, war da – zumal in einer von Männern dominierten Gesellschaft – der bequemste Weg. Es gibt keinen Grund, diesen Weg mitzugehen.

3.3 Die Adoptivsöhne

Als Antoninus im Jahr 138 die Regentschaft antrat, war Mark Aurel 17 Jahre alt, also nach römischen Maßstäben längst erwachsen. Der zweite Adoptivsohn Lucius Aelius dagegen war ein noch nicht einmal acht Jahre altes Kind. Egal wie der fast 52-jährige Kaiser zu seinen Adoptivsöhnen stand: Ihm war klar, dass er Mark Aurel zügig als Nachfolger aufbauen musste. Nur so konnte er dazu beitragen, dass nach seinem – jederzeit möglichen – Tod die Lage im Reich stabil blieb.

Schon im darauffolgenden Jahr wurde Mark Aurel daher Quästor, in alle Priesterkollegien aufgenommen, *sevir turmarum equitum Romanorum* (siehe S. 29) und – am wichtigsten – zum *Caesar* erhoben. Auch Nerva und Hadrian hatten den designierten Nachfolger auf diese Weise benannt. Trajan hatte dies versäumt und damit größere Turbulenzen heraufbeschworen. Noch einmal unterstrichen wurde die Rolle Mark Aurels im Jahr 140, als er zum ersten Mal *consul ordinarius* wurde. Sein Kollege war Antoninus Pius, der dieses Amt zum dritten Mal bekleidete. Vollendet wurde seine Beteiligung an der kaiserlichen Macht nach der Geburt seines ersten Kindes mit der Verleihung der *tribunicia potestas* und eines

Abb. 3-6: Antoninus Pius stellt den Thronfolger vor

prokonsularischen Imperiums (siehe S. 54). Er hatte nun dieselben Befugnisse und bis auf das *praenomen imperatoris* (siehe S. 32) die gleichen Titel, wie sie Antoninus nach seiner Adoption durch Hadrian besaß.

Diese wichtige Weichenstellung wurde noch im selben Jahr auf Münzen propagiert. Einen Denar mit dieser Botschaft zeigt die Abb. 3-6. Die Vorderseite nimmt das uns bereits vertraute Porträt des Kaisers ein. Die Umschrift schließt mit COS III, also seinem dritten Konsulat. Auf dem Revers sehen wir einen jugendlichen, ernst blickenden Mark Aurel mit lockigem Haar. Die Umschrift weist ihn als AVG(usti) PII F(ilius) aus, als Sohn des Kaisers, und schließt mit seinem Konsulat. Über seinem Haupt erkennen wir die zentrale Botschaft: Mark Aurel ist *Caesar*, der Thronfolger.

Die Karriere des Lucius Aelius verlief weniger steil. Im Jahr 153 wurde er mit 23 Jahren Quästor. Als besondere Auszeichnung durfte er zwischen dem Kaiser und seinem Adoptivbruder Platz nehmen, als er in dieser Funktion Spiele für das Volk gab.[45] Im Jahr darauf wurde er *consul ordinarius*. Auf beide Ämter musste er fünf Jahre länger warten als Mark Aurel. Im Übrigen – insbesondere auch in der Münzprägung – trat er wenig in Erscheinung. Selbst an Kleinigkeiten wurde deutlich, dass nicht er, sondern sein Adoptivbruder der Kronprinz war: „Auf Reisen fuhr er nicht mit seinem Vater, sondern mit dem Prätorianerpräfekten." Nur der Titel *Augusti filius*, Sohn des Kaisers, erinnerte an seine herausgehobene Stellung.[46] Auch wenn die Rollen demnach klar verteilt waren, wurde Lucius in die Regierungsarbeit ebenso eingebunden wie Mark Aurel. So belegt ein in Ägypten gefundener Papyrus, dass beide Adoptivsöhne im kaiserlichen *consilium* saßen.[47]

Mark Aurel liebte den Unterricht, der lange vor seiner Adoption durch Antoninus Pius begonnen hatte. Die HA kennt eine nicht enden wollende Reihe von Lehrern Mark Aurels.[48] Den Elementarunterricht teilten sich Euphorion, der ihm Lesen und Schreiben beibrachte, der Schauspieler Geminus, der sich wohl um die korrekte Aussprache kümmerte, und Andron, der für Musik und Geometrie (dazu zählte auch die Geographie) zuständig war. Danach übernahmen der Philologe Alexander aus Cotiaeum (in Kleinasien) die weitere Ausbildung in der griechischen Sprache sowie der aus Pola (dem heutigen Pula) stammende Trosius Aper und Eutychius [wohl Tuticius] Proculus aus dem nordafrikanischen Sicca in der lateinischen. Den für einen Angehörigen der Oberschicht unverzichtbaren Abschluss der sprachlichen Schulung bildete der Rhetorikunterricht. Um das Griechische kümmerten sich hier Aninius Macer, Caninius Celer und schließlich der berühmte Herodes Atticus, für Latein war Cornelius Fronto zuständig.

Mark Aurels besonderes Interesse galt allerdings der Philosophie, mit der er sich schon als Kind leidenschaftlich beschäftigte.[49] Dies schlägt sich auch in der Zahl seiner philosophischen Lehrer nieder. Neben den Stoikern Apollonius, Sextus von Chaeronea, Iunius Rusticus, Claudius Maximus und Cinna Catulus nennt die HA den Peripatetiker Claudius Severus. In seinen Selbstbetrachtungen dankt Markus ihnen geradezu überschwänglich für die Einsichten, die sie ihm vermittelt hätten.[50]

Dass Antoninus Pius diese Begeisterung nicht in jedem Fall teilte, zeigt eine in der HA überlieferte Anekdote.[51] „Als er den Apollonius, den er aus Chalkis[52] hatte kommen lassen, in die *Domus Tiberiana* gerufen hatte, in der er gerade wohnte, um ihm den Marcus Antoninus zur Ausbildung zu übergeben, und jener sagte: ‚Nicht der Lehrer muss zum Schüler kommen, sondern der Schüler zum Lehrer', lachte er und sagte: ‚Für Apollonius war es leichter, von Chalkis nach Rom zu kommen als von seinem Haus in den Palast.' Auch tadelte er dessen Habgier beim Gehalt." Es dürfte Antoninus zu verdanken sein, dass sich unter den Philosophen ausgewiesene Staatsmänner befanden. Claudius Severus wurde wahrscheinlich im Jahr 146 neben Erucius Clarus (siehe S. 66) *consul ordinarius*.[53] Noch deutlicher tritt Iunius Rusticus in Erscheinung, der „sich im Krieg und im Frieden bewährte"[54] und das Vertrauen dreier Kaiser genoss. Im Jahr 133 war er unter Hadrian erstmals Konsul, 160 machte ihn Antoninus Pius zum Stadtpräfekten, 162 ehrte ihn Mark Aurel mit einem zweiten (ordentlichen) Konsulat.

Schließlich nennt die HA noch den Juristen Maecianus sowie den Pädagogen Diognetus. Diognetus, unter dessen Anleitung sich Mark Aurel auch mit Malerei beschäftigte, scheint die Entwicklung des Knaben maßgeblich beeinflusst zu haben. Mark Aurel schrieb ihm das Verdienst zu, dass er sich vom Aberglauben ab- und der Philosophie zuwandte und „sich mit einem Feldbett und einem Tierfell als Nachtlager begnügte".[55]

Da Maecianus unter Antoninus Pius eine beeindruckende Karriere machte (siehe S. 110), geht seine Berufung zum Rechtslehrer für Mark Aurel zweifellos auf den Kaiser zurück. Im Unterschied zu seinem sonstigen Lerneifer scheint Marcus den juristischen Unterricht allerdings nicht besonders geschätzt zu haben. So beklagt er sich in einem Brief an Fronto,[56] dass er ihm nur im Laufschritt schreiben könne, da Maecianus dränge. Dazu passt, dass Mark Aurel den Rechtslehrer in seinen Selbstbetrachtungen mit keinem Wort erwähnt, obwohl er darin fast allen Lehrern wärmstens dankt.

Mark Aurel verschmähte die üblichen Vergnügungen Roms: „Von meinem Erzieher lernte ich, mich [bei den Pferderennen] weder für die Grünen noch für die Blauen und [bei den Gladiatorenkämpfen] weder für die Rundschilde noch für die Langschilde zu begeistern."[57] Er musste von Fronto sogar ermahnt werden, sich nicht in seinen Lehrbüchern zu vergraben (siehe S. 47).

Lucius Aelius brauchte solche Ermahnungen nicht: „Er besuchte die Zirkusspiele ebenso eifrig wie die Gladiatorenkämpfe."[58] Die Liste seiner Erzieher fällt wohl auch deshalb etwas kürzer aus.[59] Den Elementarunterricht teilten sich Scaurinus für die lateinische sowie Telephus, Hephaestio und Harpocratio für die griechische Sprache. Dazu kamen die Redner Apollonius, Caninius Celer und Herodes Atticus für das Griechische und Cornelius Fronto für das Lateinische, schließlich noch die Philosophen Apollonius und Sextus sowie der Erzieher Nicomedes.

Dem Kaiser scheint das Verhalten Mark Aurels weniger gefallen zu haben als das des Lucius Aelius: „Antoninus Pius liebte seinen ehrlichen Charakter und seine positive Lebenseinstellung und er ermahnte seinen Bruder, es ihm gleichzutun.“[60] Bemerkenswert ist auch die Einschätzung, welche die HA am Ende von Mark Aurels Vita über ihn wiedergibt: Er sei nicht so aufrichtig und ehrlich gewesen, wie es schien oder wie es Pius und Verus waren.[61]

Besonders eng scheint das Verhältnis der beiden Adoptivsöhne des Kaisers nicht gewesen zu sein. In den zahlreichen uns bekannten Briefen, die sich Fronto und Mark Aurel zwischen 139 und 161 schrieben, findet sich nur eine Erwähnung des Bruders – und die ging von Fronto aus. Nachdem er eine Rede des Kaisers kunstvoll gelobt hatte, schrieb er: „Auch die Rede deines Bruders hat mich erfreut, sie war nämlich so wohlgesetzt wie sinnreich. Ich bin mir sicher, dass er nur sehr wenig Zeit hatte, sie einzustudieren.“[62] Frontos Lob für die Rede, die Lucius Aelius wahrscheinlich anlässlich seines Konsulats gehalten hatte, fällt nicht gerade überschwänglich aus. Man kann es auch so verstehen: Angesichts der kurzen Vorbereitungszeit war sie ganz ordentlich.

Am 19. September 160 feierte Antoninus seinen 74. Geburtstag. Zu seiner Zeit war dies ein Alter, das nur wenige erreichten. Von seinen 14 Vorgängern schafften dies nur Augustus und Tiberius. Sein Vorbild Augustus wurde knapp 76 Jahre alt, dessen Adoptivsohn und Nachfolger etwa ein Jahr älter. Antoninus wusste, dass sein Tod eher eine Frage von Monaten als von Jahren war. Daher war es kein Zufall, dass er seine Adoptivsöhne zu *consules ordinarii* des nächsten Jahres machte, um die Eintracht in der kaiserlichen Familie nochmals zu unterstreichen. Für Mark Aurel war es sein drittes – und letztes – Konsulat, Lucius Aelius wurde zum zweiten Mal Konsul. Ein Kampf der Adoptivbrüder um die Nachfolge war nicht zu erwarten. Zu klar war der neun Jahre ältere Mark Aurel durch die ihm übertragenen Kompetenzen als Nachfolger aufgebaut worden.

Antoninus Pius hatte durch die Auswahl der Lehrer nicht nur für eine gute Bildung seiner Adoptivsöhne gesorgt, sondern sie auch bestens auf die innenpolitisch-administrativen Aufgaben eines Regenten vorbereitet. Er hatte es aber versäumt, sie militärische Erfahrungen sammeln zu lassen. (Ob sie als Tribun im Stab einer Legion zumindest den „Grundwehrdienst“ ableisteten, ist – wie schon bei Antoninus – unbekannt.) Dies sollte sich nach seinem Tod rächen.

Über die Gründe für dieses Manko kann man nur spekulieren. Natürlich sah Antoninus, dass seine eigene Militärferne eine erfolgreiche Regentschaft nicht unmöglich machte. Und wie Hadrian war er der Meinung, dass die expansive Phase des *Imperium Romanum* der Vergangenheit angehörte. Er war aber sicher nicht so naiv zu glauben, dass sich Konflikte mit den Parthern künftig stets diplomatisch würden lösen lassen. War er der Überzeugung, dass die Grundlage eines prosperierenden Reichs der innere Friede sei, dem sich der

Kaiser daher vorrangig zu widmen habe? Glaubte er die Sicherung der Grenzen bei erfahrenen Militärs in besseren Händen? Wie gefährlich erfolgreiche Heerführer einem Kaiser werden können, sollte ja erst das nächste Jahrhundert zeigen. All dies wird der stets rational agierende Antoninus erwogen haben. Den Familienmenschen schreckte aber wohl auch das Beispiel des für ihn vorbildlichen Kaisers Augustus, der seine beiden ältesten Enkel (und Adoptivsöhne!) intensiv militärisch schulen ließ und beide früh verlor, den einen durch eine Kriegsverletzung, den anderen durch eine Krankheit, die er sich auf einer seiner Reisen zuzog. Auch der frühe Tod der beiden eigenen Söhne wird zu seiner Entscheidung, die Adoptivsöhne keinen Gefahren auszusetzen, beigetragen haben.

3.4 Cornelius Fronto

Die hinterlassenen Briefe lassen Fronto unter den kaiserlichen Erziehern am deutlichsten in Erscheinung treten. Daraus ist nicht unbedingt zu schließen, dass er den größten Einfluss auf die Adoptivsöhne des Kaisers hatte. Doch seine Briefe zeigen ihn so nah am Kaiserhof, so vertraut mit dem Kronprinzen, dass es lohnt, sich näher mit ihm zu beschäftigen.

In der Spätantike galt Frontos Rhetorik als der Ciceros gleichrangig.[63] Fronto selbst sah dies ebenso, wie ein Brief aus dem Jahr 162 zeigt: „Meine bithynische Rede, von der du, wie du schreibst, einen Teil gelesen hast, enthält vieles Neue, meiner Meinung nach nicht unelegant formuliert, an erster Stelle dort, wo es um mein bisheriges Leben geht. Dieser Teil dürfte dir gefallen, wenn du liest, was M. Tullius [Cicero] zu einem ähnlichen Thema in seiner vorzüglich formulierten Rede für L. [richtig: P.] Sulla hinterlassen hat: nicht um es von Gleich zu Gleich zu vergleichen, sondern um zu ermessen, wie weit mein mäßiges Talent von jenem Mann mit seiner unübertrefflichen Beredsamkeit abweicht."[64] Der Bescheidenheit suggerierende Nachsatz unterstreicht eher seinen Anspruch.

Als im 19. Jahrhundert Frontos Briefe entdeckt wurden, waren die Erwartungen groß. Noch größer war allerdings wenig später die Ernüchterung. Theodor Mommsen sagte über Fronto: „Ein großer Geist war er nicht; wir kennen ihn gut, es sind viele Briefe von ihm vorhanden, die seine Eigentümlichkeiten offenbaren. Einen inhaltsloseren Publizisten hat es kaum gegeben."[65]

Mommsens vernichtende Kritik, die heute von der Wissenschaft so nicht mehr geteilt wird, hat zwei Ursachen. Zum einen verrät der Stil der Briefe nichts von seinem rhetorischen Genie. Zum anderen enttäuschte auch ihr Inhalt, der selten über harmlose Plaudereien hinausgeht. Doch weder Stil noch Inhalt der Briefe sind verwunderlich. Die Schreiben, die täglich hin und her gingen, waren keine Produkte für die Ewigkeit. In seinen viel gerühmten Reden (die nicht erhalten sind) dürfte Fronto wesentlich strahlender geglänzt haben.

Frontos Briefwechsel bringt zwar keine neuen Erkenntnisse für die großen politischen Zusammenhänge, aber durchaus manch interessanten Einblick in den kaiserlichen Hof. Wir kennen über 200 Briefe, die Fronto schrieb oder erhielt. Den größten Teil nimmt die Korrespondenz zwischen ihm und Mark Aurel ein, die sich über einen Zeitraum von mehr als 20 Jahren erstreckt. Dazu kommen Briefe an Freunde, einige wenige an Kaiser Antoninus und Kaiser Lucius Verus sowie zwei griechisch geschriebene an Mark Aurels Mutter. Es fällt auf, dass Schreiben zwischen Fronto und den beiden Faustinae völlig fehlen. Hier griff wohl die kaiserliche Zensur (oder die Selbstzensur des Herausgebers).

Marcus Cornelius Fronto wurde um das Jahr 100 im numidischen Cirta (dem heutigen Constantine in Algerien) geboren. In einem Brief an Domitia Lucilla[66] nennt er sich einen Libyer, der von libyschen Nomaden abstamme. Auch wenn dies ironisch überspitzt ist, hatte er indigene Wurzeln, zählte er doch Jupiter Ammon – den mit Jupiter identifizierten ägyptischen Gott Ammon oder Amun – zu seinen väterlichen Göttern.[67] Seine Familie gehörte zur Elite ihrer Provinz. Ihr Reichtum ermöglichte es ihm, nach Rom zu gehen, um dort seine Ausbildung, insbesondere in der Rhetorik, zu vervollkommnen und Karriere zu machen.

Eine Inschrift, mit der die Bürger der nordafrikanischen Stadt Calama (heute Guelma in Algerien) ihren Patron Fronto ehrten,[68] hält die ersten unter Hadrian absolvierten Stationen seiner Laufbahn fest: Er war *triumvir capitalis*, Quästor in Sizilien, plebejischer Ädil und Prätor. Das Amt des *triumvir capitalis*, dessen Pflichten in der Strafgerichtsbarkeit lagen, war zwar der am wenigsten angesehene, für einen Provinzialen ohne senatorische Vorfahren aber nicht ungewöhnliche Ausgangspunkt einer senatorischen Laufbahn. Da angehende Senatoren das Eingangsamt in der Regel mit etwa 18 Jahren antraten, muss Fronto schon in jungen Jahren nach Rom gekommen sein. Italien verließ er danach nur noch anlässlich seiner Quästur. Den Höhepunkt des *cursus honorum* erreichte er unter Antoninus Pius im Jahr 142, in dem er *consul suffectus* wurde.[69] Seiner Nähe zum Kaiserhaus verdankte er das Privileg, nach der Prätur keines der Ämter absolvieren zu müssen, die eigentlich für einen *homo novus* auf dem Weg zum Konsulat obligatorisch waren.[70]

Frontos Verhältnis zu den beiden *Augusti*, unter denen er Karriere machte, war höchst unterschiedlich, wie ein Brief beweist, den er im Jahr 143 an Mark Aurel schrieb: „Ich habe den vergöttlichten Hadrian, deinen Großvater, im Senat oftmals mit großem Eifer und auch gerne gelobt. Aber … Hadrian wollte ich eher wie Mars Gradivus [der dem Heer im Kampf voraus ziehende Mars] oder Vater Dis [Pluto] günstig stimmen und besänftigen, als dass ich ihn geliebt hätte… Antoninus aber liebe und schätze ich wie die Sonne, den Tag, das Leben, den Atem, und ich fühle, von ihm geliebt zu werden… Ein entflohener Eilbote soll gesagt haben: Für meinen Herrn bin ich 60 [Meilen] gelaufen, für mich werde ich 100 laufen, um zu entkommen. Auch ich bin für meinen Herrn gelaufen, als ich Hadrian lobte; heute laufe ich für mich, ich betone: für mich.“[71]

Parallel zu seiner senatorischen Karriere erwarb sich Fronto einen guten Ruf als Anwalt. Gegen Ende der Regierungszeit Hadrians galt er schließlich als der führende Anwalt Roms.[72] Als Antoninus sein Amt antrat, war der nordafrikanische Aufsteiger also ein respektiertes Mitglied der römischen Gesellschaft. Er war wohlhabend, hatte ein Haus auf dem Esquilin, eine Küstenvilla bei Sorrent und saß im Senat unter dem ehemaligen Prätoren. Am meisten aber genoss er es, Schüler um sich zu scharen, die voller Bewunderung seinen Worten lauschten. Einer davon, Aulus Gellius, schwärmt in seinen *Noctes Atticae*[73] von Frontos „überaus klaren Reden voller schöner wissenschaftlicher Erkenntnisse“, von denen er jedes Mal kultivierter und gebildeter zurückgekehrt sei. Etwas Erstrebenswerteres, als Hauslehrer der Adoptivsöhne des Kaisers zu werden, gab es für Fronto wohl nicht.

Natürlich blieben Rivalitäten und Eifersüchteleien zwischen den Lehrmeistern am Kaiserhof nicht aus, etwa zwischen dem Aufsteiger Fronto und dem aus reichem Haus stammenden Athener Herodes Atticus, dessen Vater 133 Konsul war. Als um das Jahr 140 Athener Bürger einen Prozess gegen Herodes Atticus anstrengten und sich dabei Fronto als Anwalt nahmen, versuchte Mark Aurel in einem ausgedehnten Briefwechsel mit Fronto,[74] die schlimmsten verbalen Entgleisungen, mit denen vor römischen Gerichten stets zu rechnen war, zu verhindern. Fronto sicherte Zurückhaltung zu. Wenn er aber Herodes Atticus einen kleinen, ungebildeten Griechen nenne, werde dieser schon nicht daran sterben.

Für Fronto dürfte es eine besondere Genugtuung gewesen sein, dass er das Konsulat ein Jahr früher erreichte als Herodes Atticus (der dieses Amt allerdings – wie für den Sohn eines ehemaligen Konsuls üblich – als *consul ordinarius* absolvierte). So sehr Fronto die Ehre schmeichelte, nun im Senat vor seinem Rivalen zu sitzen, so lästig scheint ihm das – nur zwei Monate dauernde – Amt gewesen zu sein. Er jammerte ohne Unterlass. In einem Brief an Mark Aurels Mutter Domitia Lucilla schreibt er: „Für mich ist dieses Amt ein Klotz am Bein. Es bleiben nämlich nur noch wenige Tage in diesem Amt und die sind mehr denn je mit Pflichten angefüllt. Wenn ich es los bin, werde ich weit entschlossener zu dir laufen als die Läufer auf der Rennbahn. Denn diese werden nach einem kurzen Verweilen am Start ins Rennen geschickt, während ich schon seit diesen zwei Monaten davon abgehalten werde, zu dir zu laufen.“[75]

Nach diesem Brief ist klar, dass für Fronto die Aussicht auf die für einen ehemaligen Konsul obligatorische Statthalterschaft, die ihn ein Jahr binden würde, alles andere als erfreulich war. Doch nachdem ihm die prestigeträchtige Provinz *Asia* zugelost worden war, ging er nach seinen eigenen Worten[76] eifrig daran, seinen Mitarbeiterstab zusammenzustellen. Verwandte und Freunde aus seiner Heimat Cirta, aus Alexandria, aus Kilikien, aus Mauretanien habe er nach Athen gerufen, damit sie ihn von dort aus in seine Provinz begleiteten. Selbst eine Erkrankung habe ihn von diesen Vorbereitungen nicht abgehalten. Leider habe ihn die Krankheit aber nun mit solcher Macht befallen, dass er jede Hoffnung aufgeben müsse, dieses Amt antreten zu können.

All dies schildert Fronto weitschweifig in einem – nur teilweise erhaltenen – Brief an den Kaiser. Es ist nicht bekannt, ob er damit lediglich eine Verschiebung des Amtsantritts erreichte oder der Kaiser ihn von seiner Verpflichtung generell befreite. Da keine Zeugnisse über eine Statthalterschaft Frontos vorliegen und Antoninus auch zu einem späteren Zeitpunkt mit einem ähnlichen Brief des Fronto hätte rechnen müssen (wir haben schon auf S. 31 gesehen, dass Fronto gerne Krankheiten als Entschuldigungsgrund einsetzte), hat er wahrscheinlich die Statthalterschaft Frontos *ad acta* gelegt.

In einem Brief an den Kaiser oder an einen Magistraten einen Freund oder Verwandten für ein Amt zu empfehlen oder ohne Umschweife dieses Amt für ihn zu erbitten, hatte im *Imperium Romanum* nichts Ehrenrühriges. Da vielfältige Klientelbeziehungen die römische Gesellschaft prägten, sah man es eher als Makel, wenn jemand keine prominenten Fürsprecher hatte. Wie Antoninus Pius mit solchen Bitten umging, zeigt ein Brief Frontos aus den letzten Amtsjahren des Kaisers.[77] Darin wiederholt Fronto die Bitte, seinen engen Studienfreund Appian zum *procurator* zu ernennen. Das erste Ansuchen Frontos vor zwei Jahren ließ Antoninus unbeantwortet, das zweite – ein Jahr später – hatte er mit freundlichen Worten abgelehnt. Nun also unternimmt Fronto einen dritten Anlauf. Er macht nochmals klar, dass es Appian nicht um einen gutbezahlten Posten geht, sondern ausschließlich um die Würde, die mit dem Titel *procurator* verbunden ist. Sie wäre für Appian ein Trostmittel, um die Last „des Alters und der Kinderlosigkeit zu lindern". Selbst „Ernennungen ehrenhalber" sprach Antoninus also nicht leichtfertig aus.

Wir wissen, dass Appian diese Würde schließlich erreichte, da er in der Einleitung zu seiner Römischen Geschichte stolz darauf verweist.[78] Unklar ist allerdings, ob die Ernennung noch unter Antoninus Pius oder erst unter seinen Adoptivsöhnen erfolgte. Wir wissen aber aus demselben Brief, dass Antoninus solche Ernennungen nicht grundsätzlich verweigerte. „Auf meine Bitte hin hast du schon einmal den römischen Ritter Sextius Calpurnius, der früher bei mir wohnte, mit zwei Prokuraturen ausgezeichnet. Diese Verleihungen der beiden Prokuraturen zähle ich viermal: zweimal, weil du sie verliehen hast, und noch zweimal, weil du die Rücktrittsgesuche angenommen hast."

Wie erfolgreich Fronto nicht nur sich, sondern auch seine Familie in Rom etablierte, zeigt folgende Inschrift, die ein Enkel Frontos seinem Sohn Aufidius widmete[79]:

M · AVFIDIO · FRONTONI
PRONEPOTI · M · CORNELI
FRONTONIS · ORATORIS
CONSVLIS · MAGISTRI
IMPERATORVM · LVCI
ET · ANTONINI · NEPOTIS
AVFIDI · VICTORINI
PRAEFECTI · VRBIS · BIS · CONSVLIS
FRONTO · CONSVL
FILIO DVLCISSIMO

Wir sehen, dass der Stifter der Inschrift Konsul war, sein Vater sogar zweifacher Konsul und Stadtpräfekt. Sein Großvater firmiert darauf als Redner, Konsul und Lehrmeister der Kaiser Lucius und Antoninus.

4 Pater patriae

Antoninus Pius war ein sehr erfolgreicher Innenpolitiker. Eine effizient und reibungslos arbeitende Verwaltung, eine solide Finanzpolitik und ein auf Nachhaltigkeit bedachtes Bauprogramm sorgten neben seinem Verzicht auf kostspielige militärische Operationen dafür, dass trotz seiner zurückhaltenden Steuerpolitik und gerühmten Großzügigkeit die Staatskasse bei seinem Tod prall gefüllt war. Wir erfahren dies aus einer Rede, die Kaiser Pertinax im Jahr 193 vor dem Senat hielt: „Ich will euch, Väter, nicht über die Tatsache im Unklaren lassen, dass ich, obwohl ich nur eine Million Sesterzen in der Staatskasse vorfand, ebenso viel wie Marcus und Lucius an die Soldaten verteilt habe, denen 2700 Millionen Sesterzen hinterlassen worden waren.“[1] Danach hinterließ der freigebige Antoninus dieselbe Summe wie der als geizig verschriene Tiberius.[2] Den zur Routine gewordenen Ehrentitel *pater patriae* hatte sich Antoninus Pius redlich verdient.

4.1 Konsens und Kontinuität

Offenheit und Transparenz prägten die Regierung des Antoninus: „Über alles, was er tat, legte er im Senat und durch Bekanntmachungen Rechenschaft ab.“[3] Dies kam nicht bei allen, die am Kaiserhof arbeiteten, gut an. Schließlich hatten insbesondere viele Freigelassene bisher mit der Verbreitung von Gerüchten und durch den Handel mit Informationen gute Geschäfte gemacht. Ihr Einfluss wurde zurückgedrängt, Verstöße wurden konsequent geahndet.[4]

„Dem Senat übertrug er als Herrscher soviel, wie er sich dies – solange er noch Privatmann war – von einem anderen Kaiser gewünscht hatte.“[5] Antoninus Pius erfüllte damit das zentrale Kriterium, das in den Augen der senatorischen Geschichtsschreibung einen guten Kaiser ausmachte. Der Historiker und Senator Tacitus verpackte diese Forderung in eine Rede, die er Kaiser Galba, der nach Neros Selbstmord an die Macht kam, anlässlich der Adoption des Calpurnius Piso in den Mund legte.[6] Galba riet danach seinem Kronprinzen, immer zu überlegen, was er unter einem anderen Herrscher an diesem schätzen oder missbilligen würde. Diese Achtung des Senats entsprach sicher dem Wesen des Antoninus, der kein Freund einsamer Beschlüsse war: „Weder über die Provinzen noch in irgendwelchen anderen Angelegenheiten beschloss er etwas, was er nicht vorher mit seinen Freunden beraten hatte, und ausgehend von ihrem Votum formulierte er seine Erlasse.“[7]

Dies bedeutete nicht, dass der Senat mehr Rechte bekam. Die Beratung wichtiger Angelegenheiten erfolgte wie unter seinen Vorgängern nicht im Plenum des Senats, sondern im kaiserlichen Beraterstab, dem *consilium principis*, in dem neben Senatoren auch – oft rechtskundige – Ritter (wir kommen auf sie im Kapitel 6 zurück) saßen. Die HA hält aber ausdrücklich fest, dass Antoninus die Meinung dieses spätestens seit Hadrian offiziellen Gremiums ernst nahm, also nicht nur einholte, um der Form zu genügen. Dies bestätigt auch Aristides, für den es keinen Zweifel gab, dass Antoninus mehr Männer an seiner Herrschaft teilhaben ließ als alle Kaiser vor ihm.[8] Dieses Lob verrät aber auch, dass allein der Kaiser entschied, wieviel seiner Macht er delegierte.

Zum harmonischen Verhältnis zwischen Kaiser und Senat trug bei, dass Antoninus gelegentlich – wie viele Kaiser vor ihm – klammen Magistraten und Senatoren finanziell unter die Arme griff.[9] Vor allem aber brauchte unter ihm kein Senator mehr um sein Leben zu fürchten. Keiner musste in der Angst leben, durch Denunzianten als Hochverräter gebrandmarkt, enteignet oder gar hingerichtet zu werden: „Das Denunziantenwesen wurde ausgetrocknet. Vermögen wurden seltener als je zuvor beschlagnahmt, so dass nur ein einziger proskribiert wurde. Dabei handelte es sich um Atilius Titianus, der eines Umsturzes beschuldigt und vom Senat verurteilt worden war. Er verbot, ihn nach Mitwissern auszufragen, und unterstützte dessen Sohn stets in jeder Hinsicht. Auch Priscianus, der ebenfalls der Usurpation beschuldigt wurde, kam um, aber durch Selbstmord. Er verbot, über diese Verschwörung Nachforschungen anzustellen."[10] Die dürftige Quellenlage gestattet nur Spekulationen über den Verlauf dieser – augenscheinlich im Keim erstickten – Usurpationsversuche.[11] In den *Fasti Ostienses* klingt die Erhebung des sonst kaum bekannten Priscianus jedenfalls nicht besonders dramatisch. Dort wird unter dem 15. September 145 lapidar von senatorischen Ermittlungen gegen Cornelius Priscianus als feindlichem Unruhestifter in Spanien berichtet.

Das Verbot des Antoninus Pius, im Umfeld eines Verschwörers nach Mitwissern zu fahnden, zeigt ebenso wie sein Verzicht auf Sippenhaft die Humanität, aber auch die Gelassenheit dieses Kaisers. Damit hob er sich deutlich von manchem seiner Vorgänger ab. Zwar lag die Herrschaft Domitians, unter der Verschwörer angeblich so lange gefoltert wurden, bis sie weitere Beteiligte preisgaben oder erfanden,[12] ein halbes Jahrhundert zurück, doch auch unter Hadrian war das Verhältnis zwischen Senat und *Augustus* angespannt. Schließlich überschattete seinen Regierungsantritt die Hinrichtung von vier Konsularen, denen ein Umsturzversuch zur Last gelegt wurde (siehe S. 29). Besonders erbost über diesen Vorfall war der Senat auch deshalb, weil er es war, der das Urteil gesprochen hatte, und Hadrian vorgab, dies sei gegen seinen Willen geschehen. Dass der Kaiser danach schwor, niemals einen Senator ohne Senatsbeschluss zu bestrafen,[13] (und damit einen Eid erneuerte, den schon Nerva geleistet hatte,[14]) war vor diesem Hintergrund nicht viel wert.

Wie schonend Antoninus Pius mit dem Senat umging, veranschaulicht die HA an einem leicht makabren Beispiel. „Unter ihm wurde kein Senator hingerichtet. Dies ging so weit, dass selbst ein geständiger Vatermörder nur auf einer unbewohnten Insel ausgesetzt wurde, weil es das Naturrecht nicht erlaubte, dass jener am Leben bliebe."[15] Dazu muss man wissen, dass die übliche Strafe für den Mörder von Vater oder Mutter unabhängig von seinem Stand darin bestand, „mit einem Hund, einem Hahn, einer Schlange und einem Affen in einen ledernen Sack eingenäht und ins tiefe Meer geworfen"[16] zu werden. Kaiser Claudius habe der Vollstreckung solcher Strafen gerne zugesehen.[17]

„Nach der Machtübernahme ersetzte er keinen von denen, die Hadrian befördert hatte, durch einen Nachfolger. Er liebte Beständigkeit so sehr, dass er gute Statthalter sieben oder neun Jahre in ihren Provinzen beließ.“[18] Dass Antoninus Beständigkeit liebte, ist zweifellos richtig. Doch die in der HA angegebene Amtszeit der Statthalter ist zu hoch gegriffen. Nur in wichtigen Militärprovinzen lässt sich eine die üblichen drei Jahre übersteigende Amtszeit nachweisen.[19]

So verwalteten Pontius Laelianus und sein Nachfolger Claudius Maximus jeweils etwa fünf Jahre lang (145–150 bzw. 150–155) die Provinz *Pannonia superior*, in der drei Legionen standen. Für Pontius Laelianus schloss sich unmittelbar die Statthalterschaft der für die Sicherung der Ostgrenze wichtigen Provinz *Syria* an. Dass er dort mindestens bis Ende 153 amtierte, zeigt eine Inschrift, gemäß der er im Auftrag des Kaisers die unter Kaiser Augustus eingerichtete Grenze der Region Palmyra, mit der sich bereits die Kaiser Trajan und Hadrian befassen mussten, wiederhergestellt habe.[20]

Claudius Maximus war um 158/159 Prokonsul der Provinz *Africa*. Ein Prozess gegen den in dieser Provinz geborenen Schriftsteller und Philosophen Apuleius, bei dem er den Vorsitz führte, bringt uns diesen erprobten Offizier etwas näher. Apuleius, dessen Roman *Metamorphosen* oder *Der goldene Esel* ein bedeutendes Werk der Weltliteratur ist, wurde beschuldigt, eine reiche Witwe durch magische Praktiken dazu gebracht zu haben, ihn zu heiraten. In seiner Verteidigungsrede versucht der Philosoph, den Richter auf seine Seite zu ziehen, indem er ihn als Bruder im Geiste und philosophisch gebildeten Menschen anspricht: „Das meiste von dem, was du, Maximus, gehört hast, hattest du natürlich schon bei den alten Philosophen gelesen.“ Oder wenn er dem Ankläger entgegnet: „Was ich und Maximus an Aristoteles bewundern, machst du mir zum Vorwurf?“[21] Es spricht also manches dafür, dass der Prokonsul identisch ist mit jenem Claudius Maximus, den wir als Lehrer Mark Aurels kennengelernt haben (siehe S. 58). Die Verteidigungsstrategie des Apuleius war übrigens erfolgreich. Er wurde freigesprochen.

Längerfristig besetzte Antoninus Pius insbesondere die beiden zentralen Posten in der Hauptstadt, den des Stadtpräfekten, des *praefectus urbi*, und den des Prätorianerpräfekten, des *praefectus praetorio*.

Der Stadtpräfekt war nach dem Kaiser die wichtigste Autorität in Rom (siehe S. 13). Die Liste der uns bekannten Stadtpräfekten aus der Zeit des Antoninus Pius umfasst nur vier Namen und es spricht vieles dafür, dass es keine weiteren Amtsinhaber gab.[22] Als Antoninus die Herrschaft antrat, hatte Salvidienus Orfitus (110 unter Trajan *consul ordinarius*) diesen Posten inne. Dieser hatte kurz zuvor Catilius Severus abgelöst, der im Rahmen der Säuberungen, die Hadrian zur Sicherung seiner Nachfolgepläne vornahm (siehe S. 32), seines Amtes enthoben worden war.

Nachdem Orfitus auf eigenen Wunsch aus dem Amt geschieden war,[23] folgte ihm Sextus Erucius Clarus nach. Plinius der Jüngere rühmt sich in einem Brief, er habe Clarus den *latus clavus* (den breiten Purpurstreifen an der Tunika) verschafft – sich also bei Trajan für seine Aufnahme in den Senatorenstand eingesetzt – und ihn bei der Bewerbung um die Quästur und das Volkstribunat unterstützt.[24] Im Jahr 116 zeichnete sich Clarus im Partherkrieg bei der Eroberung von Seleukia aus,[25] was ihm wohl im darauffolgenden Jahr die Berufung zum *consul suffectus* einbrachte. Gellius[26] beschreibt Clarus als einen Mann, der sich bestens in den alten Sitten und Schriften auskannte. Von seiner Amtsführung als Stadtpräfekt war Antoninus so beeindruckt, dass er im Jahr 146 diesen *homo novus* als einzigen Konsular außerhalb der kaiserlichen Familie mit einem zweiten (ordentlichen) Konsulat ehrte.[27] Während dieses Konsulats oder wenig später ist Erucius Clarus gestorben.

Der in Numidien geborene Lollius Urbicus, der nun *praefectus urbi* wurde, hatte unter Hadrian eine beeindruckende Karriere gemacht[28] und sich unter Antoninus als Statthalter in Britannien bewährt (siehe S. 86). Er blieb Stadtpräfekt bis zum Jahr 160. Der danach ernannte Iunius Rusticus (siehe S. 58) behielt dieses Amt auch unter Mark Aurel.

Noch mehr Vorsicht geboten war bei der Wahl der dem Ritterstand entstammenden Prätorianerpräfekten,[29] die die einzige militärische Einheit in der Umgebung Roms befehligten. Auch wenn der Versuch des Prätorianerpräfekten Seianus, Kaiser Tiberius zu stürzen, schon mehr als ein Jahrhundert zurücklag, war er nicht vergessen. Doch im Gegensatz zu Commodus, der die Prätorianerpräfekten angeblich „stündlich und täglich"[30] wechselte, behielt Antoninus Pius zwanzig Jahre lang denselben Mann auf diesem Posten, den aus Firmum (dem heutigen Fermo) stammenden Gavius Maximus. Dieser „sehr strenge Mann" besaß offensichtlich sein uneingeschränktes Vertrauen. Auch dessen Amtsführung war ganz im Sinne des Kaisers. Noch während dessen Amtszeit verlieh er ihm nämlich die *ornamenta consularia*.[31]

Dass es schon deshalb nicht ratsam war, sich mit Gavius Maximus anzulegen, belegt eine Episode, die uns drei Briefe Frontos[32] vor Augen führen. Ausgangspunkt war der Tod des Censorius Niger, eines einflussreichen Ritters, der unter Hadrian Statthalter der Provinz *Noricum* war.[33] In seinem Testament hatte er fünf Zwölftel seines Besitzes Fronto vermacht (den Besitz in Zwölftel zu teilen, war übliche Praxis), sich aber Gavius Maximus gegenüber abfällig und beleidigend geäußert. Fronto hatte nun offiziell zu erklären, ob er dieses Vermächtnis antreten (oder ausschlagen) werde. Einerseits wollte er das Erbe seines engen Freundes annehmen, andererseits aber dadurch nicht in den Verdacht geraten, Nigers Meinung über den Prätorianerpräfekten zu billigen oder gar zu teilen. Wie seine Briefe zeigen, quälte Fronto die Sorge, er könne es sich durch die Annahme des Testaments mit einem mächtigen Mann und Freund des Kaisers verscherzen.

In seinem Brief an Gavius Maximus erinnert Fronto den Adressaten daran, dass er nicht Freund des Censorius durch die Vermittlung des Gavius noch Freund des Gavius durch Vermittlung des Censorius geworden sei, sondern beide Freundschaften unabhängig voneinander entstanden seien, also einander nicht tangierten. Er schließt mit geradezu beschwörenden Worten: „Wie ich nicht gegen die feste und aufrichtige Freundschaft mit Censorius handeln möchte, so werde ich mich noch viel mehr anstrengen, die deine ewig und unversehrt zu behalten."

Der längste (leider nur teilweise erhaltene) Brief geht an den Kaiser. Wir erfahren darin, dass Censorius einst in den besten Kreisen verkehrte, den Senator Erucius Clarus (siehe oben) zu seinen engsten Freunden zählen durfte und von Antoninus Pius mit hohen ritterlichen Würden ausgezeichnet worden war. Aus nicht mehr nachvollziehbaren Gründen hatte sich später das Verhältnis zum Kaiser abgekühlt. Mit wohlgesetzten Worten appelliert Fronto an die *clementia*, die Milde des Kaisers. Er möge doch die unbeherrschten und wenig überlegten Worte in seinem Testament nicht schwerer wiegen lassen als die übrigen Taten dieses rechtschaffenen, tapferen und unbescholtenen Mannes. Man spürt, dass Fronto in diesem Brief nicht nur um die eigene Stellung am Hof kämpfte. Offensichtlich war es ihm auch ein echtes Bedürfnis, das Ansehen des Censorius Niger in Ehren zu halten.

Schließlich berichtet er Mark Aurel, dass er in dieser „äußerst diffizilen Angelegenheit" Briefe an den Kaiser und den Präfekten geschickt habe. Fronto hoffte natürlich, Markus werde in dieser Sache bei seinem Vater ein gutes Wort für seinen geliebten Lehrer einlegen. Dass der Umweg über den Kronprinzen hilfreich sein konnte, hatte Fronto schon bei anderen Anliegen erlebt.

Zumindest bis zum Jahr 143 besaß Gavius Maximus einen Amtskollegen, den ehemaligen Präfekten Ägyptens Petronius Mamertinus.[34] Dessen Sohn Petronius Sura sollte noch weiter aufsteigen. Er heiratete eine Tochter Mark Aurels und wurde unter Commodus im Jahr 182 *consul ordinarius*. Unter Commodus kam allerdings auch der jähe Absturz. Sura wurde samt seinem Sohn umgebracht.[35]

Nachfolger des Gavius Maximus als Prätorianerpräfekt wurde Tattius Maximus. Er erreichte dieses Amt wohl im Jahr 158, nachdem er zuvor Präfekt der *vigiles*, also der städtischen Feuerwehr war. Nach seinem Tod traten an seine Stelle zwei Präfekten (was eigentlich der Regelfall war), von denen einer seinen Posten angeblich der Protektion durch die Konkubine des Kaisers verdankte (siehe S. 53).

4.2 Privilegien und Kontrolle

Der nicht gerade als Feingeist bekannte Kaiser Vespasian richtete als erster Lehrstühle für lateinische und griechische Rhetorik ein.[36] Hadrian baute mit dem von ihm in Rom gegründeten *Athenaeum* das staatlich finanzierte Bildungssystem weiter aus.[37] Antoninus dehnte diese Maßnahmen auf das gesamte Reich aus: „Rhetoren und Philosophen gewährte er in allen Provinzen Ehrungen und Gehälter."[38]

Die Gewährung von Gehältern zeigt, dass Antoninus öffentlich – wohl durch die Städte – besoldete Lehrstühle für diese Fächer einrichtete. Die von der HA erwähnten Ehrungen sind in den Digesten detailliert aufgeführt. „Unter den Verordnungen des Kaisers Commodus findet sich ein Abschnitt aus einem Brief des Antoninus Pius, aus welchem sich ergibt, dass auch die Philosophen Freiheit von den Vormundschaften haben. Er lautet: Auf gleiche Weise hat diesen allen mein vergöttlichter Vater [Hadrian] unmittelbar nach Antritt der Herrschaft die bestehenden Vorrechte und Freiheiten durch eine Verordnung bestätigt, indem er schrieb, dass die Philosophen, Rhetoren, Grammatiker und Ärzte von der Leitung des Gymnasiums, von der Ädilität, von den Priesterämtern, von den Einquartierungen, von der Sorge für die Beschaffung von Getreide oder Öl befreit sein sollten, und dass sie weder Richter noch Gesandte zu werden brauchten, noch gegen ihren Willen zum

Kriegsdienst ausgehoben werden noch zu einem anderen Dienste in der Provinz oder anderswo gezwungen werden sollten."[39]

Antoninus bestätigte zwar die von seinen Vorgängern verliehenen Privilegien, reglementierte aber die Zahl der Begünstigten: „Es ist aber auch die Zahl derer begrenzt, die in den einzelnen Städten die Privilegien haben sollen, und es sind gewisse Bedingungen im Gesetz festgesetzt. Dies geht aus einem Brief des Antoninus Pius hervor, der zwar an die Gemeinden in der Provinz *Asia* gerichtet ist, aber für das ganze Römische Reich gilt. Er beginnt wie folgt: Die kleinen Städte können fünf von den Verpflichtungen befreite Ärzte haben, drei Sophisten und ebenso viele Grammatiker; die größeren Städte sieben Ärzte und vier, welche die beiden anderen Wissenschaften lehren; die größten Städte aber zehn Ärzte, fünf Rhetoren und ebenso viele Grammatiker. Über diese Zahl hinaus darf nicht einmal die größte Stadt Befreiung gewähren."[40]

Es verwundert, dass eine dermaßen detaillierte Verordnung die Philosophen ausspart. Warum er ihnen keine Obergrenze setzt, erklärt Antoninus an anderer Stelle in geradezu schlitzohriger Weise. „Die Zahl der Philosophen legen wir nicht fest, weil sich nur wenige mit der Philosophie beschäftigen. Ich glaube aber, dass jene, die im Geld schwimmen, Leistungen, die zu den Pflichten ihrer Familie gehören, freiwillig ihrer Vaterstadt erbringen. Wenn sie es aber in Hinsicht auf ihr Vermögen allzu genau nehmen, so wird schon dadurch offenbar, dass sie keine Philosophen sind."[41] Es ist also einfach: Wer mit seinem Vermögen knausert, kann kein echter Philosoph sein.

Aber auch denen, die eine Anstellung erhalten hatten, schaute er auf die Finger: „Vielen, bei denen er sah, dass sie für das Nichtstun bezahlt wurden, strich er die Gehälter. Er sagte nämlich, nichts sei schäbiger, ja schrecklicher, als wenn der den Staat melke, der nichts für ihn durch seine Arbeit leiste." Mit dem in Kreta geborenen Dichter Mesomedes, einem Freigelassenen Hadrians, verfuhr er kulanter. Ihm kürzte er lediglich das Gehalt.[42]

Die Liste der Akademikern gewährten Privilegien gibt einen ersten Eindruck von der Vielzahl der Dienste, zu denen ein Provinzbewohner herangezogen werden konnte. Doch dieser Pflichtenkatalog ist bei weitem nicht erschöpfend. Er konnte auch verpflichtet werden, Transporte zu Land oder zu Wasser zu finanzieren, Festspiele auszurichten, sich um die öffentlichen Grundstücke, die Wasserleitungen oder die Getreidespeicher zu kümmern, die Beheizung der öffentlichen Bäder sicherzustellen oder die Getreideverteilung zu organisieren.[43] Es ist verständlich, dass viele versuchten, solchen zeitraubenden und kostspieligen Aufgaben zu entgehen. Das galt auch für städtische Magistraturen. Die Ehre, die mit diesen unbesoldeten Ämtern verbunden war, wog die damit verbundenen Kosten und Risiken nicht mehr auf.

Entsprechend nahmen die Versuche zu, sich von der Pflicht befreien zu lassen, solche Dienste oder Ämter übernehmen zu müssen. Die Adoptivkaiser sahen sich daher mehrfach gezwungen, die einschlägigen Bestimmungen zu präzisieren und zu verschärfen.[44] Besonders beliebt war es, sich zu diesem Zweck *pro forma* in die Schifferinnung eintragen zu lassen. Antoninus reskribierte nämlich: „Sooft von einem Schiffer die Rede ist, soll genau untersucht werden, ob er sich nicht nur als Schiffer ausgibt, um seinen Verpflichtungen zu entgehen.“ Auch sich von einem anderswo Ansässigen adoptieren zu lassen, befreite nicht von den Verpflichtungen in seiner Heimatstadt. Hier verfügte Antoninus, dass die Ämter in der Heimat des leiblichen Großvaters zu übernehmen seien.[45] Wieder sehen wir, dass er entschieden gegen Drückeberger vorgeht.

Führten allerdings Dienstpflichten zu echter Not, konnte Antoninus auch ganz anders reagieren. Für Ägypten, wo diese Belastungen besonders drückend waren, sprach er sogar eine weitreichende Amnestie aus, wie ein nur teilweise erhaltener Papyrus aus dem Jahr 154 zeigt. Der Statthalter Ägyptens schreibt darin: „Wie ich höre, haben viele wegen der entstandenen Schwierigkeiten ihre Heimat verlassen. Andere sind wegen einer Krankheit vor ihren Verpflichtungen geflohen und halten sich noch in der Fremde auf aus Angst vor der sofort eingeleiteten Fahndung. Ich fordere alle auf, in ihr Haus zurückzukehren, um vom überreichen Ertrag der Ernte und der Fürsorge unseres Herrn und Kaisers für alle Menschen zu profitieren, statt heimatlos und ohne Bleibe in der Fremde umherzuirren. Damit dies bereitwilliger und lieber geschehe, sollen sie wissen, dass alle, die sich dieses Vergehens schuldig gemacht haben, die Gnade und Güte unseres erhabenen Kaisers erfahren werden. Weder gegen sie wird ermittelt werden noch gegen jene, die wegen anderer Vergehen von den Beamten zur Fahndung ausgeschrieben wurden… Frei von Sorgen sollen sie zurückkehren und ich gewähre ihnen eine Frist von drei Monaten, nachdem mein Erlass in allen Gauen verkündet wurde.“[46] Man spürt die Verzweiflung der Geflüchteten. Man erkennt aber auch, dass die Sorge des Kaisers nicht nur ihnen galt, sondern auch der bevorstehenden Ernte, deren Ausfall die Getreideversorgung Roms erheblich beeinträchtigen würde.

4.3 Im Zentrum des Reichs

Wir haben gesehen, wie gern Antoninus seine Landsitze in der Umgebung Roms und in Kampanien aufsuchte (siehe S. 45). Eine generelle Scheu vor Reisen kann man ihm also nicht unterstellen. Trotzdem verließ er Italien während seiner Regentschaft nicht. Sein Argument war stichhaltig: „Er sagte, dass das Gefolge eines Kaisers, selbst wenn er sehr anspruchslos ist, die Provinzialen belaste.“[47] Auch wenn nicht jeder Kaiser so luxuriös reiste wie Nero, den auf jeder Reise angeblich mindestens 1000 von Maultieren gezogene Wagen begleiteten,[48] war der logistische und finanzielle Aufwand für die Unterbringung eines kaiserlichen Trosses beträchtlich. Wir werden sehen, dass dies nicht der einzige, vielleicht nicht einmal der wichtigste Grund für die Italientreue des Antoninus war.

Die Abneigung des Kaisers, weite Reisen zu unternehmen, behinderte seine Kommunikation mit den verschiedenen Teilen des großen Reichs nicht. Im Gegenteil: „Er besaß trotzdem bei allen Völkern eine immense Autorität, da er sich deswegen in Rom aufhalte, um – sozusagen im Zentrum – Boten von überall her schneller empfangen zu können.“[49] Möglich wurde dies, da er „das Postwesen mit größter Sorgfalt förderte“[50]. Das hier in der HA verwendete Verb *sublevare* deutet darauf hin, dass er auch die finanzielle Belastung reduzierte, die der Unterhalt der Straßen oder die Bereitstellung von Reit- und Zugtieren für die Anrainer bedeutete. Antoninus knüpfte damit an eine entsprechende Maßnahme seines Vorgängers[51] an.

Dass die Post unter Antoninus Pius reibungslos funktionierte, weiß auch Aristides: „Er kann es sich leisten zu bleiben, wo er ist, und den ganzen Erdkreis mit schriftlichen Befehlen zu regieren. Sie sind kaum abgefasst, da treffen sie auch schon ein, als seien sie von Flügeln getragen."[52] Man kann auch herauslesen, dass Antoninus seine Anweisungen nicht mündlich durch eine kostspielige Delegation vor Ort verkünden ließ, sondern schlicht mit der Post schickte. Dies war möglich, da er sogar in menschenleeren Gegenden Poststationen einrichten ließ.[53]

Um kaiserliche und städtische Kassen zu entlasten, verminderte Antoninus nicht nur die Zahl der von Rom in die Provinzen geschickten Delegationen, er sorgte auch in der Gegenrichtung für eine Reduzierung. Dass die Gesandtschaften der Provinzstädte bisweilen eine stattliche Größe annehmen konnten, belegt ein Reskript Kaiser Vespasians.[54] Der für seine Sparsamkeit bekannte (und berüchtigte) Kaiser begrenzte darin den Umfang solcher Gesandtschaften auf drei Personen. Trotzdem rissen diese weiterhin große Löcher in die Stadtkassen, wie ein Brief von Plinius dem Jüngeren an Kaiser Trajan zeigt. Jahr für Jahr zahlte danach Byzanz einem Gesandten, der in Rom dem Kaiser die Glückwünsche der Stadt (zum Jahrestag seines Herrschaftsantritts oder zu seinem Geburtstag) überbringen sollte, Spesen in Höhe von 12 000 Sesterzen, dazu noch 3000 einem, der in gleicher Angelegenheit dem Stadthalter Mösiens seine Aufwartung machte. Kaiser Trajan bestätigte die Entscheidung des Plinius, die Glückwünsche künftig schriftlich mit der Staatspost zu schicken. Die kurze Antwort Trajans schließt mit dem Satz: „Der Statthalter Mösiens wird es ihnen nachsehen, wenn sie ihm auf weniger verschwenderische Weise huldigen."[55]

Nachhaltig eingedämmt wurde diese kostspielige Selbstdarstellung aber erst von Kaiser Antoninus. Die Städte mussten nun die Zustimmung des Statthalters einholen, wenn sie eine Gesandtschaft nach Rom schicken wollten. Diese Verordnung wurde spätestens im Jahr 144 erlassen. Dies belegt eine Inschrift aus diesem Jahr[56], in der Beamte der mauretanischen Stadt Sala den Statthalter um die Erlaubnis bitten, eine Delegation nach Rom schicken zu dürfen, die vor dem Kaiser die Verdienste rühmen sollte, die sich der Ritter Sulpicius Felix um ihre Stadt erworben hatte.

In den Provinzen des *Imperium Romanum* hatten die Statthalter für einen reibungslosen Postverkehr zu sorgen. In Italien war dafür ein Ritter zuständig, der *praefectus vehiculorum*. Aus der Zeit des Antoninus sind einige dieser Präfekten bekannt.[57] Meist handelt es sich dabei um Ritter, deren Karrieren eher unauffällig verliefen. Die besondere Sorge, die Antoninus dem italischen Straßennetz und dem öffentlichen Postverkehr widmete, zeigt aber die Besetzung dieses Postens mit dem Juristen Volusius Maecianus um das Jahr 145, also in den ersten Jahren seiner Regentschaft. Maecianus, dessen Karriere unter Antoninus bis zum höchsten für einen Ritter erreichbaren Posten eines *praefectus Aegypti* führte (siehe S. 110), war schon vor Hadrians Tod ein enger Mitarbeiter des Antoninus. Er genoss also das besondere Vertrauen des Kaisers. Dass er den bekannten Juristen zum *praefectus vehiculorum* machte, lässt an eine Neuorganisation dieses Amtes denken.

Abb. 4-1: Roma

Das Reiseverhalten des Antoninus unterschied sich deutlich von dem seiner Vorgänger. Schon Kaiser Trajan hielt sich – auf seinen Feldzügen gegen die Daker und Parther – jahrelang fern von Rom auf. Dies steigerte sich noch unter Hadrian, der weniger als die Hälfte seiner Regierungszeit in der Hauptstadt verbrachte. Die Kommunikation der Funktionsträger mit dem Kaiser wurde dadurch gewiss nicht einfacher. Ein Kaiser, von dem man wusste, dass er unter seiner römischen Adresse zu erreichen war, konnte schneller auf Anfragen reagieren.

Die ausgedehnten Reisen Hadrians durch die Provinzen ließen aber auch den ohnehin nicht sehr engen Kontakt des Kaisers zum Senat und den Bürgern Roms weiter erkalten. Über Jahre bekamen ihn die Senatoren nicht zu Gesicht. Sie konnten sich weder als Teilnehmer seiner Gastmähler der Illusion hingeben, zu seinen Freunden zu zählen, noch ihm Bittschriften für ihre Klienten überreichen. Über die gesamte Dauer von Hadrians Herrschaft hatte Antoninus das mehr oder weniger dezente Murren seiner Standesgenossen vernommen.

Seine fehlende Bereitschaft, ausgedehnte Reisen zu unternehmen, scheint daher weniger persönlicher Bequemlichkeit geschuldet als dem bewussten Bestreben, Verbundenheit mit Rom und Italien zu demonstrieren. Bevölkerung und Senatoren nahmen dies sicher dankbar zur Kenntnis. Für alle sichtbar war Rom wieder der imperiale Mittelpunkt, von dem alle Aktivitäten ausgingen.

Der in Abb. 4-1 gezeigte Aureus trug diese Botschaft in alle Winkel des Reichs. Auf seinem Avers sehen wir ein fein gearbeitetes Porträt des Kaisers im seltenen Linksprofil. Auf der detailreichen Rückseite thront – in ihrer Wirkung von keiner Umschrift beeinträchtigt – eine wehrhafte *Roma*, die Personifikation der Stadt Rom als Zentrum des *Imperium Romanum*. An ihrem Thron lehnt ein reich verzierter Schild. Auf ihrem Haupt trägt sie einen Helm mit ausladendem Helmbusch, mit der Linken umfasst sie einen aufwärts gewandten Speer. Auf ihrer ausgestreckten Rechten hält sie das Palladium, das von Aeneas aus dem brennenden Troja gerettete hölzerne Kultbild der Pallas Athene. Für die Römer war es identisch mit dem seit Jahrhunderten im Tempel der Vesta auf dem *Forum Romanum* verehrten Kultbild. Gut zu erkennen sind der erhobene Speer und der schützende Schild der kampfbereiten Göttin.

Abb. 4-2: Italia

Die hervorgehobene Rolle Italiens macht der Sesterz deutlich, der in Abb. 4-2 zu sehen ist. Auf dem Revers thront die Personifikation Italiens auf einem Himmelsglobus. Die Mauerkrone verweist auf die zahlreichen italischen Städte und deren Kultur. Das Füllhorn in ihrer Rechten symbolisiert Wohlstand und Fruchtbarkeit, das lange Zepter unterstreicht ihre Stellung als Herrin der Welt.

Konkretisiert wird die Botschaft dieses Sesterzes durch eine Serie von Bronzemünzen. Darauf überbringen Personifikationen von neun Provinzen – und sogar die *Parthia* – das *aurum coronarium* (Kranzgold), eine unter späteren Kaisern üppig sprudelnde Einnahmequelle. Seit Augustus war es üblich, den Kaisern zu besonderen Anlässen, etwa beim Amtsantritt oder einem Regierungsjubiläum, Geldgeschenke zu überreichen, oft in Form goldener Kränze. Während einige Kaiser dem Vorbild des Augustus folgten, der das Kranzgold von den Provinzen annahm, von römischen Bürgern aber ablehnte,[58] ging Antoninus noch einen Schritt weiter: „Das Kranzgold, das zu seiner Adoption überreicht worden war, gab er den Italikern ganz und den Provinzialen zur Hälfte zurück."[59] Er folgte hier wieder dem Beispiel Hadrians, der bei seinem Herrschaftsantritt ähnlich verfuhr.[60] Da in Rom geprägte Bronzemünzen im Unterschied zu Gold- und Silberprägungen vornehmlich in Italien umliefen, waren sie das ideale Medium, um die kaiserliche Großzügigkeit zu verbreiten. Mit ihnen konnte der Kaiser den Bewohnern des Reichszentrums, die von dieser Abgabe befreit waren, ihre Privilegierung vor Augen führen (dass auch die Provinzialen entlastet wurden, wurde darauf ja nicht thematisiert), ohne die Provinzen unnötig an ihre Zahlungsverpflichtungen zu erinnern.

Um Italien wieder klarer von den Provinzen abzuheben, widerrief Antoninus sogar ausnahmsweise eine Maßnahme Hadrians. Obwohl er vor seiner Adoption einer der vier Konsulare war, denen Hadrian die Rechtsprechung in Italien übertragen hatte, schaffte er diese Institution wieder ab.[61] Er war wohl der Meinung, dass Italien durch diese Ämter – zumindest in der Rechtsprechung – zu sehr in die Nähe der Provinzen gerückt würde.

So sehr Antoninus bestrebt war, die Würde Roms und die Bedeutung Italiens im Unterschied zu seinem Vorgänger wieder deutlicher hervortreten zu lassen, so wenig ging dies zu Lasten der Provinzen. Im Gegenteil: „Unter ihm florierten alle Provinzen."[62] Antoninus, der dafür bekannt war, sich auch um Details zu kümmern,[63] beschäftigte sich sehr gründlich mit ihnen, insbesondere auch mit ihrer Wirtschaftskraft: „Die finanziellen Verhältnisse aller Provinzen und die gezahlten Abgaben kannte er ganz genau."[64] Das kaiserliche Interesse dürfte das Verhalten der Steuerzahler wie der Steuerbehörden positiv beeinflusst haben.

Schon zu Zeiten der Republik hatten viele Senatoren die Statthalterschaft einer Provinz in erster Linie als Gelegenheit verstanden, ihre durch die beträchtlichen Aufwendungen für die Karriere strapazierte Kasse ohne besondere Rücksicht auf bestehende Gesetze nachhaltig zu sanieren. Selbst als 149 v. Chr. ein eigener Gerichtshof für derartige Vergehen eingerichtet wurde, änderte sich kaum etwas an dieser Praxis. Zur Rechenschaft gezogen wurden wenige. Deshalb erregte im Jahr 70 v. Chr. das Verfahren gegen Verres, der Sizilien besonders schamlos ausgebeutet hatte, großes Aufsehen. Cicero, der die Anklage vertrat, lieferte mit ihr das Meisterstück seiner Karriere als Anwalt. In der Kaiserzeit wurden Verfahren gegen Statthalter einer Senatsprovinz vor dem Senat verhandelt. Verfehlungen in einer kaiserlichen Provinz wurden vom Kaiser untersucht. War der Beschuldigte ein Senator, so durfte nach einem Erlass Hadrians[65] das kaiserliche *consilium* nur aus Senatoren bestehen.

Die Haltung des Antoninus war in diesem Punkt eindeutig: „Seinen Prokuratoren befahl er, die Steuern maßvoll zu erheben, und jene, die das Maß überschritten, ließ er Rechenschaft ablegen über ihre Taten. Niemals freute er sich über einen Gewinn, durch den ein Provinziale in den Ruin getrieben wurde. Denen, die sich über Prokuratoren beklagten, lieh er bereitwillig sein Ohr."[66] Verstöße dürften sich daher in erträglichem Rahmen gehalten haben. Kam es zu einer Verurteilung, waren die Folgen für die Familie des Verurteilten ausgesprochen mild: „Wenn er welche wegen unrechtmäßig erpresster Gelder verurteilte, gab er ihren Kindern das väterliche Vermögen zurück mit der Auflage, den Provinzialen das zurückzuerstatten, das ihre Väter genommen hatten."[67]

Hier wird eine Maxime des Antoninus deutlich, die seine Rechtsprechung durchzieht: „Was ein Verurteilter durch seine Schandtat erworben hat, darf die Anteile der Kinder nicht vergrößern."[68] Er will sie aber auch nicht durch Konfiskation des gesamten Vermögens ruinieren. Diese in der HA gelobte Zurückhaltung des Antoninus, Vermögen zugunsten der Staatskasse einzuziehen, haben wir schon auf S. 65 gesehen. Sie wird uns noch öfter begegnen.

4.4 Der umsichtige Bauherr

Neben seinem offenkundigen Interesse an einer korrekten Steuererhebung, seinem Verzicht auf Reisen, seiner Sorge um das staatliche Postwesen oder seiner Zurückhaltung beim Kranzgold kam den Provinzen auch seine maßvolle und nachhaltige Baupolitik und seine großzügige Hilfe bei Katastrophen zugute.

Zu allen Zeiten riss der Wunsch der Herrscher, sich durch prachtvolle Bauten zu verewigen, große Löcher in die Staatskasse. Über Antoninus Pius lesen wir dazu in der HA:

Abb. 4-3: Hadrians Tempel

„Von seinen Baumaßnahmen sieht man diese noch heute: In Rom den Tempel, den er dem Ruhm seines Vaters Hadrian gewidmet hatte, das Graecostadium, das von ihm nach einem Brand instand gesetzt wurde, das Amphitheater, das er wiederherstellte, das Mausoleum Hadrians, der Tempel des Agrippa und der *pons sublicius*. Ferner die Renovierung des Pharos, die Erneuerung der Häfen von Caieta und von Tarracina, ein Bad in Ostia, ein Aquädukt bei Antium und Tempel in Lanuvium."[69] Schon ein flüchtiger Blick auf diese Liste zeigt, dass häufig von Instandsetzung, Wiederherstellung oder Renovierung die Rede ist, Neubauten also eher die Ausnahme bilden. Sehen wir uns die in der Kaisergeschichte genannten Baumaßnahmen im Einzelnen an.

Für den divinisierten Hadrian einen Tempel zu errichten, war für Antoninus nicht zu vermeiden. Er wurde – wohl im Jahr 145 – an dem Tag eingeweiht, an dem Verus für volljährig erklärt wurde.[70] Von diesem Tempel, der je 13 weiße Marmorsäulen an den Längsseiten und je 8 an den Schmalseiten besaß, sind heute an der Piazza di Pietra noch 11 korinthische Säulen der nördlichen Längsseite als Teil der römischen Börse und Handelskammer erhalten. Mehr Säulen zeigt auch die im Jahr 1575 von Étienne Dupérac veröffentlichte Radierung nicht, die in Abb. 4-3 zu sehen ist. Die linke Bildhälfte dominiert die – nach dem Vorbild der Trajanssäule gestaltete – Säule, die über 30 Jahre nach dem Tempel zu Ehren des Kaisers Mark Aurel errichtet wurde.

In der Münzprägung des Jahres 145 findet die Fertigstellung des Tempels keinen Niederschlag. Selbst 13 Jahre nach Hadrians Tod war es nicht opportun, an seine *consecratio* zu erinnern. Vielleicht sieht man den Tempel aber auf einem Sesterz des Antoninus Pius aus dem Jahr 151. Die Bildunterschrift PIETAS und die lange nicht mehr verwendeten – von Hadrian geerbten – Namensbestandteile Aelius Hadrianus in der Umschrift der Vorderseite stützen zumindest diese Interpretation.[71]

Über das renovierte Graecostadium ist nichts bekannt. Dass das im Jahr 80 eröffnete *amphitheatrum Flavium*, das wir heute als Kolosseum kennen, nach mehr als einem halben

Abb. 4-4: Tempel des Augustus

Jahrhundert renovierungsbedürftig war, ist leicht einzusehen. Die Fertigstellung des von Hadrian begonnenen Mausoleums haben wir bereits erwähnt.

Es liegt nahe, beim Tempel des Agrippa an das Pantheon zu denken, da noch heute die Inschrift über seinem Portal diesen Feldherrn und Freund des Kaisers Augustus als Erbauer nennt. Doch der beeindruckende Kuppelbau, der jeden überwältigt, der ihn zum ersten Mal betritt, wurde erst nach einem Brand im Jahr 110 an der Stelle eines von Agrippa gestifteten Tempels errichtet und unter Hadrian (wohl im Jahr 126) eingeweiht. Es spricht für Hadrian, dass er Agrippa die Ehre des Erbauers ließ. Eine Renovierung des Rundbaus wenige Jahre später ist auszuschließen, zumal die Kaiser Septimius Severus und Caracalla um 200 eine solche in Auftrag gaben.

Daher kann es sich bei dem erwähnten Tempel nur um den Tempel des Augustus handeln, dessen Restaurierung auf zahlreichen Münzen des Antoninus Pius gefeiert wird. Ein detailreiches Bild des Tempels bietet die Rückseite des in Abb. 4-4 gezeigten Aureus aus dem Jahr 159. Wir erkennen einen achtsäuligen Tempel im korinthischen Stil und in seinem Inneren die Kultbilder des Augustus und der Livia. Darüber sehen wir einen reich geschmückten und von einer Quadriga bekrönten Giebel. Auf Sesterzen, die gut 100 Jahre früher Kaiser Caligula prägen ließ, hat dieser Tempel ein völlig anderes Aussehen; er erscheint darauf als sechssäuliger Tempel im ionischen Stil. Antoninus ließ dieses geschichtsträchtige Monument also nicht nur renovieren, sondern auch aufwendig neu gestalten und erheblich vergrößern.[72]

Alle Münzen, welche die Restaurierung dieses Tempels feiern und durch die Kaisertitulatur der Umschrift eindeutig zu datieren sind, wurden in den Jahren 158 bis 160 geprägt. Es liegt nahe zu vermuten, dass dieses Bauwerk, das Antoninus offenkundig sehr am Herzen lag, im Rahmen seines 20-jährigen Regierungsjubiläums feierlich eingeweiht wurde. Jedem, der eine solche Münze betrachtete, war somit klar, dass Antoninus damit nicht nur eine gelungene Baumaßnahme würdigen, sondern vor allem sein Bestreben deutlich machen wollte, das Staatsgebäude gemäß den Prinzipien des ersten Augustus zu erneuern. Dies war der Kern seiner religiösen wie innenpolitischen Agenda.

Schon früh hatten Münzen dieses kaiserliche Anliegen unter das Volk gebracht. So präsentierten sie erstmals seit Kaiser Augustus wieder den von diesem besonders verehrten

Abb. 4-5: Apollo

Gott Apollo, der in der Ilias auf Seiten der Trojaner stand. Auf dem spätestens 143 geprägten Denar der Abb. 4-5 hält er eine Opferschale in der Rechten, in der Linken eine Lyra, die ihn als Gott der Künste ausweist. Er ist in genau der Haltung abgebildet, die er auf einigen Münzen einnimmt, mit denen der erste *princeps* den Seesieg bei Actium feierte.[73] Die Umschrift APOLLINI AVGVSTO lässt keinen Zweifel an der Botschaft dieser Münze.

Neben der in der HA erwähnten Ausbesserung des *pons sublicius*, der ältesten und berühmtesten Tiberbrücke, erfahren wir aus den *Fasti Ostienses* von der Sanierung zweier weiterer Tiberbrücken. Im Jahr 147 weihte Antoninus den restaurierten *pons Agrippae* ein, im Jahr 152 erneuerte er den maroden *pons Sestius*. Möglicherweise hängen diese Maßnahmen mit der Überschwemmung des Tiber zusammen, von der die HA berichtet.[74]

Bei dem instand gesetzten Leuchtturm handelt es sich wahrscheinlich um den berühmten Pharos von Alexandria. Auf Münzen aus dem Jahr 148/149 weist dieser nämlich eine Form auf, die von der auf früheren Münzen abweicht.[75]

Auch die Renovierung und der Ausbau der zwischen Rom und Neapel gelegenen Häfen von Caieta (Gaeta) und Tarracina (Terracina) sind wichtige Infrastrukturmaßnahmen. Dass diese Sanierungsmaßnahmen Teil eines umfassenderen Konzepts zur Förderung des Handels waren, von dem vor allem Italien profitierte, belegen Bauinschriften. Danach ließ Antoninus auch in der Nähe von Pisa die *via Aemilia* erneuern und verbreitern, eine altersschwache Brücke beim nördlich von Caieta gelegenen Fregellae instand setzen und am Hafen von Puteoli (Pozzuoli) am Golf von Neapel Arbeiten durchführen.[76] Sehen wir uns exemplarisch die in Pozzuoli gefundene Bauinschrift an, die sich wegen der aufgeführten Ämter in das Jahr 139 datieren lässt:

IMP · CAESAR · DIVI · HADRIANI · FIL
DIVI · TRAIANI · PARTHICI · NEPOS
DIVI · NERVAE · PRONEPOS · T · AELIVS
HADRIANVS · ANTONINVS · AVG · PIVS
PONT · MAX · TRIB · POT · II · COS · II
DESIG · III · P · P · OPVS · PILARVM · VI
MARIS · CONLAPSVM · A · DIVO PATRE
SVO · PROMISSVM · RESTITVIT

Antoninus stellt sich hier – wie auf vielen Inschriften – als Abkömmling von drei Generationen vergöttlichter Kaiser vor, als Hadrians Sohn, Trajans Enkel und Nervas Urenkel.[77] Wir lesen, dass er die von der Gewalt des Meeres zerstörte Mole des Hafens wiederherstellen ließ, wie es bereits sein vergöttlichter Vater versprochen hatte.

Bei den Thermen in Ostia verrät uns die Widmungsinschrift[78], dass Kaiser Hadrian für den Bau zwei Millionen Sesterzen in Aussicht gestellt hatte und Antoninus sogar noch Geld für eine Marmorverkleidung darauflegte.

Auch zu dem in der HA erwähnte Aquädukt im südlich von Rom gelegenen Antium (Anzio) bieten Bauinschriften Parallelen. Danach kümmerte sich Antoninus ebenso um die Wasserversorgung der Städte Athen, Scolacium in Kalabrien sowie der numidischen Städte Verecunda (Markouna) und Lambaesis (Tazoult-Lambèse), wo er auch einen Neptuntempel von Grund auf restaurierte.[79]

Schließlich erwähnt die HA noch die Renovierung von Tempeln in seiner Geburtsstadt Lanuvium. In erster Linie geht es dabei um das berühmte Heiligtum der *Iuno Sospita* (siehe S. 23), das der Stolz und eine wichtige Einnahmequelle der Stadt war. Diesen Tempel in neuem Glanz strahlen zu lassen, lag dem Kaiser sicher am Herzen. Die Maßnahme bot ihm aber auch eine willkommene Gelegenheit, die Verbundenheit mit seiner Geburtsstadt auszudrücken.

Nicht alle Baumaßnahmen des Antoninus sind in der HA verzeichnet. Nicht genannt sind etwa ein Gebäude für die römische Athletenvereinigung, das er im Jahr 143 errichten ließ,[80] oder ein Bauwerk an der durch Limesanlagen gesicherten Nordgrenze der Provinz *Dacia Superior*. Dort wurde in der Garnisonsstadt Porolissum das aus Holz und Erdreich errichtete und „wegen seines Alters zusammengefallene“[81] Amphitheater durch einen Steinbau ersetzt (siehe Abb. 4-6).

Bemerkenswert sind auch ausgedehnte Infrastrukturmaßnahmen in Numidien aus dem Jahr 152. Dort wurden Straßen ausgebessert, Brücken instand gesetzt und Sümpfe trockengelegt.[82]

Die vielen offenen Feuer machten Brände im Altertum zu einem fast alltäglichen Problem. Die HA berichtet, dass in der Regierungszeit des Antoninus in Rom ein Brand 340 Wohnblöcke und Häuser vernichtete und auch in den Städten Narbo (Narbonne), Antiochia und Karthago Brände wüteten.[83] Eine Bauinschrift[84] zeigt, dass der Kaiser in Narbo auf eigene Kosten die durch den Brand zerstörten Thermen mit den dazugehörigen Säulengängen und Hallen wieder aufbauen ließ.

Ebenso kümmerte er sich um die Behebung der Schäden, die ein verheerendes Unglück im römischen *Circus Maximus* angerichtet hatte. Der Chronograph von 354 (siehe S. 35) vermerkt dazu, dass 1112 Menschen ums Leben gekommen seien, als während der Spiele zu Ehren des Apollo, die alljährlich im Juli stattfanden und sich über mehrere Tage erstreckten, Säulen von Seitenhallen des Zirkus einstürzten.

Auch von Erdbeben blieb die Regentschaft des Antoninus nicht verschont. Die HA erwähnt solche in Rhodos und der Provinz *Asia*, aber auch die großzügige Hilfe des Kaisers.[85] Fronto spricht sogar davon, Antoninus habe Rhodos nochmals gegründet.[86] Nach

Abb. 4-6: Amphitheater von Porolissum

Pausanias war diese Hilfe lediglich ein Beispiel unter vielen: „In Lykien und Karien zerstörte ein heftiges Erdbeben die Städte und auch Kos und Rhodos; der Kaiser Antoninus stellte auch diese wieder her durch reichliche Aufwendungen und Eifer beim Wiederaufbau. Wieviel Geldspenden er den Griechen und den Barbaren, die darum baten, gab, und seine Bauten in Griechenland, Ionien, bei Karthago und in Syrien haben andere genauestens beschrieben."[87] Zumindest einen kleinen Eindruck davon konnten uns die betrachteten Quellen vermitteln.

Keine der Baumaßnahmen des Antoninus Pius, die wir kennengelernt haben, diente der Verherrlichung seiner Taten oder seiner Person. Er baute kein imposantes Forum wie Trajan oder eine Palastanlage, wie sie Hadrian bei Tibur errichten ließ. Von den beiden Bauwerken, die wir heute mit seinem Namen verbinden, wurde das eine zwar von ihm, aber nicht für ihn, das andere erst von seinen Nachfolgern errichtet. Es handelt sich dabei um den Tempel auf dem Forum (siehe Abb. 3-2), den er für seine verstorbene Gattin erbauen ließ, und der ihm erst posthum gewidmet wurde, und um eine nach seinem Tod zu seinen Ehren errichtete Säule, von der nurmehr der Sockel erhalten ist (siehe Kap. 7).

Antoninus ging es vielmehr um die Lebensqualität der Bürger. Dies zeigen zum einen die zahlreichen Infrastrukturmaßnahmen, mit denen er den Handel förderte, die Wohnsituation verbesserte oder den Wiederaufbau nach Katastrophen unterstützte. Für Antoninus gehörte dazu aber auch die Renovierung von Heiligtümern und Tempeln. Sie sollten einen würdigen Rahmen bieten für den Kult, der für ihn einendes Band der Bürger und damit eine wichtige Grundlage für das Gedeihen des *Imperium Romanum* war.

Seine Baupolitik war auch ein Grundpfeiler seiner soliden Haushaltsführung. Er investierte lieber in den Unterhalt und die Instandsetzung der zahlreichen von seinen Vor-

Abb. 4-7: Die erste Liberalitas

gängern errichteten Bauten, als Geld für repräsentative Neubauten auszugeben, die seinen Nachfolgern nur neue Kosten verursacht hätten. Er machte dies auch den Städten des Reichs zur Auflage: „Geld, welches für Neubauten vermacht wurde, muss eher zur Erhaltung schon bestehender Gebäude verwendet als für einen Neubau ausgegeben werden, nämlich dann, wenn die Stadt schon genügend Gebäude hat und zu deren Renovierung schwer Geld aufzutreiben ist.“[88]

4.5 Der freigebige Stifter

Wie alle Kaiser vor ihm musste sich Antoninus Pius die Gunst des römischen Volkes durch „Brot und Spiele“ sichern, wobei es bei der Lebensmittelversorgung mit Brot allein nicht getan war: „Einen Mangel an Wein, Öl und Weizen linderte er, indem er die Waren auf eigene Kosten kaufen und an das Volk verteilen ließ.“[89] Antoninus war sogar besonders großzügig. Bereits bei seiner Adoption hatte er aus eigenen Mitteln an das Volk Geldgeschenke verteilen lassen.[90] Als Kaiser konnte er neun (weitere) *liberalitates* oder *congiaria*, also Geld- und Lebensmittelgeschenke, auf den Münzen verkünden.[91] Die letzte Spende ließ er wenige Wochen vor seinem Tod verteilen. Die Abbildungen 4-7 und 4-8 zeigen zwei Münzen, die aus einem solchen Anlass geprägt wurden.

Der Sesterz, der in Abb. 4-7 zu sehen ist, wurde im Jahr 139 geprägt. Er führt dem Betrachter die erste Verteilung bildlich vor Augen. Der Kaiser sitzt auf einem hohen Podium, das ein Bürger besteigt, um von einem Beamten das Geldgeschenk entgegenzunehmen. Dahinter führt ein zweiter Beamter mit einem Abakus, dem antiken Rechengerät, Buch über die verteilten Gelder.

Auf dem Aureus der Abb. 4-8, der anlässlich der fünften Spendenverteilung im Jahr 148 geprägt wurde, wird die *liberalitas* zur Tugend des Herrschers. Ihre Personifikation hält in der Linken ein Füllhorn als Symbol für den unter Antoninus herrschenden Wohlstand, in der Rechten einen Abakus, mit dem die ausgegebenen Münzen gezählt wurden.

Zwischen diesem Aureus und dem Denar der Abb. 2-6 (auf S. 35) liegen etwa zehn Jahre. An den beiden Münzporträts erkennt man dies nicht. Im Gegenteil: Die hohe Stirn auf der früheren Münze ließen geschickt in die Stirn gelegte Locken verschwinden, der strenge

Abb. 4-8: Die fünfte Liberalitas

Blick ist einer immer noch ernsten, aber eher fürsorglichen Miene gewichen. Auf beiden Prägungen fehlt der Lorbeerkranz des Herrschers. Auf der früheren stand ihm dieser noch nicht zu, auf der späteren kann er als unangefochtener Regent auf ihn verzichten.

Die staatlichen Spenden wurden dankbar angenommen. Zumindest die regelmäßigen Getreideverteilungen wurden aber auch vehement und bisweilen rabiat eingefordert: „Er war in seinem Leben von so großer Sanftmut, dass er, als ihn einmal der römische Pöbel wegen des Verdachts, am herrschenden Getreidemangel schuld zu sein, mit Steinen leicht verletzte, es vorzog, die Aufrührer zu besänftigen, indem er ihnen die Gründe klar machte, statt sie zu bestrafen.“[92] Bemerkenswert an dieser Geschichte sind nicht die Steine werfenden Demonstranten, sondern die klar deeskalierende Reaktion des Kaisers. Selbst in modernen Demokratien sieht die Antwort des Staates bisweilen anders aus.

Obwohl selbst völlig unmilitärisch, vergaß Antoninus auch nicht, die Soldaten durch Geldgeschenke bei Laune zu halten. So wissen wir von einem Donativ anlässlich seiner Adoption durch Hadrian, das er aus eigenen Mitteln bestritt, und einem zweiten anlässlich der Hochzeit seiner Tochter Faustina.[93]

Inspiriert von entsprechenden privaten Initiativen begründete Kaiser Nerva die *alimentatio*, eine Stiftung zur Unterstützung von Kindern bedürftiger Familien aus italischen Städten.[94] Zur Finanzierung dieser Einrichtung, die von den Adoptivkaisern weitergeführt und ausgebaut wurde, gab der Staat italischen Grundbesitzern Darlehen, die mit 5 % verzinst wurden. Die Zinsen flossen in die Ausbildung der geförderten Kinder.

Interessante Einzelheiten dazu enthält eine fast drei Meter breite Bronzeinschrift aus der Zeit Trajans, die in Veleia, einer südlich des heutigen Piacenza am Nordrand des Apennin gelegenen Stadt, gefunden wurde.[95] Wir sehen, dass mehr Jungen als Mädchen gefördert wurden, dass ein Mädchen nur drei Viertel des Stipendiums eines Jungen erhielt und dass vereinzelt auch uneheliche Kinder (mit einem finanziellen Abschlag) gefördert wurden. Die deutlich stärkere Förderung männlicher Nachkommen spiegelt nicht nur die geringe Wertschätzung der Frauen in der römischen Gesellschaft wider, sie sollte wohl auch dem Mangel an Rekruten für die römischen Legionen entgegenwirken.

Inschriften belegen, dass diese Stiftungen unter Antoninus Pius fortbestanden und der Kreis der Begünstigten ausgeweitet wurde.[96] Teilweise liefen sie auf den Namen des Thron-

Abb. 4-9: Puellae faustinianae

folgers. Auch damit greift Antoninus eine Tradition Hadrians auf, unter dem Aelius Caesar eine solche Stiftung einrichten konnte.[97]

Eine Inschrift wollen wir etwas genauer betrachten. Ergänzt lautet sie wie folgt:[98]

ANTONINO · AVG
PIO · PONT· MAX
TRIBVNIC · POTEST
COS · II · DESIG · III · P · P
PVERI · ET · PVELLAE · QVI
EX · LIBERALITATE
EIVS · ALIMENTA
ACCIPIVNT

★

dem Antoninus Augustus
Pius · *pontifex maximus*
im Besitz der tribunizischen Gewalt
zweimaliger Konsul · designiert für das dritte Mal · Vater des Vaterlands
die Jungen und Mädchen, die
aus der *liberalitas*
des Kaisers Stipendien
erhalten

Wegen der angegebenen Ämter lässt sich die Inschrift in das Jahr 139 datieren. Sie bezieht sich somit auf die erste *liberalitas* des Kaisers. Diese bestand danach nicht nur aus Lebensmittel- und Geldspenden, sondern umfasste auch eine Stiftung, die längerfristig Stipendien auszahlte. Kurz nach dem Tod des Antoninus enden die Hinweise auf eine Ausweitung dieser in der Antike ziemlich einzigartigen Förderung. Die steigenden Militärausgaben unter Mark Aurel schluckten anscheinend die bisher für solche Maßnahmen verwendeten Mittel.

Während Antoninus bei diesen Stiftungen ganz im Sinne seiner Vorgänger agierte, setzte er mit der Stiftung, die er nach dem Tod seiner Gattin ins Leben rief, einen eigenen und für das Römische Reich ungewöhnlichen Akzent. Die neue Einrichtung kam nämlich ausschließlich römischen Mädchen zugute. Zu Ehren Faustinas wurden diese *puellae fausti-*

Abb. 4-10: Munificentia

nianae (Faustinamädchen) genannt.[99] Diese Stiftung des Antoninus zeigt mehr noch als die ungewöhnlich große, seine gesamte Regentschaft begleitende Münzprägung für seine verstorbene Gattin die tiefe Zuneigung zwischen den Eheleuten und die große Trauer des Witwers.

Natürlich wurde die neue Stiftung auf Münzen gefeiert. Ein Beispiel sehen wir in Abb. 4-9. Die Vorderseite dieses Denars ziert ein würdevolles Porträt der Verstorbenen. Auf der detailreichen Rückseite sehen wir links einen Römer, der seine Tochter auf ein Podium hebt. Ein auf diesem Podium sitzender Beamter überreicht dem Mädchen eine Schriftrolle (in der die Gewährung des Stipendiums verbrieft ist), auf die ein zweiter im Hintergrund stehender Beamter deutet. Im Vordergrund schickt sich ein weiterer Bürger an, seine Tochter emporzuheben.

Auch die Forderung nach Spielen erfüllte der Kaiser. Gelegenheit boten die Feiern zum 10- und 20-jährigen Regierungsjubiläum oder die 900-Jahr-Feier Roms. „Er veranstaltete Spiele, bei denen er Elefanten, Hyänen, Tiger und Nashörner, sogar Krokodile und Flusspferde und alle möglichen Tiere aus der ganzen Welt … präsentierte.“[100] Relativiert wird diese Aussage von Mark Aurel, der seinen Adoptivvater dafür lobt, dass er bei der Veranstaltung öffentlicher Schauspiele Klugheit und Maß bewiesen habe.[101]

Dieses Maß forderte Antoninus auch von den Städten des Reichs. Dies wird in einem Brief deutlich, in dem er die Beamten der Stadt Ephesus dafür rügt, dass sie einem Bürger Steine in den Weg legen, der mit seinem Vermögen lieber den Erhalt und Ausbau öffentlicher Gebäude unterstützen möchte, als „nach Art vieler Staatsmänner“ für Brot und Spiele zu sorgen.[102] Die sarkastische Formulierung zeigt, dass Antoninus Pius kein großer Freund solcher Veranstaltungen war – und dieser Brief von ihm und nicht von einem Sekretär diktiert wurde.

Die in Abb. 4-10 gezeigte Münze rühmt auf der Rückseite die *munificentia Augusti*, die sich in der Veranstaltung von Spielen (*munera*) äußernde Freigebigkeit des Kaisers. Die dabei auftretenden Tiere sind durch einen mächtigen Elefanten vertreten. Die Umschrift der Vorderseite verrät, dass der Kaiser zum Zeitpunkt der Prägung zum zwölften Mal im Besitz der *tribunicia potestas* ist. Die Münze wurde daher im Dezember 148 oder im Jahr

Abb. 4-11: Am Beginn des dritten Jahrzehnts

149 geprägt und sollte wohl die Feiern des Jahres 148, in das die 900-Jahr-Feier Roms und das 10-jährige Regierungsjubiläum fielen, nochmals in Erinnerung rufen.[103]

In der Geschichtsschreibung lesen wir lediglich bei Aurelius Victor einen expliziten Hinweis auf größere Feierlichkeiten zum 900. Geburtstag der Stadt Rom.[104] Auf den Münzen findet dieses Ereignis keinen Niederschlag. Dagegen wurden zu runden Regierungsjubiläen VOTA-Münzen geprägt, auf denen die für das Heil des Kaisers dargebrachten Opfer (*vota*) thematisiert wurden. Als *vota soluta* drücken diese den Dank für die bisher von den Göttern geschenkten Regierungsjahre aus, als *vota suscepta* die Bitte um weitere. Der in Abb. 4-11 gezeigte Aureus aus den Jahren 158/159 ist die letzte derartige Prägung des Antoninus. Wie die Umschrift VOTA SVSCEPTA DEC(ennalia) III verrät, sehen wir auf der Rückseite den für das dritte Dezennium seiner Regentschaft über einem Dreifuß opfernden Kaiser.

So großzügig Antoninus war, so wenig schröpfte er dafür die Bürger – im Gegensatz zu manchen seiner in dieser Hinsicht sehr kreativen Vorgänger. Schon zu Zeiten der Republik war es üblich, sein Vermögen nicht ausschließlich an Verwandte zu vererben, sondern auch Freunden Vermächtnisse zukommen zu lassen. Insofern war es folgerichtig, in der Kaiserzeit auch den Herrscher im Testament zu bedenken. Schließlich wollte jeder (und sollten die Nachkommen) zu seinen Freunden zählen. Doch unter nicht wenigen Kaisern wurde diese freundschaftliche Geste zu einer drückenden Pflicht. So schreibt Sueton über Nero, er habe angeordnet, „dass Vermächtnisse von Personen, die sich dem Kaiser gegenüber als undankbar erwiesen [das heißt ihn nicht bedacht] hatten, an den Fiskus fallen. Auch die Rechtskundigen, die solches niedergeschrieben oder diktiert hätten, sollten nicht straflos bleiben.“[105] Bei einigen Kaisern flossen die Gelder aus Vermächtnissen so reichlich, dass sich ein eigener Prokurator um deren Verwaltung kümmern musste.[106] Die Politik des Antoninus stand hierzu (ebenso wie die Hadrians) in krassem Gegensatz: „Erbschaften von Leuten, die Kinder hatten, lehnte er ab.“[107]

Ein weiteres Beispiel für die Zurückhaltung des Antoninus, den staatlichen Kassen private Vermögen einzuverleiben, ist sein Umgang mit „geschenkten Prozessen“. Dahinter verbirgt sich folgender Sachverhalt. Ein Nachkomme bestreitet die Rechtmäßigkeit einer Erbschaft und strengt deshalb einen Prozess gegen den Erben an. Der Beklagte sieht im Laufe der Verhandlung seine Chancen auf einen Erfolg schwinden, will aber das Erbe auf keinen Fall seinem Kontrahenten überlassen. Daher schenkt er das Erbe dem Kaiser. Da sich – schon wegen der geringen Erfolgschancen – niemand gerne mit einem solchen Prozessgegner anlegte, war die Wahrscheinlichkeit groß, dass der Kontrahent klein beigab. Antoninus lehnte solche Geschenke ab und machte unmissverständlich klar, was er vom Schenker hält: „Jener hätte für einen solch schändlichen und missgünstigen Einfall eine Strafe verdient."[108]

Wie wir gesehen haben, reduzierte Antoninus auch das Kranzgold (siehe S. 73) und verzichtete auf die von manchen Kaisern sehr geschätzte Möglichkeit, den Staatssäckel durch Hochverratsprozesse zu füllen (siehe S. 65). Da das Vermögen von verurteilten Hochverrätern an den Staat fiel, hatten solche Prozesse für Kaiser den doppelten Vorteil, Kritiker loszuwerden und die kaiserliche Kasse aufzubessern. Manche Kaiser kamen auf diese Weise zu so beträchtlichen Einnahmen, dass sie dafür einen speziellen Prokurator[109] einsetzten.

Dass die bürgerfreundliche Finanzpolitik des Antoninus Pius auch einfachen Leuten zugute kam, zeigt ein Beispiel, das Pausanias im Anschluss an die auf S. 79 geschilderten Maßnahmen zur Linderung der Erdbebenfolgen überliefert: „Denjenigen Untertanen, die römische Bürger waren, deren Kinder aber noch zu den Griechen gehörten, blieb nichts übrig, als ihr Vermögen entweder Nichtverwandten zu vermachen oder die kaiserliche Kasse zu vergrößern nach einem bestimmten Gesetz; Antoninus gestattete auch diesen, ihr Erbe ihren Kindern zu geben, da er lieber menschenfreundlich scheinen als ein für die Finanzen günstiges Gesetz aufrechterhalten wollte."[110]

5 Übertrieben friedliebend?

Mommsens Urteil, Pius sei übertrieben friedliebend gewesen,[1] würde heute kein Historiker mehr so formulieren. Doch die Meinung, durch seine defensive Politik habe er die unter seinen Adoptivsöhnen ausbrechenden Kriege begünstigt, trübt oft das sonst so positive Urteil über diesen Kaiser. Bisweilen entsteht sogar der Eindruck, eine Außenpolitik habe unter ihm überhaupt nicht stattgefunden.

In der Antike schildert auf der einen Seite Aristides in seiner Romrede ein friedliches Idyll: „An Kriege, auch ob es sie jemals gegeben hat, glaubt man nicht mehr, allein Erzählungen darüber werden von den meisten wie Mythen aufgenommen. Wenn aber doch einmal an den Grenzen Kämpfe aufflammten, wie es in einem unermesslich großen Reich natürlich ist angesichts der Tollheit der Daker, der misslichen Lage der Libyer oder des Elends der Völker am Roten Meer, die unfähig sind, die Segnungen der Gegenwart zu genießen, dann verschwanden die Kriege rasch wieder – ganz wie Mythen – und auch die Erzählungen über sie."[2]

Auf der anderen Seite lesen wir in der HA: „Durch seine Legaten führte er sehr viele Kriege."[3] Diese Feststellung verwundert angesichts der pazifistischen Einstellung, die Antoninus zumeist bescheinigt wird. Sind diese Kriege wirklich nur Mythen? Sehen wir uns an, was die Quellen über militärische Aktivitäten in den Grenzregionen des *Imperium Romanum* und über diplomatische Initiativen des Kaisers verraten.

5.1 Britannien

Dass die Regierungszeit des Antoninus Pius nicht durchweg friedlich war, zeigt schon die Münzprägung. Bereits im Jahr 139 finden wir die ersten Siegesprägungen mit Darstellungen der *Victoria* oder mit dem Legionsadler zwischen zwei Standarten.[4] Wahrscheinlich ging es dabei um Kämpfe in Britannien. Die HA schreibt dazu: „Durch den Statthalter Lollius Urbicus besiegte er die Briten und ließ, nachdem die Barbaren zurückgedrängt waren, einen zweiten Wall aus Rasenstücken errichten."[5]

Den ersten Wall hatte Hadrian anlegen lassen. Die neue, gut an das Geländerelief angepasste Anlage verlief etwa 150 km nördlich davon auf der Höhe des Firth of Forth, also an der engsten Stelle Schottlands (siehe Abb. 5-1). Schon unter Kaiser Domitian bildete dieser Isthmus kurzzeitig die Nordgrenze des *Imperium Romanum*. Neben Auxiliareinheiten wurden auch Vexillationen (siehe S. 87) der drei in Britannien stationierten Legionen zum Bau des neuen, etwa 2.75 m hohen Walls eingesetzt. Vermutlich trug er eine Brustwehr, was eine Gesamthöhe von etwa 4 m ergab. Zusätzlich verlief vor dem Wall ein Graben. Sorgfältig gearbeitete, in regelmäßigen Abständen angebrachte Entwässerungsrinnen hielten das

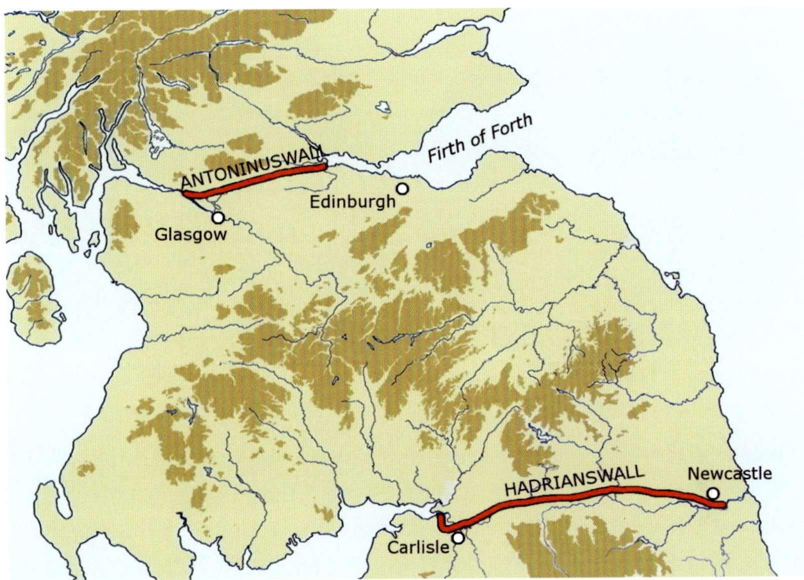

Abb. 5-1: Antoninuswall und Hadrianswall

Dammfundament trocken. Die Truppen, die die neue Grenze sicherten, verteilten sich auf sechs größere und zahlreiche kleinere Kastelle, die durch eine Straße südlich des Walls verbunden waren.

Mit etwa 59 km war der unter Antoninus errichtete Wall kaum mehr als halb so lang wie der hadrianische. Das Bestreben des Antoninus, die Grenzen des *Imperium Romanum* zu verkürzen (in der Hoffnung, sie dadurch leichter verteidigen zu können), werden wir auch in Germanien sehen (siehe S. 103). Wenn damit gleichzeitig das Reich (etwas) vergrößert werden konnte, war das ein willkommener Nebeneffekt.

Münzen aus dem Jahr 155 zeigen, dass die Unruhen in Britannien damals kurzzeitig wieder aufflackerten. Entgegen früheren Vermutungen, dabei sei der Antoninuswall aufgegeben worden, geht man heute davon aus, dass erst zu Beginn von Mark Aurels Herrschaft der schrittweise Rückzug an den – nie aufgegebenen – Hadrianswall erfolgte. Grund war wahrscheinlich eine Krise im Donauraum, die Truppenverlagerungen erzwang. Die Kontrolle über das Gebiet zwischen den beiden Wallanlagen behielten die Römer aber noch bis in die Mitte des dritten Jahrhunderts.

► *vexillatio*

Legionen kämpften unter dem Legionsadler. Sein Verlust galt als große Schande. Wurde eine Abteilung einer Legion an einen anderen Einsatzort geschickt, kämpfte sie nicht mehr unter dem – am Legionsstandort verbleibenden – Legionsadler, sondern unter einem *vexillum*, einer Fahne, und wurde daher *vexillatio* genannt. Auch für abkommandierte Abteilungen der Hilfstruppen wurde diese Bezeichnung verwendet.

Abb. 5-2: Zum zweiten Mal Imperator

Dass Antoninus in diesem Krieg die Truppen nicht selbst kommandierte, ist nicht weiter bemerkenswert. Schon Kaiser Augustus ließ Kriege durch Legaten führen. Da diese stets im Auftrag (unter den Auspizien) des Kaisers handelten, gebührte allein ihm der Ruhm für einen Sieg. Folglich konnte auch nur er Triumphe feiern (wenn man von wenigen Ausnahmen in der frühen Kaiserzeit absieht).

Durchaus bemerkenswert ist aber, dass Antoninus grundsätzlich auf kriegerische Auftritte verzichtete. Für die meisten Kaiser gehörte es zum guten Ton, sich zumindest gelegentlich an die Spitze eines Heeres zu stellen, um der Öffentlichkeit ihre Sieghaftigkeit zu demonstrieren und auch Stoff für die Geschichtsbücher zu liefern. Als Fronto Kaiser Antoninus Pius für den erfolgreich beendeten Krieg in Britannien pries, meinte er wohl, dessen Fernbleiben vom Schauplatz des Krieges mit einem schönen, wenn auch nicht ganz überzeugenden Bild rechtfertigen zu müssen. Obwohl er selbst in seinem römischen Palast residiere und den Oberbefehl anderen übertrage, gebühre ihm wie dem Steuermann eines Kriegsschiffes der Ruhm für das Setzen der Segel und den eingeschlagenen Kurs.[6]

Pius war offensichtlich für diesen Ruhm nicht sehr empfänglich. Er ließ sich zwar nach dem siegreichen Abschluss des britischen Feldzugs im Jahr 142 zum *Imperator* ausrufen.[7] Einen Sesterz aus den Jahren 143/144, der dieses Ereignis feiert, sehen wir in Abb. 5-2. Auf dem Revers lesen wir IMPERATOR II. Inmitten des Schriftzugs BRITAN(nia) eilt die geflügelte *Victoria* mit wehendem Gewand auf einem Globus nach links. In der ausgestreckten Rechten hält sie einen Siegeskranz, in der Linken einen Palmzweig. Doch Antoninus verzichtete nach Aurelius Victor[8] auf den ihm danach zustehenden Triumph. Auch folgte dieser zweiten Akklamation (die erste begleitete ja seine Machtübernahme) keine weitere, was beweist, dass er „kein Verlangen nach Ruhm zeigte und frei war von Prahlerei"[9].

Er verfolgte hier also die von Hadrian vorgegebene Linie, der sich ebenfalls mit zwei Akklamationen begnügte. Ganz im Gegensatz dazu ließ sich Trajan dreizehnmal zum *Imperator* ausrufen. Bei einem Kaiser, unter dem das *Imperium Romanum* seine größte Ausdehnung erreichte, scheint dies fast selbstverständlich. Doch auch der als Philosophenkaiser gehandelte Mark Aurel brachte es auf zehn Akklamationen. Nicht vergessen sollte man bei diesen Vergleichen, dass Antoninus länger als jeder der genannten Kaiser regierte.

5.2 Der Osten

Am 9. September 138, also ziemlich genau zwei Monate, nachdem Antoninus die Regierung übernommen hatte, wurde die staatliche Gaukasse angewiesen, der Webergilde von Philadelphia (im ägyptischen Fayûm) einen Vorschuss auf Heereslieferungen zu bezahlen, die der römische Statthalter Avidius Heliodorus angeordnet hatte.[10] Hergestellt werden sollten ein weißer Chiton (also ein Untergewand), vier dicke Mäntel und eine weiße Decke für die Heere in Kappadokien und das Lazarett im kaiserlichen Heerlager. Länge, Breite und Gewicht der Textilien sind ebenso präzise angegeben wie die Folgen minderer Qualität oder falscher Maße.

Derart detaillierte Bestimmungen für eine relativ kleine Lieferung sprechen dafür, dass hier ein Standardformular für staatliche Aufträge verwendet wurde. Zusammen mit dem militärischen Zweck zeigt dies, dass ähnliche Aufträge an zahlreiche Webereien in Ägypten, aber auch in anderen Provinzen – etwa in der deutlich näher bei Kappadokien liegenden Provinz *Asia* – gingen. Die ausdrücklich geforderte Eile unterstreicht die Dringlichkeit der Situation.

Bedenkt man die Zeit, die eine Nachricht aus Rom benötigte, um in die östlichen Provinzen zu gelangen, können diese Beschaffungsmaßnahmen nur Reaktionen auf Beschlüsse sein, die Pius in den ersten oder Hadrian in den letzten Tagen seiner Herrschaft gefasst hatte. Angesichts der Krankheit, die Hadrian zunehmend fesselte, und der Kompetenzen, die Antoninus seit seiner Adoption besaß, ist in jedem Fall Antoninus als der Initiator zu betrachten. Was veranlasste ihn, bereits in dieser Übergangszeit, deren innenpolitische Problematik wir ja gesehen haben, außenpolitisch aktiv zu werden?

Die Antwort liefert die geographische Lage der Provinz *Cappadocia* (siehe Abb. 5-3). Ihr senatorischer Statthalter, der in Caesarea residierte, befehligte zur Zeit des Antoninus Pius wahrscheinlich drei Legionen. Wenn dort weitere Truppen zusammengezogen wurden, konnte es nur um einen Konflikt mit den Parthern gehen.

Roms Rivalität mit dem Partherreich begann spätestens, als Pompeius im Rahmen seiner Neuordnung des Ostens in den Jahren 64/63 v. Chr. die Provinz *Syria* einrichtete. Ein Jahrzehnt später erlitt ein römisches Heer unter Licinius Crassus bei Carrhae (südlich von Edessa) eine der größten Niederlagen der römischen Geschichte. 25 000 Soldaten kamen um, unter ihnen Crassus, dessen Ruhmsucht den Krieg ausgelöst hatte. Den großangelegten Feldzug gegen die Parther, den Caesar plante, vereitelte seine Ermordung an den Iden des März 44 v. Chr. Der Kriegszug, den Marcus Antonius im Jahr 36 v. Chr. unternahm, scheiterte. Im Jahr 20 n. Chr. gelang es Kaiser Augustus, gegen die Anerkennung der Euphratgrenze die Parther zur Herausgabe der Legionsadler zu überreden, die sie bei Carrhae erbeutet hatten. Diesen diplomatischen Erfolg feierte er auf zahlreichen Münzen und in seinem Tatenbericht.[11] Dort rühmt er sich gar, er habe die Parther zur Herausgabe gezwungen.

Doch auch danach blieb das Verhältnis der beiden Großmächte nicht frei von Konflikten. Eine Schlüsselrolle kam dabei dem an Kappadokien grenzenden Armenien zu, einem

Abb. 5-3: Der Osten

Pufferstaat, um dessen Oberhoheit Römer und Parther nahezu permanent stritten. Im Wesentlich ging es darum, einen König aus einer römer- bzw. partherfreundlichen Familie auf den Thron zu setzen. Schon unter Nero führte dies zu einem Krieg zwischen den beiden Reichen. Trajan sorgte kurzfristig für klare Verhältnisse, indem er das Königreich Armenien eroberte und zur römischen Provinz machte. Hadrian war bald klar, dass der Kaiser damit den römischen Machtbereich überdehnt hatte. Nach der Regierungsübernahme räumte er die Provinz und etablierte dort wieder ein Reich unter einem – ihm genehmen – König.[12] Man kann davon ausgehen, dass im Gegenzug die Parther überlegten, wie sie einen ihnen gewogeneren König auf den Thron bringen könnten. Obwohl ein Herrscherwechsel in Rom dazu die beste Gelegenheit bot, blieb es nach Hadrians Tod ruhig. Dies ist um so erstaunlicher, als die Parther natürlich wussten, dass Antoninus über keinerlei militärische Erfahrungen verfügte.

In der HA[13] heißt es dazu lapidar, Antoninus habe allein durch einen Brief den König der Parther von der Eroberung Armeniens abgehalten. Wir haben gesehen, dass das nicht die ganze Wahrheit ist. Antoninus beließ es nicht bei diplomatischen Mitteln, er rüstete

Abb. 5-4: Rex Armeniis datus

vielmehr auch für militärische Aktionen. Diese Strategie ging auf; es kam zu keinem Krieg, die römische Oberhoheit über Armenien konnte gesichert werden.

Dies belegt der in Abb. 5-4 gezeigte Sesterz mit der Revers-Umschrift REX ARMENIIS DATVS (den Armeniern wurde ein König gegeben). Da die Kaisertitulatur auf dem Avers mit CO(n)S(ul) III schließt, kann er in die Jahre 140 bis 144 datiert werden. Auf der hervorragend erhaltenen Münze ist die Inthronisation detailliert wiedergegeben. Antoninus steht rechts hinter dem Fürsten, der als Vasall deutlich kleiner als Pius dargestellt ist. Der Kaiser trägt die Toga. Er tritt uns also nicht als gerüsteter Feldherr auf dem Kriegszug entgegen, sondern als Regent in Rom, wo ihn der Klientelkönig aufzusuchen hatte. Der Kaiser hält eine Buchrolle in der Linken; mit der Rechten krönt er den Fürsten mit einer nicht genauer erkennbaren Krone, während dieser gleichzeitig die rechte Hand hebt, um auch seinerseits nach der Insignie zu greifen. Der König trägt einheimische Tracht, einen bis zu den Knien reichenden Chiton und ein im Rücken breit herabfallendes, über der Brust mit beiden Enden übereinandergelegtes und von einem Gürtel gehaltenes Manteltuch, das vorne bis zu den Hüften herabreicht.

Die Unsicherheiten, die nach Auswertung der uns vorliegenden Informationen beim zeitlichen Ablauf bleiben, lassen auch eine andere Interpretation zu. Danach könnte umgekehrt die Einsetzung eines armenischen Königs durch Antoninus zu Auseinandersetzungen mit den Parthern geführt haben, die der Kaiser nur durch diplomatische Bemühungen und Mobilmachungen wieder beruhigen konnte. Allerdings passt es nur schwer in das Bild des (allzu) friedfertigen Antoninus, in einer innenpolitisch labilen Situation als erste außenpolitische Maßnahme einen König in Armenien einzusetzen und damit einen Krieg mit den Parthern heraufzubeschwören. Selbst ein nach Kriegsruhm strebender Kaiser hätte mit einer solchen Aktion gewartet, bis sich die innenpolitische Lage beruhigt hatte.

Dass Antoninus Pius aber generell eine konsequente, keineswegs nachgiebige Haltung gegenüber den Parthern einnahm, ist einer weiteren Notiz in der HA zu entnehmen: „Er weigerte sich, den Königsthron der Parther, den Trajan erbeutet hatte, herauszugeben, als ihn der König zurückforderte."[14] Damit zeigte Antoninus (in erster Linie dem römischen Senat und Volk), dass er an der formellen Oberhoheit über deren Gebiet, die Trajan nach seinem Sieg über die Parther errungen hatte, festhalten wollte. Dies ist umso erstaunlicher, als Kaiser Hadrian dem Osroes, dem Vorgänger des nun regierenden Vologaeses III., die Rückgabe dieses Möbels versprochen hatte.[15] Dass Hadrian Osroes zwar seine Tochter zurückgegeben, ihn beim Thron aber vertröstet hatte, zeigt dessen symbolische Bedeutung.

Antoninus Pius und seine Militärberater verloren die Parther nie aus den Augen. Dies belegt eine im mittelitalischen Saepinum gefundene Ehreninschrift. Sie wurde für Neratius Proculus errichtet, der unter den Kaisern Mark Aurel und Lucius Verus Konsul war und nach seiner Prätur von Antoninus Pius beauftragt wurde, Vexillationen verschiedener Legionen „wegen des Parthischen Krieges" nach Syrien zu führen.[16] Da Proculus zuvor eine Legion kommandiert hatte, dürfte die von ihm in den Osten geführte Truppe eine ähnliche Stärke gehabt haben. Die Formulierung der Inschrift zeigt, dass die Tafel während des unter Mark Aurel und Lucius Verus geführten Krieges oder kurz danach errichtet wurde (unter Antoninus gab es ja keinen solchen Krieg). Bei der Truppenverlegung des Antoninus handelte es sich also um eine Präventivmaßnahme des Kaisers – ähnlich der zu Beginn seiner Regentschaft. Ob er es abermals geschafft hätte, die Parther durch Diplomatie und militärische Aufrüstung von kriegerischen Aktionen gegen das *Imperium Romanum* abzuhalten, lässt sich nicht beantworten, zumal inzwischen Vologaeses IV. die Parther regierte. Dass die Parther unmittelbar nach seinem Tod zum Angriff übergingen, zeigt aber die Autorität, die Antoninus im In- und Ausland genoss, und den Respekt vor seinen taktischen Maßnahmen. Als militärisches Leichtgewicht wurde er sicher nicht wahrgenommen.

Der Konflikt mit den Parthern war nicht der einzige an der Ostgrenze des *Imperium Romanum*. Vielmehr beanspruchte der Osten die permanente Aufmerksamkeit des Kaisers, wie weitere in der HA genannte Aktivitäten des Antoninus Pius verraten (siehe hierzu Abb. 5-3).

Beginnen wir mit den Alanen. Der im 4. Jahrhundert lebende Ammian schildert ausführlich Aussehen und Lebensweise dieser Nomaden.[17] Sie bewohnen danach östlich des Don „die unermesslich weiten Wüsten Skythiens… Beinahe alle Alanen sind hochgewachsen und athletisch, sie besitzen mittelblonde Haare, wirken schrecklich durch die gezähmte Wildheit ihres Blicks und sind außerordentlich beweglich wegen des geringen Gewichts ihrer Waffen. Sie gleichen in allem den Hunnen, haben aber eine zivilisiertere Lebensweise. Sie plündern und jagen bis zum Asowschen Meer und dem Kimmerischen Bosporus [Meerenge, die das Schwarze Meer mit dem Asowschen Meer verbindet; heute Straße von Kertsch], durchstreifen aber auch Armenien und Medien. Wie ruhige und friedfertige Menschen die Muße genießen, erfreuen sich jene an Gefahren und Kriegen. Glückselig gilt dort, wer in einer Schlacht sein Leben aushaucht." Ammian erwähnt auch, dass sie ihre Wagen, die eine gewölbte Decke aus Rinde besaßen, kreisförmig aufstellten. Sie bildeten also Wagenburgen, die sehr an die von amerikanischen Siedlern erinnern (wenn man den Regisseuren der Western glauben kann).

Im Unterschied zu sesshaften Völkern, deren Städte man erobern und notfalls zerstören kann, sind Nomaden kaum greifbar und schwer zu überwachen. Die Wagenburgen der Alanen waren verschwunden, bevor die Kundschafter der römischen Armee dem Oberkommando deren Lage übermitteln konnten. Die HA[18] berichtet, dass Pius die Unternehmungen der Alanen oft eingedämmt habe. Das Wörtchen *oft* zeigt, dass diese Völkerschaft fortwährend für Unruhe an den Grenzen sorgte, es zeigt auch das Ausbleiben einer dauerhaften Lösung. Antoninus musste sich damit begnügen, tiefere Einfälle der Alanen in das Reich zu unterbinden, sie also nicht zu einer ernsthaften Gefahr für die Sicherheit im *Imperium Romanum* werden zu lassen, die Aristides in seiner Romrede feiert: „Ja, das von jedem gebrauchte Wort, dass die Erde die Mutter aller und das für alle gemeinsame Vaterland sei, wurde durch euch aufs Beste bewiesen. Jetzt ist es dem Griechen wie dem Barbaren möglich, mit oder ohne Habe problemlos zu reisen, wohin er will, gerade als ob er von einer Heimatstadt in eine andere zöge. Es schrecken ihn weder die Kilikischen Tore noch die schmale und sandige Durchgangsstraße durch das Land der Araber nach Ägypten, nicht unwegsame Gebirge, nicht unermesslich große Flüsse und nicht wilde Barbarenstämme, sondern es bedeutet Sicherheit genug, ein Römer zu sein oder vielmehr einer von denen, die unter eurer Herrschaft leben."[19]

Für Aufsehen in Rom sorgte bestimmt der Besuch von Pharasmanes, dem König der südlich des Kaukasus lebenden Iberer (die nichts mit denen auf der iberischen Halbinsel zu tun haben). Ein Fragment der *Fasti Ostienses* legt nahe, dass dieser Besuch zwischen 141 und 144 (wahrscheinlich sogar in der ersten Hälfte dieser Periode) stattfand.[20] Cassius Dio schreibt darüber: „Als der Iberer Pharasmanes mit seiner Gattin nach Rom kam, vergrößerte Antoninus sein Herrschaftsgebiet, erlaubte ihm ein Opfer auf dem Kapitol, stellte eine Reiterstatue im Tempel der Bellona auf und wohnte einem Kampfspiel bei, an dem sich dieser Fürst, sein Sohn und die übrigen vornehmen Iberer beteiligten."[21]

Die HA notiert dazu, dass der iberische König mit diesem Besuch Pius mehr entgegengekommen sei als Hadrian.[22] Auch weitere Äußerungen der HA machen deutlich, dass sie das diplomatische Geschick des Antoninus im Umgang mit den Iberern über das seines Vorgängers stellt. Hadrian habe nämlich den König der Iberer mit reichen Geschenken bedacht, obwohl der sich über Hadrians Wunsch, zu ihm nach Rom zu kommen, lustig gemacht habe. Hadrians Verdruss über dieses Verhalten saß wohl tief. Speziell um Pharasmanes zu ärgern, habe er Könige, die nach Rom kamen, besonders zuvorkommend behandelt. Das Verhältnis war schließlich so zerrüttet, dass er golddurchwirkte Gewänder, die ihm Pharasmanes geschickt hatte, 300 Verbrechern anziehen ließ, bevor man sie in die Arena schickte.[23]

Die Tendenz, Hadrians außenpolitische Aktivitäten deutlich negativer zu sehen als die des Antoninus, durchzieht auch die *Epitome de Caesaribus*. Die in der HA kritisierte Politik Hadrians gegenüber Pharasmanes ist für sie sogar Kennzeichen seiner gesamten Außenpolitik: „Obwohl er von vielen Königen Frieden nur dadurch erlangte, dass er ihnen insgeheim Geschenke machte, ließ er in der Öffentlichkeit verbreiten, er habe durch Ruhe mehr erreicht als andere durch Waffengewalt."[24] Dagegen wird Antoninus geradezu verklärt: „Selbst Inder, Baktrer und Hyrkanier schickten Gesandte zu ihm, als sie von der Gerechtigkeit des so großen Kaisers erfuhren."[25] Da die anderen Quellen nichts von solchen Gesandtschaften wissen, dürfte es sich um eine fiktive Liste des um 400 lebenden Autors handeln, der so seiner Zeit des Zerfalls die (in seinen Augen) unbestrittene Weltgeltung des *Imperium Romanum* unter Antoninus gegenüberstellt.

Die zwischen dem Kaukasus und der Ostküste des Schwarzen Meeres gelegene Kolchis kennt man als sagenhaftes Ziel von Jasons Argonauten auf der Suche nach dem Goldenen Vlies, das sie dort unter Mithilfe der Königstochter Medea erbeuten. Den in der Kolchis siedelnden Lazen oder Lasen gab Antoninus einen gewissen Pacorus zum König.[26] Die räumliche Nähe zu den Iberern lässt einen Zusammenhang mit dem Besuch des Pharasmanes in Rom vermuten.

Wie Armenien war auch Osrhoene ein Fürstentum, das zwischen den Großmächten lavierte. Seine Hauptstadt war Edessa, wo zur Zeit des Antoninus die Dynastie der Abgariden regierte. Dass Antoninus auch dort Einfluss nahm, verrät eine kurze Notiz in der HA: „Allein durch seine Autorität veranlasste er König Abgar(us), aus den östlichen Gegenden abzuziehen."[27]

Werfen wir noch einen Blick auf die Nordküste des Schwarzen Meeres, die seit dem 7. vorchristlichen Jahrhundert von den Griechen kolonisiert worden war. Im Unterschied zur Südküste gliederten die Römer diese Gegend bis auf wenige Stützpunkte nie in ihr Reich ein. So wurde auch die von Milet aus gegründete Stadt Olbia oder Olbiopolis an der Mündung des Bug nicht als Teil des Römischen Reichs behandelt. Doch Inschriften belegen, dass die Römer den dort wohnenden Griechen Schutz gewährten. Auch Pius handelte in diesem Sinne: „Zur Unterstützung der Stadt Olbiopolis gegen die Tauroskythen schickte er Hilfstruppen nach Pontus und besiegte die Tauroskythen, die den Bewohnern von Olbiopolis Geiseln stellen mussten."[28]

Im 5. Jahrhundert v. Chr. bildete sich aus den griechischen Kolonien auf der Krim und rund um das Asowsche Meer (siehe Abb. 5-3) das Bosporanische Reich, das später Athens wichtigster Getreidelieferant wurde. Bosporus oder Bosporos (griechisch: Ochsenfurt) bezeichnet eine Meerenge. Seinen Namen erhielt das Reich vom Kimmerischen Bosporus (siehe S. 92), nicht etwa vom wesentlich bekannteren Bosporus zwischen dem Marmarameer und dem Schwarzen Meer.

Mit der Regentschaft des Antoninus überschnitten sich die Regierungszeiten zweier Könige des Bosporanischen Reichs. Tiberius Iulius Rhoimetalkes (Rhoemetalces) regierte von 131/132 bis 153/154, sein Nachfolger Tiberius Iulius Eupator starb im Jahr 174. Die Namen Tiberius Iulius hatte der im ersten Jahrhundert regierende König Aspurgus angenommen, um so seine Dankbarkeit für die Unterstützung durch die Kaiser Augustus und Tiberius zu zeigen. Zwar war er seitdem nurmehr König eines Vasallenstaates. Doch er hatte erkannt, dass der Rückhalt Roms bei inneren wie äußeren Streitigkeiten von Nutzen sein konnte.

In der HA erfahren wir, dass Antoninus in diesem Reich einen Thronstreit schlichtete: „Rhoimetalkes schickte er in das Königreich Bosporus zurück, nachdem er die Auseinandersetzung zwischen diesem und Eupator untersucht hatte."[29] Er hat also den Herrschaftsanspruch des Rhoimetalkes bestätigt, den Kontrahenten aber später als Nachfolger akzeptiert.

5.3 Die Mauren

GERMANOS MAVROSQVE DOMAS SVB MARTE …
ANTONINE TVA DICERIS ARTE PIVS

⋆

Die Germanen und Mauren hast du im Krieg bezwungen …,
Antoninus, der du wegen deines Wesens *pius* genannt wirst.

Der auf dieser in Rom gefundenen Inschrift[30] gefeierte Sieg über die Mauren beendete einen Konflikt in Nordafrika, der sich länger hinzog und größere Ausmaße annahm. Solche Konflikte waren für Rom nichts Neues. Zuletzt hatte Hadrian um die Jahre 122/123 einen Aufstand der Mauren niedergeschlagen.[31]

Tacitus beschreibt die Mauren als eine „durch Raubzüge und Plünderungen für den Krieg gut gerüstete“[32] Völkerschaft. Für Pausanias sind sie noch schwerer zu fassen als die Skythen, deren Lebensweise uns an die der Alanen erinnert: „Antoninus … zog den Römern freiwillig keinen Krieg zu, als aber die Mauren Krieg begannen, der größte Stamm der freien Libyer, die Nomaden sind und schwieriger zu bekämpfen als das skythische Volk, da sie nicht auf Wagen, sondern einschließlich ihrer Frauen auf Pferden umherschweiften, da vertrieb er sie aus ihrem ganzen Land und zwang sie, sich in die äußersten Teile Libyens zu flüchten, in das Atlasgebirge und zu den Menschen am Atlas.“[33]

Natürlich wird Tacitus den nomadisch lebenden Mauren nicht gerecht, wenn er sie in die Nähe von Räuberbanden rückt. Doch der Reichtum der römischen Provinzen Nordafrikas war für sie sicher verlockend. Jenseits aller Vorurteile liegt es daher nahe, die Mauren für die Urheber der Aggressionen zu halten. Welches Interesse hätten schließlich die Römer – und speziell Kaiser Antoninus Pius – an den ariden Regionen der Nomaden haben sollen.[34]

Nach Pausanias lag das Zentrum der Unruhen im Westen Nordafrikas. Ihn teilten sich die Provinz *Mauretania Caesariensis*, die eine 700 km lange Küstenlinie besaß, aber nur selten mehr als 50 km ins Hinterland reichte, und die Provinz *Mauretania Tingitana* (benannt nach Tingis, dem heutigen Tanger), die den nördlichen Teil des heutigen Marokko umfasste (siehe Abb. 1-1 oder Abb. 5-5).

Jede dieser Provinzen unterstand einem Prokurator aus dem Ritterstand, der in der Regel reiche militärische Erfahrung besaß und somit die in seiner Provinz stehenden Hilfstruppen kompetent führen konnte. Exemplarisch zeigt dies die Karriere des unter Antoninus Pius zeitweise in dieser Region eingesetzten Ritters Varius Clemens, dessen Lebenslauf auf S. 101 nachzulesen ist. Dass der Prätorianerpräfekt Gavius Maximus unter Hadrian Statthalter der Provinz *Mauretania Tingitana* war,[35] half bei den strategischen Entscheidungen, die am Kaiserhof zu treffen waren.

Inschriften und Militärdiplome (siehe S. 96), die von Truppenverlegungen nach Nordafrika berichten, werden uns helfen, Zeitraum und Umfang des Konflikts näher einzugrenzen. Bei deren Interpretation ist allerdings Vorsicht geboten.[36] Ein kleines Beispiel soll dies verdeutlichen. Auf einem in Rom gefundenen Grabstein[37] lässt sich die Laufbahn des Verstorbenen wie folgt ergänzen:

PRIMO PILO LEGIONIS XX VALERIAE VICTRICIS
MISSO CVM EXERCITV IN EXPEDITIONEM MAVRETANIAM
AB IMPERATORE ANTONINO AVGVSTO
PRAEFECTO CLASSIS BRITANNICAE

Der Verstorbene hatte danach (nach langjähriger Dienstzeit) den Posten des *primus pilus*, also des ranghöchsten Zenturio der in Britannien stationierten *legio XX Valeria Victrix* erreicht. Von Kaiser Antoninus wurde er nach Mauretanien geschickt. Dort hat er seine Aufgabe so gut erfüllt, dass ihm anschließend das ritterliche Amt des Präfekten der britischen Flotte übertragen wurde.

Obwohl die Entsendung nach Mauretanien gut zu den Auseinandersetzungen passt, die dort zur Zeit des Antoninus Pius stattfanden, kann er auch unter Caracalla nach Nordafrika geschickt worden sein (siehe die Überlegungen auf S. 12). Selbst wenn man davon ausgeht, dass dies unter Pius geschah (wofür die Wahrscheinlichkeit spricht), hat er wohl keine Abteilung seiner Legion dorthin geführt; dafür ist die Formulierung *cum exercitu* (mit dem Heer) zu unspezifisch. Er wird aber in Nordafrika als erfahrener Soldat eine Truppe kommandiert haben. Ob die allerdings erst dorthin verlegt wurde oder dort dauerhaft stationiert war, muss offen bleiben.

Wir beschränken uns im Folgenden auf Inschriften, die solche Schwierigkeiten nicht aufweisen. In der Abb. 5-5 sind die aus ihnen ablesbaren Truppenbewegungen schematisch erfasst. Man erkennt unschwer, dass es um einen größeren Konflikt ging. Bei der Datierung wurde angenommen, dass bei einem Truppenteil, der nach Nordafrika in Marsch gesetzt wurde, dort nicht schon im gleichen Jahr (ehrenvolle) Entlassungen ausgesprochen wurden. Soldaten mit weniger als einem Jahr Restdienstzeit auf eine solche Reise zu schicken, scheint militärisch nicht sinnvoll.

► *diploma militare*

Während in den etwa 30 Legionen römische Bürger dienten, bekamen die Soldaten der (zahlenmäßig ähnlich starken) Hilfstruppen das Bürgerrecht erst mit der ehrenvollen Entlassung vom Kaiser verliehen. Dieser wichtige Akt wurde auf einem exakt datierten Militärdiplom dokumentiert. Diese Urkunde bestand aus zwei beschrifteten Bronzeplättchen, die so aufeinander gelegt wurden, dass eine Inschrift nach innen und eine nach außen zeigte. Anschließend wurden sie verbunden und versiegelt. Bestand der Verdacht, dass die äußere Aufschrift manipuliert worden war, wurde das Siegel erbrochen und die beiden Aufschriften verglichen.
Für die Historiker sind die Militärdiplome wertvoll, da sie zumindest auf der Außenseite alle Auxiliareinheiten einer Provinz auflisten, aus denen zum Zeitpunkt der Ausstellung Soldaten entlassen wurden. Unter Antoninus Pius geschah dies sehr zuverlässig und übersichtlich.

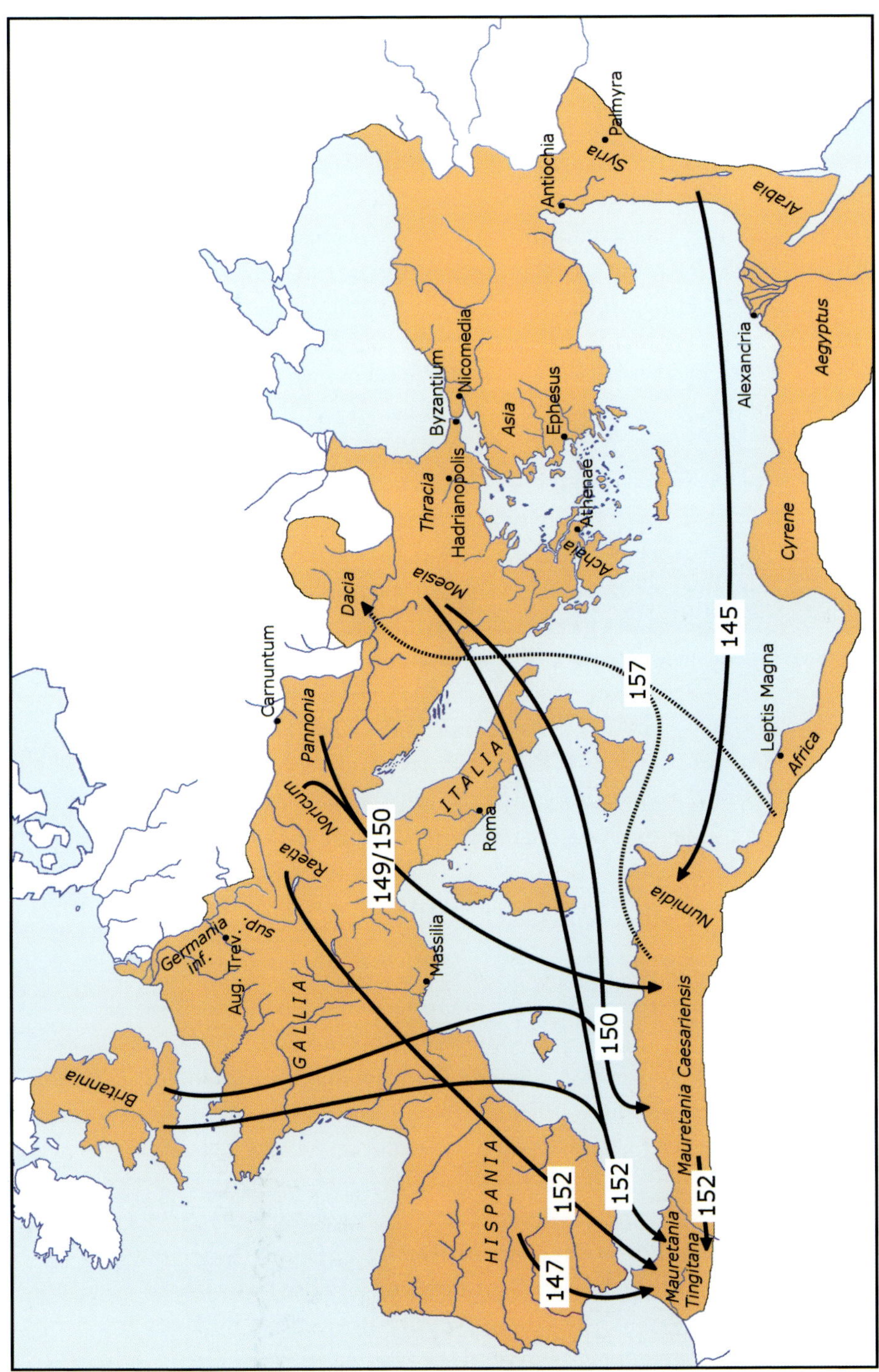

Abb. 5-5: Truppenbewegungen

Auf einer Inschrift[38] lesen wir, dass im Jahr 145 der *legatus Augusti pro praetore* Prastina Messalinus durch eine Vexillation der in Galiläa stationierten *legio VI Ferrata* am Berg Aurasius (im algerischen Saharaatlas) eine Straße anlegen ließ. Prastina war von 144 bis 146 Kommandeur der in Numidien stationierten *legio III Augusta*[39], formal also dem Prokonsul der Provinz *Africa* unterstellt. Das zusätzliche Truppenkontingent wurde sicher nicht nur nach Nordafrika verlegt, um diese – zweifellos strategisch wichtige – Straße zu bauen; das hätten auch die Soldaten der dort stationierten Legion übernehmen können.

Ab dem Jahr 149 ist eine deutliche Verstärkung der in der Provinz *Mauretania Caesariensis* stationierten Truppen festzustellen. So berichtet ein auf den 1. August 150 datiertes Militärdiplom[40], dass dort zu diesem Zeitpunkt umfangreiche berittene Verbände aus den beiden pannonischen Provinzen standen. Ergänzt lautet der uns interessierende Teil dieses Diploms wie folgt:

EQVITIBVS QVI MILITAVERVNT IN ALIS V QVAE APPELLANTVR
I HISPANORVM ARAVACORVM
ET III AVGVSTA THRACVM SAGITTARIORVM
QVAE SVNT IN PANNONIA SVPERIORE SVB CLAVDIO MAXIMO
ITEM I FLAVIA BRITANNICA MILLIARIA CIVIVM ROMANORVM
ET I THRACVM VETERANA SAGITTARIORVM
ET I AVGVSTA ITVRAEORVM SAGITTARIORVM
QVAE SVNT IN PANNONIA INFERIORE SVB COMINIO SECVNDO
QVINIS ET VICENIS PLVRIBVSVE STIPENDIIS EMERITIS DIMISSIS HONESTA MISSIONE
PER PORCIVM VETVSTINVM PROCVRATOREM
CVM ESSENT IN EXPEDITIONE MAVRETANIAE CAESARIENSIS
QVORVM NOMINA SVBSCRIPTA SVNT
CIVITATEM ROMANAM DEDIT

⋆

Den Reitern, die in 5 Abteilungen dienten mit den Namen
I Hispanorum Aravacorum
und *III Augusta Thracum sagittariorum*,
stationiert in *Pannonia superior* unter Claudius Maximus,
ferner *I Flavia Britannica milliaria civium Romanorum*
und *I Thracum veterana sagittariorum*
und *I Augusta Ituraeorum sagittariorum*,
stationiert in *Pannonia inferior* unter Cominius Secundus,
und nach einer Dienstzeit von 25 oder mehr Jahren
durch den Prokurator Porcius Vetustinus ehrenvoll entlassen wurden,
als sie an einem Feldzug in *Mauretania Caesariensis* teilnahmen,
und deren Namen unten verzeichnet sind,
gab der Kaiser die römische Staatsbürgerschaft.

Eine *ala* (Flügel) war eine berittene Einheit der Hilfstruppen im Umfang von 500 oder – als *milliaria* – 1000 Mann. Auch wenn wohl keine der fünf gelisteten *alae* vollständig nach Nordafrika verlegt wurde,[41] kann man von einer schlagkräftigen Truppe ausgehen. Interessant ist ihre Zusammensetzung. Es handelt sich ausnahmslos um berittene Einheiten. Die Mehrzahl der Reiter war zudem speziell als Bogenschützen (*sagittarii*) ausgebildet. Die Auswahl der nach Nordafrika verlegten Truppen war also klar auf die Kampfweise der Mauren abgestimmt.

Im Jahr 151 lesen wir von drei weiteren berittenen Einheiten aus *Pannonia superior* und außerdem von sieben Reiterverbänden aus den Provinzen *Noricum* und *Moesia inferior* und einer Fußtruppe aus der Provinz *Britannia*.[42] Dass der Umfang der in die Provinz *Mauretania Caesariensis* verlegten Truppen beträchtlich war, zeigt auch die Anordnung des Kaisers, Getreidespeicher für die Vexillationen zu bauen.[43]

Da im Jahr 153 mindestens einer der Reiterverbände aus *Moesia inferior* sowie die britische Fußtruppe bereits in der Provinz *Mauretania Tingitana* kämpften, scheinen die Gefechte in der Provinz *Mauretania Caesariensis* rasch abgeflaut zu sein oder sich aber in der westlichen Nachbarprovinz intensiviert zu haben. Die Militärpräsenz am Westrand des Imperiums war nämlich beachtlich. Neben den dauerhaft stationierten Truppen standen dort nun mindestens vier Reitereinheiten aus *Moesia inferior* sowie zwei britische Vexillationen.[44] Einem Militärdiplom aus dem Jahr 156 ist zu entnehmen, dass die vier Reitertruppen aus der Provinz *Moesia inferior* noch zu diesem Zeitpunkt in der Provinz *Mauretania Tingitana* eingesetzt waren.[45] Die Unruhen in dieser Provinz scheinen sich also über einen längeren Zeitraum hingezogen zu haben.

Sie hatten die römischen Streitkräfte auch schon geraume Zeit beschäftigt. Interessante Einblicke in die dortige Situation gestattet eine um 1930 am äußersten Rand des Imperiums gefundene Basis einer Statue.[46] Anders als bei den meisten derartigen Objekten liest man darauf nicht nur auf der Vorderseite die Laufbahn des Geehrten, sondern seitlich auch den Beschluss des Stadtrats, der detailliert die Verdienste auflistet, die Anlass zu dieser Ehrung gaben.

Die Bewohner der am Atlantik gelegenen Stadt Sala hatten die Statue im Oktober 144 zu Ehren des Ritters Sulpicius Felix errichtet (siehe dazu auch S. 71), der nach mehreren militärischen und zivilen Posten in verschiedenen Teilen des Reichs nun in der Provinz *Mauretania Tingitana* als Präfekt einer *ala* eingesetzt war.[47] Er sei „über das Maß seiner Vorgänger hinaus maßvoll, bescheiden, mild, sittsam, ehrerbietig gegenüber den Beamten der Stadt, ein Freund des Volkes und gewissenhaft" gewesen. Er habe die Mauern der Stadt verstärkt und die Bewohner durch seine Truppe bei der Wald- und Erntearbeit geschützt. Da er sogar als *liberator* (Befreier) angesprochen wird, gingen die Bedrohungen vermutlich über die gelegentlichen Scharmützel hinaus, mit denen die Bewohner einer Stadt am Rand des Imperiums leben mussten.

Aufhorchen lässt auch, dass die sonst einem ritterlichen Statthalter anvertraute Provinz zu diesem Zeitpunkt vom *vir clarissimus* Uttedius Honoratus, also einem Senator, geleitet wurde. Wahrscheinlich hatte ihm Antoninus – einem Beispiel Vespasians[48] folgend –

im Interesse einer einheitlichen Strategie auch die Provinz *Mauretania Caesariensis* unterstellt. Zusammen mit der Tatsache, dass der am östlichen Rand Mauretaniens tätige Prastina Messalinus im Jahr 147 Konsul (sogar *consul ordinarius*) wurde, also zu den führenden Vertretern seines Stands gehörte, zeigt dies, dass Rom die Lage in Nordafrika als durchaus prekär einschätzte.[49]

Schon früh wurde deutlich, dass die Situation mit den regulären Provinztruppen nicht mehr in den Griff zu bekommen war. Dies zeigen spanische Hilfstruppen, die der erfahrene Offizier Varius Clemens (seinen Werdegang sehen wir auf S. 101) in diese Provinz führte. Da Varius Clemens danach ein weiteres Militärkommando übernahm und Statthalter in den Provinzen *Cilicia* und *Lusitania* war, bevor er in den Jahren 151/152 als Prokurator von *Mauretania Caesariensis* amtierte,[50] müssen die spanischen Truppen spätestens 147 in Nordafrika eingetroffen sein.

Die Dauer der Kämpfe belegen auch Aufzeichnungen über eine aus niederrheinischen Tungrern gebildete, 1000 Mann starke Kohorte, der *cohors IV Tungrorum milliaria*.[51] Unter Hadrian lesen wir von Abordnungen in die Provinz *Raetia*. Unter Antoninus Pius stand mindestens von 153 bis 161 eine Abordnung dieser Kohorte in der Provinz *Mauretania Tingitana*. Vermutlich wurde die zuvor in Rätien stationierte *vexillatio* dorthin geschickt.[52] Später wurde die Kohorte sogar dauerhaft in diese Provinz verlegt. Weitere Indizien für größere kriegerische Auseinandersetzungen liefern zahlreiche Grabsteine von Soldaten verschiedenster Einheiten, die wahrscheinlich in diese Zeit gehören.[53]

Wir haben gesehen, dass Truppenverlegungen nach Nordafrika bereits wenige Jahre nach dem Regierungsantritt des Antoninus Pius begannen und fast über den gesamten Zeitraum seiner Regentschaft andauerten. Unklar ist, ob später in Marsch gesetzte Truppen frühere ersetzten oder weitere Verstärkungen brachten. Da wir von keiner größeren Schlacht wissen, mussten sich die Römer wohl damit begnügen, den Nomaden klar zu machen, dass Einfälle in das *Imperium Romanum* trotz des dort lockenden Reichtums einen zu hohen Preis fordern.[54] Zwischenfälle blieben gleichwohl an der Tagesordnung. Einem Brief, den Fronto um das Jahr 154 an den Kaiser schrieb,[55] entnehmen wir, dass er für sein Prokonsulat in der Provinz *Asia* einen Freund aus Mauretanien in seinen Stab holte wegen „seiner militärischen Erfahrung beim Aufspüren und Verhaften von Räubern". Doch militärisch relevant können diese Scharmützel gegen Ende der Herrschaft des Antoninus Pius höchstens noch im äußersten Westen Nordafrikas gewesen sein. Ein Militärdiplom[56] vom 8. Juli 158 belegt nämlich die Anwesenheit von Vexillationen aus den Provinzen *Africa* und *Mauretania Caesariensis* in Dakien, wo ein neuer Konflikt entbrannt war.

5.4 Donau und Rhein

Die noch heute zu bestaunende – einst von einem Standbild des Kaisers bekrönte – Trajanssäule in Rom schildert in einem eindrucksvollen Reliefband von 200 Metern Länge die Eroberung Dakiens durch Kaiser Trajan. Die danach in diesem nördlich der Donau gelegenen Gebiet eingerichtete Provinz *Dacia* wurde von Hadrian zunächst in die beiden

Provinzen *Dacia inferior* und *Dacia superior* aufgeteilt. Spätestens im Jahr 123 wurde von *Dacia superior* die Provinz *Dacia Porolissensis* abgespalten. Diese Struktur blieb auch unter Antoninus Pius bestehen.

Einen Sieg des Antoninus über dakische Verbände, den die HA vermerkt, bestätigt die Inschrift auf einem aus diesem Anlass (*Victoriae Augusti*) errichteten Altar:[57]

VICTORIAE
AVG · PRO SA
LVTE · IMP
ANTONINI
AVG · M · STA
TIVS · PRIS
CVS LEGATVS
EIVS · PR · PR

Der darauf genannte M. Statius Priscus war um 157 Statthalter (mit dem Titel *legatus Augusti pro praetore*) der Provinz *Dacia superior*. Die einzigartige Karriere dieses Mannes ist auf S. 105 nachzulesen. Das von ihm vor dem Jahr 159 errichtete und der Sicherheit und

Eine Ritterkarriere

Titus Varius Clemens[58] wurde in Celeia (dem heutigen slowenischen Celja) in der Provinz *Noricum* geboren. Im Alter von 25 bis 30 Jahren übernahm er als *praefectus cohortis II Gallorum Macedoniae* den Befehl über eine etwa 500 Mann starke Kohorte der Hilfstruppen. Danach wurde er als *tribunus legionis XXX Ulpiae* Stabsoffizier dieser in Xanten stationierten Legion. Anschließend führte er als *praefectus equitum alae II Pannoniorum* ein etwa 500 Mann starkes Reiterregiment. Damit hatte er die *tres militiae*, die zu seiner Zeit üblichen drei militärischen Ämter eines römischen Ritters, absolviert. Da er sich dabei wohl besonders bewährt hatte, folgten zwei weitere. Zunächst führte er als *praefectus auxiliorum tempore expeditionis in Mauretaniam Tingitanam ex Hispania* spanische Hilfstruppen nach Nordafrika. Anschließend kommandierte er als *praefectus equitum alae Britannicae milliariae* einen 1000 Mann starken Reiterverband.

Seiner Dienstzeit als Offizier folgte eine eindrucksvolle Laufbahn als *procurator* verschiedener Provinzen. Nach Statthalterschaften in den Provinzen *Cilicia*, *Lusitania* und *Mauretania Caesarensis* residierte Varius Clemens als Statthalter der Provinz *Raetia* in *Augusta Vindelicorum* (dem heutigen Augsburg), bis er sich schließlich von *Augusta Treverorum* (dem heutigen Trier) aus als Prokurator um die Finanzen der wichtigen Provinzen *Belgica*, *Germania superior* und *Germania inferior* kümmerte.

Nach diesem beeindruckenden Werdegang unter Antoninus Pius wurde er *ab epistulis* (siehe S. 111) am Hof der Kaiser Mark Aurel und Lucius Verus. Damit bekleidete er den wichtigsten Posten der Zentralverwaltung. Über seinen Schreibtisch lief die gesamte Verwaltungskorrespondenz des Kaisers. Er war somit an allen Stellenbesetzungen, Versetzungen und Beförderungen beteiligt.

Abb. 5-6: IMP II als dezente Erinnerung

Gesundheit (*pro salute*) des Herrschers gewidmete Denkmal zeigt, dass spätestens zu dieser Zeit die Kämpfe beendet waren. Sie hatten wohl nach dem Sieg in Britannien begonnen und größere Ausmaße angenommen, wie die Anwesenheit von Vexillationen aus Nordafrika belegt (siehe S. 100).

Der von Statius Priscus errungene militärischen Erfolg scheint dem Kaiser außerordentlich wichtig gewesen zu sein. Nur so ist es zu erklären, dass er ihn noch während seiner Statthalterschaft zum *consul ordinarius* für das Jahr 159 designierte und ihm so ein Amt verschaffte, das fast ausschließlich Angehörigen des Kaiserhauses und Patriziern vorbehalten war.

Der Kaiser nahm diesen Sieg zum Anlass, auf den Münzen an seine – über zehn Jahre zurückliegende – zweite Akklamation zum *Imperator* zu erinnern. Ein Beispiel dafür sehen wir in Abb. 5-6. Die Avers-Umschrift dieses Aureus, der 156 oder 157 geprägt wurde, endet mit IMP II. Ein Zeitgenosse musste also sehr genau hinsehen, um diese – mehr dem Hof als dem Kaiser wichtige – Botschaft mitzubekommen. Auf dem Revers erkennen wir die *Victoria* mit einem Kranz in der ausgestreckten Rechten und einem Palmzweig in der Linken. Die meisten Kaiser hätten anlässlich eines solchen Sieges eine dritte Akklamation gefeiert.

Zum Verhalten des Kaisers gegenüber germanischen Stämmen bemerkt die HA lapidar, er habe sie durch seine Statthalter und Legaten niedergeworfen.[59] Einen ersten Hinweis auf solche Aktivitäten des Antoninus Pius gibt der zwischen 140 und 144 geprägte Sesterz, der in Abb. 5-7 zu sehen ist. Die Revers-Umschrift REX QVADIS DATVS dokumentiert die Einsetzung eines Königs bei den nördlich der mittleren Donau lebenden germanischen Quaden. Pius – wie auf dem Sesterz der Abb. 5-4 mit der Toga bekleidet und einer Buchrolle in der Hand – gibt dem Quaden, der ihm links gegenübersteht, einen auf dieser Münze nicht genauer erkennbaren Gegenstand[60] in die rechte Hand. Der Quade mit langem Spitzbart trägt wieder einheimische Tracht, die hier aus langen Hosen und einem Manteltuch besteht.

Die am Beginn des Abschnitts 5.3 zitierte Siegesinschrift lässt weitere Konflikte mit germanischen Stämmen vermuten. Konkrete Belege dafür gibt es allerdings kaum. Fest steht, dass Antoninus Pius in den Provinzen *Germania superior* und *Raetia* Teile des Limes verlegen und begradigen ließ. Auch hier fällt das bereits in Britannien sichtbar gewordene

Abb. 5-7: Rex Quadis datus

Bestreben des Antoninus auf, Grenzen zu verkürzen. Im Unterschied zum Antoninuswall wurde allerdings bei den germanischen Grenzkorrekturen auf Geländegegebenheiten wenig Rücksicht genommen (siehe zum Folgenden Abb. 5-8).

Für den nördlich des Mains gelegenen Limesabschnitt lassen sich für die Zeit um 145 Begradigungen und Erneuerungen auf einer Gesamtlänge von etwa 70 km nachweisen. Ferner wurde unter Antoninus Pius der zwischen Main und Neckar verlaufende Odenwald-Limes deutlich nach Osten vorgeschoben. Durch seine Anbindung an den rätischen Limes, die gegen Ende seiner Herrschaft oder kurz danach erfolgte, verlor auch der kleine Lautertal-Limes seine Funktion. Insgesamt 113 km neue aus Palisaden und Wehrtürmen bestehende Grenzbefestigungen, von denen über 80 km schnurgerade verliefen, entstanden im Rahmen dieser Maßnahme. Auch der rätische Limes erhielt unter Antoninus Pius durch eine Verlegung nach Norden bei gleichzeitiger Verkürzung seinen endgültigen Verlauf.

Mit den Maßnahmen des Antoninus hatte das durch den Limes geschützte Gebiet zwischen Rhein und Donau seine größte Ausdehnung erreicht. Aristides preist in seiner Romrede die römischen Grenzbefestigungen als völlig unüberwindlich und unzerstörbar und weitaus strahlender als alle früheren Bollwerke.[61] Dieses Lob ist weit von der Wahrheit und auch von der Absicht der Erbauer entfernt. Zwar führte der Limes den Germanen eindrucksvoll die technischen und militärischen Möglichkeiten der Römer vor Augen. Aber er war keine Chinesische Mauer, die angelegt wurde, um Invasionen zu verhindern. Er sollte vielmehr Menschen- und Warenströme kanalisieren, um deren Kontrolle zu erleichtern, und im Falle lokaler Raubzüge ein schnelles Eingreifen der Grenztruppen ermöglichen.

Dass der Limes den Bewohnern der römischen Grenzregionen Sicherheit versprach, belegt ein bemerkenswerter Augenzeugenbericht Appians. „Ich selbst habe Gesandtschaften von einigen solchen [armen und ertraglosen] Völkern in Rom gesehen, die sich freiwillig unterwerfen wollten und die der Herrscher nicht annahm, weil sie ihm doch zu nichts nütze gewesen wären."[62] Um welche Völker könnte es dabei gehen?

Blickt man auf die Grenzen des *Imperium Romanum*, so waren diese Völker keinesfalls im Osten beheimatet, da dort ein Saum von Vasallenstaaten das Reich umgab, deren Regenten von Rom eher die Stabilisierung ihrer Herrschaft als die Aufnahme ins Reich er-

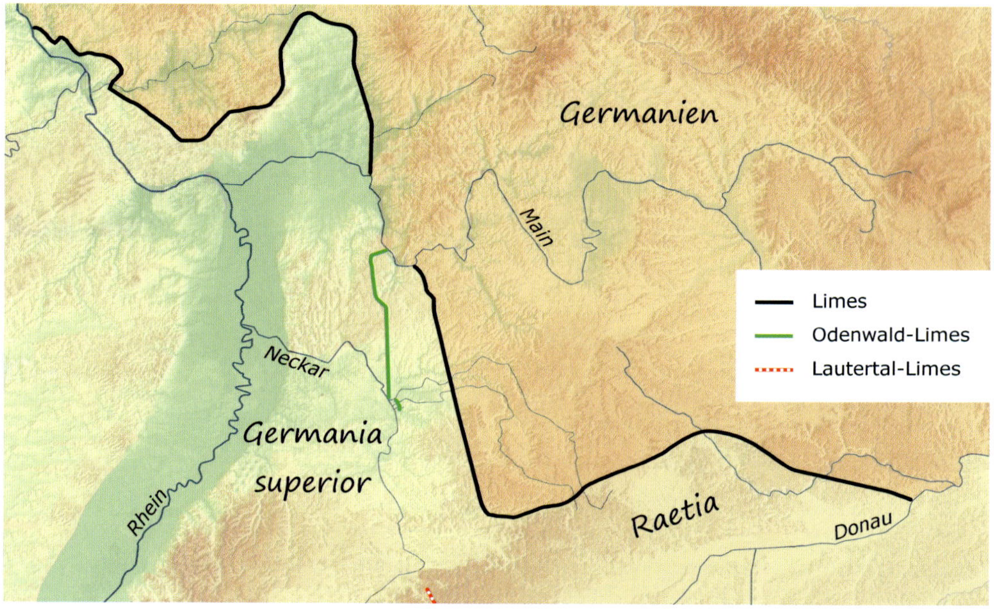

Abb. 5-8: Der Limes

hofften. Im Britannien wurde die Grenze nach Norden verschoben. Von einem Unterwerfungsangebot konnte dabei keine Rede sein. Ähnliches gilt für den Norden Afrikas.

Es bleibt also nur der Raum jenseits von Rhein und Donau. Somit liegt die Vermutung nahe,[63] dass germanische Stämme im Römischen Reich Schutz suchten vor den von Osten nachdrängenden Völkern. Es handelte sich also womöglich um eine erste kleine Welle, die von Osten her gegen die Grenzen des Imperiums schwappte. Dass sie der Vorbote eines Tsunami war, konnten der Kaiser und seine Militärs nicht ahnen. Daher ist der Entschluss des Antoninus nachvollziehbar, nicht durch die Aufnahme dieser wenig zivilisierten Völkerschaften den Frieden in den Provinzen aufs Spiel zu setzen. Möglicherweise hätte eine andere Entscheidung vorübergehend den Druck etwas gemindert, dem seine Nachfolger ausgesetzt waren. Grundlegend geändert hätte sich die Geschichte des *Imperium Romanum* dadurch nicht.

5.5 Fazit

Nachtragen könnte man, dass die HA Probleme mit aufständischen Juden erwähnt,[64] die seit dem von Hadrian mühsam niedergeschlagenen Bar-Kochba-Aufstand unter besonderer Beobachtung standen. Auch wenn wir darüber ebenso wenig wissen wie über die Kämpfe mit Anwohnern des Roten Meeres, von denen Aristides spricht,[65] kann man resümieren, dass während der Regentschaft des Antoninus Pius selten Ruhe an den Grenzen des *Imperium Romanum* herrschte. Fast zu jeder Zeit versuchten Völkerschaften in einer Ecke des Reichs, die von Rom gezogenen Grenzen infrage zu stellen.

Auf diese Herausforderungen reagierte Antoninus mit geschickter, Stärke ausstrahlender Diplomatie, aber auch mit militärischen Mitteln, die er besonnen, aber konsequent einsetzte.[66] Reichsbewohner und Anrainer teilten diese Einschätzung der HA. Dies belegen nicht zuletzt die dem Kaiser inoffiziell zugesprochenen Siegesbeinamen Germanicus und Dacicus (eventuell auch Britannicus).[67]

Sogar die Parther zeigten sich vom Auftreten des Antoninus Pius beeindruckt. Sein rasches Handeln beim Regierungsantritt und seine das gesamte östliche Umfeld des *Imperium Romanum* abdeckenden diplomatischen wie militärischen Aktivitäten sorgten dafür, dass sie während der langen Dauer seiner Regentschaft friedlich blieben. Hätten die Parther (wie manche modernen Historiker) darin keine abgestimmte Strategie, sondern unüberlegte Aktionen eines militärischen Dilettanten gesehen, hätten sie sich sicher anders verhalten.

Ein Kaiser, der es sich leisten konnte, von Rom aus gelassen die Fäden zu ziehen, gab den Bewohnern des Reichs weit mehr das Gefühl von Sicherheit und vermittelte den angrenzenden Völkern eher den Eindruck unbezwingbarer Stärke als einer, der hektisch von einem Kriegsschauplatz zum nächsten eilte. Ob sich durch ein massiveres militärisches Vorgehen spätere Angriffe auf das Reich hätten verhindern oder zumindest reduzieren lassen, ist müßiges Gedankenspiel späterer Historiker. Eher erwecken solche Thesen den Eindruck,

Vom Ritter zum einflussreichen Senator

Statius Priscus[68] begann die übliche Laufbahn eines Ritters um das Jahr 132 als Präfekt der *cohors quartae Lingonum*, einer in Britannien stationierten Hilfstruppeneinheit. Danach war er in drei verschiedenen Provinzen als *tribunus legionis* Stabsoffizier einer Legion. Als fünftes militärisches Amt folgte das Kommando über eine Kavallerieabteilung. Schon früh zeigten sich seine militärischen Fähigkeiten. Im Krieg gegen Bar Kochba wurde er von Kaiser Hadrian um 135 mit einem *vexillum*, einer Ehrenfahne, ausgezeichnet, eine bedeutende Auszeichnung, wie die entsprechende Ehrung Agrippas für seine Seesiege zeigt. Nach diesen militärischen Posten hatte Priscus als *procurator Augusti XX hereditatium provinciarum Narbonensis et Aquitaniae* in den Provinzen *Gallia Narbonensis* und *Gallia Aquitania* die fünfprozentige Erbschaftssteuer (XX meint hier ein Zwanzigstel) einzutreiben.
Die übliche Laufbahn eines Ritters hätte nun weitere (und bedeutendere) Präfekturen erwarten lassen. Doch Antoninus eröffnete ihm die senatorische Laufbahn. Er wurde Quästor, Volkstribun und Prätor. Danach konnte er im kaiserlichen Dienst auf zwei Posten als *legatus legionis*, also als Legionskommandeur (der in Carnuntum stationierten *XIIII Gemina Martia Victrix* und der *XIII Gemina*) wieder seine militärischen Fähigkeiten unter Beweis stellen. Anschließend war er als *legatus Augusti pro praetore* Statthalter der Provinz *Dacia superior*. Der militärische Erfolg, den er in dieser Eigenschaft errang (und bei dem sich die *XIII Gemina* – wohl unter seiner direkten Führung – besonders auszeichnete), veranlasste Antoninus Pius, ihn zum *consul ordinarius* für das Jahr 159 zu machen.
Auch unter Mark Aurel und Lucius Verus setzte sich seine Karriere fort, wie seine wichtige Rolle im Partherkrieg zeigt.

Abb. 5-9: Der ruhige Weltenlenker

man würde das Motto, Angriff sei die beste Verteidigung, für eine gute außenpolitische Maxime halten.

Wie Antoninus sich selbst sah, verrät der 154 oder 155 geprägte Aureus, den die Abb. 5-9 zeigt. Auf dem Revers sehen wir die Weltkugel in der Rechten des Kaisers. Er trägt dabei nicht die Rüstung eines Feldherrn, sondern die Toga. Er ist offenkundig stolz darauf, das Reich nicht mit dem Schwert, sondern durch sein Wort zu regieren, wie die Schriftrolle in seiner Linken andeutet. Den Titel *Imperator* sucht man vergebens. Die Münze verbindet so perfekt das unkriegerische Wesen das Kaisers mit seiner unbestrittenen Autorität im Reich und bei dessen Nachbarn. Der Verfasser der HA sieht Antoninus ebenso: „Wirklich niemand hatte eine so große Autorität bei den fremden Völkern, obwohl er immer den Frieden liebte und zwar so sehr, dass er häufig den Ausspruch Scipios zitierte, in dem jener sagte, er würde lieber das Leben eines Bürgers bewahren als tausend Feinde töten… Fast als einziger von allen Kaisern lebte er, soweit es in seiner Macht stand, ohne das Blut von Bürgern oder Feinden zu vergießen.“[69]

Dies meint auch Eutrop, wenn er über Antoninus Pius sagt: „Ein hervorragender Mann, der mit Recht mit Numa Pompilius verglichen wird, so wie Trajan dem Romulus gleichkommt.“[70] Wie diese Parallelen zu verstehen sind, kann uns Cicero erklären. Er charakterisiert die beiden Könige aus Roms mythenumwobener Frühgeschichte wie folgt:[71] Als Numa sah, „dass sich die Römer durch die Ordnung des Romulus für das Kriegshandwerk begeistert hatten, glaubte er, sie ein wenig von dieser Gewohnheit abbringen zu müssen… Er brachte ihnen die Liebe zu Muße und Frieden nahe, die am leichtesten Gerechtigkeit und Verlässlichkeit stärken und unter deren Schutz die Bestellung der Felder und die Ernte der Früchte sichergestellt sind.“

Zweifellos passt die von Romulus ausgelöste Begeisterung für das Kriegshandwerk ebenso gut zu Trajans Regentschaft wie der Regierungsstil des Antoninus zu Ciceros Schilderung von Numas Herrschaft. Nach Gibbon greift dieser Vergleich sogar zu kurz: „Numa konnte nur einige benachbarte Dörfer daran hindern, einander die Ernte zu plündern. Antoninus aber verbreitete Ordnung und Ruhe über den größten Teil der Erde.“[72]

6 Ein Kümmelspalter?

Während der Saturnalien – also in der zweiten Dezemberhälfte – des Jahres 361 verfasste Kaiser Julian, dem christliche Quellen häufig den Beinamen Apostata (der Abtrünnige) geben, ein satirisches Werk. Es ist unter den Titeln *Götterversammlung* oder *Die Saturnalien* oder *Die Kaiser* (*Caesares*) bekannt. Darin beschreibt Julian eine Versammlung der Götter, vor denen die verstorbenen Kaiser um den ersten Rang streiten (womit die verschiedenen Titel erklärt sind). Silen, ein Satyr, steuert zu den Bewerbungsreden der einzelnen Kaiser boshafte Kommentare bei. Maßstab für die Leistung eines Kaisers sollen dabei nicht seine Erfolge sein (letztlich hängen die ja von der Tyche, dem Schicksal, ab), sondern die Motive seines Handelns. Machtgier, Genusssucht und Habgier disqualifizieren einen Herrscher.

Konstantin der Große kommt in Julians Satire denkbar schlecht weg. Dies ist nicht verwunderlich; schließlich rechnet der Kaiser in dieser Schrift mit dem christlichen Glauben und seinen Anhängern ab. Sieger des Wettstreits wird – wenig überraschend – Mark Aurel, der sich als Einziger vom richtigen Motiv leiten ließ, nämlich vom Bestreben, göttliches Verhalten nachzuahmen. Julian sieht in ihm also einen Verwandten im Geiste.

Antoninus Pius hätte mit einem Scherz über die Eitelkeit seiner Kollegen die Teilnahme an diesem Wettbewerb verweigert. Doch auch er wird von Julian auf die Bühne geschickt. Und wie schneidet er ab? Obwohl ihm die Quellen bescheinigen, dass er die Götter achtete und frei von den genannten Lastern war, kommt er nicht gut weg. Er wird knapp wie folgt aussortiert: „Gleich nach diesen kommt ein Mann herein, der maßvoll war, zwar nicht in Liebesdingen, aber in den Staatsgeschäften. Als ihn Silen sah, sagte er: ‚Oh, diese Kleinkrämerei! Er scheint mir einer von den Alten zu sein, die den Kümmel zersägen.‘“[1] Die Unterstellung, Antoninus hätte es mit der ehelichen Treue nicht so ernst genommen, ist neu und in keiner Quelle belegt. Hier hatte Kaiser Julian wohl die drastischen Schilderungen des Lebenswandels der beiden Faustinae im Ohr.

Noch mehr erstaunt, dass der ausgeprägte Respekt des Antoninus vor dem Gesetz und seine gewissenhafte Rechtsprechung als Erbsenzählerei verhöhnt werden. Offensichtlich war selbst Kaiser Julian, dessen tiefstes Bestreben es war, alte Werte und Riten neu zu beleben, nicht mehr bewusst, dass ein Mensch in der von ihm zurückgewünschten „guten alten Zeit“ nur dann das Attribut *pius* verdiente, wenn er das Recht achtete.

6.1 Rechtsprechung als zentrale Aufgabe

In der HA heißt es zur Rechtsprechung des Antoninus lapidar: „Er erließ viele Rechtsverordnungen und zog dazu die Rechtsgelehrten Vindius Verus, Salvius Valens, Volusius Maecianus, Ulpius Marcellus und Diabolenus hinzu.“[2]

Diese Liste bereitet einige Schwierigkeiten. Plausibel scheint die Erklärung, darin den Juristen Diabolenus für einen Scherz des Autors zu halten und den vermeintlichen Juristen Salvius Valens durch die beiden bekannten Juristen Salvius Iulianus und Fulvius Valens zu ersetzen, also eine Auslassung des Abschreibers zu vermuten. Damit hätte sich Antoninus Pius „von den fünf führenden Juristen" seiner Zeit beraten lassen.[3] Auch ihr unterschiedliches Lebensalter legt nahe, dass sie sich dabei – mit Überschneidungen – ablösten.

Die Ältesten in diesem Quintett waren Vindius Verus und Fulvius Aburnius Valens. Von Vindius Verus ist außer seinem (Suffekt-)Konsulat im Jahre 138 wenig bekannt. Fulvius Valens begann seine Ämterlaufbahn als Münzmeister und damit im angesehensten Eingangsamt einer senatorischen Karriere. Die Quästur absolvierte er unter Hadrian als *quaestor imperatoris*,[4] zu dessen Aufgaben es gehörte, kaiserliche Reden und Edikte im Senat vorzutragen. Er genoss also sicherlich die besondere Gunst dieses Kaisers. Auch über die Laufbahn des Ritters Ulpius Marcellus weiß man wenig. Sicher ist, dass er unter Antoninus Pius und Mark Aurel im kaiserlichen *consilium* saß[5] und mehrere juristische Werke (darunter 31 Bände *Digesta*) verfasste. Wesentlich besser sind wir über die Karrieren des Volusius Maecianus und des Salvius Iulianus unterrichtet.

Die beeindruckende Laufbahn des Ritters Volusius Maecianus (dem wir schon mehrfach begegnet sind) ist auf S. 110 nachzulesen. Bereits als *Caesar* holte ihn Antoninus in seine engere Umgebung. Auch seine Berufung zum Rechtslehrer für seinen Adoptivsohn Mark Aurel macht deutlich, dass Maecianus sein besonderes Vertrauen besaß. Entsprechend weit stieg er in der ritterlichen Laufbahn auf. Als Statthalter der Provinz *Aegyptus* führte er sogar als einziger Ritter eine Legion. Dieser reichsweite Sonderstatus Ägyptens ging zurück auf Octavian, den späteren Kaiser Augustus, der nach seinem Sieg über Marcus Antonius und Kleopatra die dort neu eingerichtete Provinz einem Ritter anvertraute und Senatoren verbot, sie zu betreten. Er befürchtete, ein Senator könnte den Reichtum dieses fruchtbaren Landes als Basis für einen Putsch missbrauchen.

Der *homo novus* Salvius Iulianus machte eine spektakuläre senatorische Karriere (siehe S. 111). Dass er seine Quästur mit doppeltem Gehalt und wie Fulvius Valens als *quaestor imperatoris* absolvierte, belegt seine gute Beziehung zu Kaiser Hadrian. Unter Antoninus Pius setzte sich seine Karriere fast noch eindrucksvoller fort. Es war in hohem Maße ungewöhnlich, dass ein *homo novus* ein ordentliches Konsulat erhielt, noch dazu in einem Jahr mit zwei besonderen Höhepunkten, der 900-Jahr-Feier Roms und dem zehnjährigen Thronjubiläum des Kaisers. Der sich wenig später anschließende relativ kurze Einsatz dieser „höchsten juristischen Autorität"[6] in der Provinz *Germania inferior* verwundert, da dort mehrere Legionen standen und Salvius Iulianus in keiner Weise militärisch ausgewiesen war. Wahrscheinlich waren Aufgaben verwaltungstechnischer Art zu lösen, die juristischen Sachverstand erforderten. Unter Antoninus schrieb Salvius Iulianus auch sein wichtigstes Werk, die *Digesta* in 90 Büchern. Im ersten Teil behandelte er das Honorarrecht, also das Amtsrecht, das im Römischen Reich von den Inhabern der republikanischen Ehrenämter, insbesondere von den Prätoren, ausgeübt wurde, im zweiten das Zivilrecht. Sein Werk fand (gekürzt und überarbeitet) Eingang in die Digesten Justinians.

Abb. 6-1: Aequitas

Die Rechtsprechung des Antoninus füllt ganze Bücher (siehe etwa [80] und [87]). Die nachfolgenden Ausführungen über dieses Thema können und wollen mit dieser juristischen Fachliteratur nicht konkurrieren. Es soll lediglich versucht werden, anhand einiger Themen den Grundtenor seiner Rechtsprechung deutlich zu machen: seine Milde, sein Eintreten für jene, die wenig Möglichkeit hatten, ihr Recht durchzusetzen, und seine Abscheu vor denen, die Gesetze missbrauchten oder trickreich zu umgehen suchten. Dabei werden wir einen zentralen Bereich der kaiserlichen Rechtsprechung nur streifen: das Erbrecht. Die umfangreiche Gesetzgebung zu diesem Thema lässt nur einen Schluss zu: Erbstreitigkeiten sind so alt wie die Menschheit. Mit Testamenten und Vermächtnissen werden wir uns nur befassen, soweit sie andere, uns eher interessierende Bereiche tangieren. Exemplarisch erwähnt sei ein sogar in der HA zitierter erbrechtlicher Erlass,[7] der die generelle Einstellung des Antoninus zeigt. Testamente kann man ja nicht nur aufsetzen, um die Erben zu erfreuen, man kann sie auch damit ärgern. So können Legate „zur Strafe“ ausgesetzt werden, die vom Erbe nichts mehr übrig lassen oder deren Empfänger zum Gespött machen. Solche Verfügungen erklärte Antoninus für ungültig.

Wir werden sehen, dass Antoninus Pius (auch) in der Rechtsprechung keine radikalen Neuerungen einführte. Dies verhinderte sein Respekt vor dem *mos maiorum*. Doch seine zahlreichen Einzelfallentscheidungen, die kein Rechtsgebiet ausließen, führten die Rechtsprechung in eine humanere Richtung. Vor allem in das Strafrecht brachte er einen „Hauch von Güte und Milde“[8]. Ein Beispiel dafür sei bereits hier angeführt: „Einen Deserteur, den sein Vater ausgeliefert hatte, ließ der vergöttlichte Pius degradieren, damit nicht, wie er sagte, der Eindruck entstehe, der Vater habe seinen Sohn zur Hinrichtung übergeben.“[9] Dazu passt eine kurze Bemerkung in der HA: „Begnadigungen sprach er äußerst gerne aus.“[10] Bereits beim Amtsantritt fing er wohl damit an (siehe S. 41).

Auf Münzen verkörpert die *Aequitas*, die Personifikation von allem, was recht und billig ist, das Bestreben des Kaisers, Recht und Gesetz Geltung zu verschaffen. Die Waage, die sie auf dem Revers des in Abb. 6-1 gezeigten Aureus in der Rechten hält, symbolisiert die Suche des Kaisers nach ausgleichender Gerechtigkeit ebenso wie seinen Gleichmut und seine Gelassenheit.

Zu den Aufgaben des Kaisers gehörte es, „andauernd Briefe an alle Welt zu schicken“[11]. Diese Briefe enthielten meist kaiserliche Erlasse, die zur Zeit des Antoninus allesamt Gesetzeskraft hatten. Sie konnten in verschiedener Form ergehen. Auf einen größeren Personenkreis zielten öffentliche Bekanntmachungen und kaiserliche Anweisungen an die Beamten (sogenannte Edikte). Dazu kamen Dekrete, also nach einem Gerichtsverfahren gefällte kaiserliche Urteile. Den größten Umfang nahmen jedoch Antworten des Kaisers auf schriftliche Anfragen von Magistraten und Bittschriften von Privatpersonen ein.

Die *tribunicia potestas* – die Amtsgewalt eines Volkstribuns – war eines der Fundamente kaiserlicher Macht. Dass dazu auch die Sorge um die Probleme des Volkes gehörte, blieb den Kaisern stets bewusst. Jeder (auch ein Untertan ohne Bürgerrecht, in manchen Fällen sogar ein Sklave) konnte ihm eine Bittschrift (*libellus*) überreichen und erwarten, darauf eine Antwort zu erhalten. Bei deren Formulierung unterstützte den Kaiser die Kanzlei *a libellis*. Ihre Leiter (die kurz *a libellis* genannt wurden) waren zunächst Freigelassene, also ehemalige Sklaven, die nicht selten bestechlich waren und so zu großem Reichtum kamen. Kaiser Hadrian besetzte dieses Amt erstmals mit Angehörigen des Ritterstands.[12]

Antoninus hatte schon als *Caesar* einen ritterlichen *a libellis*, den Juristen Maecianus. Dies zeigt zum einen, dass Antoninus bereits als *Caesar* Aufgaben wahrnahm, die eigentlich nur dem Herrscher zustanden. Zum anderen sehen wir daran, dass er die Sorgen und Probleme der Bürger ernst nahm. Er wollte ihre Bitten nicht nach Gutdünken erfüllen oder ablehnen, sondern juristisch solide Entscheidungen treffen. Dass ihm dies gelungen ist, zeigen die zahlreichen Verfügungen des Kaisers, die inschriftlich erhalten sind oder in späteren Gesetzeswerken zitiert werden. Wie wichtig den Bittstellern selbst eine belanglose kaiserliche Antwort war, zeigt eine marmorne Tafel, die ein Sextilius Acutianus in Smyrna (dem heutigen Izmir) aufstellen ließ.[13] Auf ihr ist zu lesen, dass ihm Antoninus Pius erlaubt hatte, ein Gesetz Hadrians abzuschreiben.

Eine Juristenkarriere

Lucius Volusius Maecianus[14] begann seine Laufbahn als *praefectus fabrum*, also als Adjutant eines Magistrats. Wohl im Alter von 25 bis 30 Jahren übernahm er als *praefectus cohortis I Aeliae classicae* den Befehl über eine wahrscheinlich beim Bau des Hadrianswalls eingesetzte Einheit der in Britannien stationierten Flotte. Danach unterstützte er in Rom den für die öffentlichen Bauten zuständigen *curator operum publicorum*, bevor ihn Antoninus Pius noch als *Caesar* unter Hadrian in seinen Stab holte. Als *a libellis* hatte er Antoninus bei der Beantwortung privater Bittschriften und Eingaben zu unterstützen. Danach war er als *praefectus vehiculorum* Leiter des staatlichen Beförderungswesens in Italien. Nach einem Zwischenspiel als Leiter der öffentlichen Bibliotheken wurde er abermals *a libellis* und zusätzlich Steuerprüfer.

Gegen Ende seiner Amtszeit vertraute ihm Antoninus Pius zwei wichtige Posten an. Zunächst trug er als *praefectus annonae* die Verantwortung für die Getreideversorgung Roms, bevor er *praefectus Aegypti* wurde und damit das höchste für einen Ritter erreichbare Amt erhielt.

Unter Mark Aurel, der häufiger als sein Adoptivvater verdiente Ritter in den Senatorenstand aufnahm, wurde er sogar Senator und für das Jahr 166 als Konsul designiert. Möglicherweise starb er, bevor er dieses Amt antreten konnte.

Neben der Kanzlei *a libellis* gab es die Kanzlei *ab epistulis*, die sich um die Beantwortung von Anfragen kümmerte, die Statthalter oder städtische Magistrate an den Kaiser richteten. Lediglich in der Form unterschied sich die kaiserliche Antwort – das *rescriptum* oder Reskript – an Beamte von der an Privatpersonen. Privatleute erhielten sie meist als „Vermerk" (*subscriptio*), der auf ihrer Eingabe angebracht war. Amtsträgern schickte der Kaiser einen separaten „Brief" (*epistula*) mit Anrede und Grußformel.

Selbst bei einem Kaiser, der wie Antoninus die Beantwortung der Anfragen sehr ernst nahm, verlangte allein schon deren gewaltige Anzahl eine Aufgabenteilung zwischen Sekretariat und Kaiser. Dabei ist die Frage, in welchem Umfang der Kaiser die Antworten selbst diktierte, schwer zu beantworten. Bisweilen verraten aber pointierte Formulierungen die Handschrift des Antoninus.

Bevor wir auf einige Aspekte seiner Rechtsprechung eingehen, ist es hilfreich, kurz die ordentliche römische Gerichtsbarkeit anzusprechen, die in der Kaiserzeit trotz der zunehmend ausgebauten außerordentlichen der Magistrate und insbesondere des Kaisers (als übergeordneter Appellationsinstanz) weiter bestand.

Der Staat verfolgte vornehmlich politische Vergehen. In den übrigen Zivil- und Strafsachen konnten ursprünglich nur der Geschädigte oder im Falle einer Tötung die Verwandten Klage erheben. Später erhielt jeder römische Bürger ein Klagerecht, was nicht wenige auf die Idee brachte, persönliche oder politische Feinde durch eine Klage zu Fall zu bringen. Ein Ankläger (*delator*) konnte sogar reich werden: Wurde Vermögen des Beschuldigten beschlagnahmt, stand dem Kläger ein Anteil zu. Im Falle eines Freispruchs konnten Ankläger allerdings wegen Verleumdung verklagt und erheblich bestraft werden. Doch variierte dieses Risiko während der Kaiserzeit sehr stark. Während manche Kaiser Denunziantentum förderten, um (vermeintlichen) Verschwörern auf die Spur zu kommen und die Staatskasse zu füllen, versuchten andere es einzudämmen.

Karriere eines *homo novus*

Salvius Iulianus[15] wurde um 105 in der nordafrikanischen Hafenstadt Hadrumetum (dem heutigen Sousse) geboren. Seine Quästur (wohl im Jahr 131) absolvierte er als *quaestor imperatoris*. Noch bemerkenswerter ist ein – stolz inschriftlich festgehaltenes – Privileg: „Als einzigem verdoppelte ihm der vergöttlichte Hadrian sein Gehalt als Quästor wegen seiner überragenden Kenntnisse." Um 138 erlangte er die Prätur, anschließend verwaltete er als *praefectus aerarii militaris* die Besoldungs- und Versorgungskasse der Armee sowie als *praefectus aerarii Saturni* den Staatsschatz, also die beiden wichtigsten zentralen Kassen.
Im Jahr 148 ehrte ihn Antoninus Pius mit dem ordentlichen Konsulat, einer für einen *homo novus* nahezu unerreichbaren Würde. Wenig später kümmerte er sich als *curator aedium sacrarum* um die Pflege der römischen Heiligtümer, bevor er noch unter Antoninus Statthalter Niedergermaniens wurde. Unter seinen Nachfolgern war er schließlich 161–164 Statthalter des diesseitigen Spanien. Den Abschluss seiner Laufbahn bildete um 167/168 das Prokonsulat der Provinz *Africa*, aus der er stammte.

Für einfache Bürger war es unter diesen Umständen nicht einfach, einen berechtigten Anspruch durchzusetzen. Wenn Antoninus Pius in einem Reskript an den Rat der Provinz *Hispania Baetica* den Viehdiebstahl zu einer Straftat machte, die von Staats wegen zu verfolgen sei, war dies ganz im Interesse der kleinen Bauern, die nicht die Mittel hatten, selbst für ihr Recht zu sorgen.[16]

Nach Eingang einer Klage lud der zuständige Magistrat den Beklagten zusammen mit dem Kläger vor. Gestand der Beklagte die Schuld ein, so wurde er als *confessus* sofort verurteilt. Leugnete er, setzte der Magistrat dem Kläger eine Frist, um Beweise für seine Anschuldigung vorzulegen. Ließ der Ankläger diese Frist verstreichen, hatte dies Folgen. Hadrian legte fest,[17] den Kläger dann ebenso zu bestrafen wie beim Freispruch des Beklagten. Überzeugten die vom Kläger vorgelegten Beweise, kam die Sache vor ein Geschworenengericht unter dem Vorsitz eines Magistrats. Das Urteil fällten die Geschworenen, die der Verhandlung schweigend folgten, mit einfacher Mehrheit. Der Vorsitzende legte dann im Falle eines Schuldspruchs die Strafe gemäß den Gesetzen fest.

6.2 Sklaven und Freigelassene

Vom juristischen Standpunkt aus war ein Sklave keine Person, sondern eine Sache, über die sein Besitzer uneingeschränkt verfügen konnte. Obwohl dieser Standpunkt nie grundsätzlich infrage gestellt wurde, wandelten sich im Laufe der Kaiserzeit die gesellschaftlichen und juristischen Rahmenbedingungen.

Vom römischen Ritter Vedius Pollio, der gelegentlich sogar Kaiser Augustus in seinem Haus begrüßen konnte, berichtet Cassius Dio: „Er hielt sich in Bassins Muränen, die auf Menschenfleisch abgerichtet waren, und ihnen pflegte er Sklaven, die er zum Tode verurteilt hatte, als Fraß vorzuwerfen.“[18] Das war nicht die Regel und auch von der Gesellschaft nicht akzeptiert, doch Sanktionen hatte Pollio nicht zu befürchten.

Unter den Adoptivkaisern wäre ein solches Verhalten nicht mehr folgenlos geblieben. Für diese Zeit resümiert Gaius: „Heutzutage ist es weder römischen Bürgern noch irgendwelchen anderen Menschen, die unter der Herrschaft des römischen Volkes leben, erlaubt, über die Maßen und ohne Grund gegen ihre Sklaven zu wüten. Denn in einer Konstitution des vergöttlichten Kaisers Antoninus wird angeordnet, den, der ohne Grund einen eigenen Sklaven tötet, nicht weniger zu bestrafen als jenen, der einen fremden Sklaven tötet.“[19] Zumindest vor Willkür und Brutalität waren Sklaven also durch das Gesetz geschützt.

Dass dieser Schutz nicht nur auf dem Papier stand, zeigt die folgende Entscheidung des Antoninus, in der er nicht nur eine (relativ) humane Behandlung der Sklaven fordert, sondern auch an die Vernunft ihrer Besitzer appelliert. „Die Gewalt der Herren über ihre Sklaven soll unversehrt bleiben und niemandem sein Recht entzogen werden. Doch es nützt den Herren selbst, wenn demjenigen Hilfe gegen Grausamkeit oder Hunger oder unerträgliches Unrecht nicht verweigert wird, der sie aus einem rechtmäßigen Grund in Anspruch nimmt. Deshalb untersuche du die Beschwerden derjenigen, die von dem Haus des Iulius Sabinus zur Statue entflohen sind. Solltest du herausfinden, dass sie härter behandelt wurden, als es billig ist, oder ihnen schändliches Unrecht angetan wurde, so lasse sie so verkaufen, dass sie nicht in die Gewalt ihres Herrn zurückkommen. Sollte er jedoch meine Anordnung umgehen, so möge er wissen, dass ich diese gegen ihn erlassene Verfügung noch strenger vollziehen werde."[20] Antoninus ordnete also an, die Klagen eines Sklaven, der sich durch die Umklammerung einer Kaiserstatue Immunität verschafft hatte, anzuhören und deren Wahrheitsgehalt zu überprüfen. Die ausführliche Begründung dieser Anordnung und ihre detaillierten Ausführungsbestimmungen lassen befürchten, dass die gängige Praxis weit weniger sklavenfreundlich war. Meist wartete man wohl, bis der Sklave ermattet und ausgehungert zusammenbrach, und gab ihn dann seinem Besitzer zurück.

Ein ähnliches Thema behandelt ein Reskript des Antoninus aus dem Jahr 152 zu einer Eingabe eines Alfius Iulius. Darin erklärt Antoninus dem Bittsteller wie einem begriffsstutzigen Schüler in aller Ausführlichkeit, wie man Sklaven zu behandeln hat: „Der Gehorsam der Sklaven darf nicht ausschließlich mit Gewaltmaßnahmen hergestellt werden, sondern muss auch durch Mäßigung, Gewährung des Nötigen und gerechte Behandlung erreicht werden. Deshalb musst auch du selbst Sorge tragen, dass du deine Sklaven gerecht und maßvoll behandelst, so dass du ohne Schwierigkeit ihre Dienste fordern kannst und nicht der erlauchte Prokonsul, wenn herauskäme, dass du die Herrschaft mit unzureichenden Mitteln oder unter fürchterlichem Wüten ausübst, es nötig hätte, dich kraft hoheitlicher Gewalt zu ihrer Veräußerung zu zwingen, um zu verhindern, dass dir Schlimmeres widerfährt."[21] Eine solch süffisante Antwort hätte ein Sekretär nicht zu formulieren gewagt. Wir vernehmen hier also unverfälschte kaiserliche Ironie und spüren das Unverständnis des Antoninus für den Dünkel mancher Standesgenossen. Hinter der kaiserlichen Fürsorge für die Sklaven wird aber auch seine Sorge um die Sicherheit ihrer Herren und damit um die innere Stabilität des *Imperium Romanum* erkennbar.

So sehr Antoninus auch versuchte, das Los der Sklaven erträglicher zu machen, so wenig rüttelte er an dieser Institution. (Es wäre auch völlig anachronistisch, etwas anderes zu erwarten.) Die Flucht eines Sklaven wurde nicht toleriert. Wer einen Entlaufenen suchte, hatte Anspruch auf die Unterstützung des Staates und das Recht, auch Privaträume zu durchsuchen. Wer diese Durchsuchung verweigerte, machte sich strafbar. Auch ein entlaufener Sklave, der in der Arena gegen wilde Tiere kämpfte, um seinem Herrn zu entkommen, wurde zurückgebracht.[22]

Bedenkt man die zunehmende Vielfalt anspruchsvoller Aufgaben, die während der Kaiserzeit Sklaven übertragen wurden und manchen Sklaven nach ihrer Freilassung ein Leben im Wohlstand ermöglichten, so war die Lage eines Sklaven in einem reichen römischen Haushalt keineswegs hoffnungslos. Noch besser waren die Aussichten im Umfeld des Kaisers, wo Sklaven und Freigelassene zu großem Einfluss kommen konnten.

Ganz anders war die Lage auf den Landgütern, noch schlimmer in den Steinbrüchen oder Bergwerken, wo verurteilte Verbrecher als Strafsklaven (*servi poenae*) schwerste Arbeit zu leisten hatten. Doch auch deren Los verbesserte sich unter Antoninus – wenn sie lange genug lebten. Es geht dabei um die Frage, wie mit Personen zu verfahren ist, die zu lebenslanger Arbeit im Bergwerk verurteilt worden waren und nach Jahren der Fron am Ende ihrer Kräfte waren. In einem Reskript an Plinius den Jüngeren entscheidet hier Kaiser Trajan wie folgt: „Wer also von solchen innerhalb der letzten zehn Jahre verurteilt und von keiner hierzu ermächtigten Behörde freigesprochen worden ist, muss wieder seiner Strafe zugeführt werden; finden sich darunter aber ältere und hochbetagte Leute, die schon vor zehn Jahren verurteilt worden sind, so wollen wir diese zu solchen Diensten einteilen, welche ihrer Strafe nahe kommen. Denn derlei Leute pflegt man bei den Bädern, zur Reinigung der Kloake oder auch zum Straßenbau in Stadt und Land zu verwenden."[23] Deutlich humaner entscheidet Antoninus Pius: „Wenn die zu Bergwerksarbeit Verurteilten durch Krankheit oder Altersschwäche als unfähig zur Arbeit befunden werden, so können sie – einem Reskript des Divus Pius zufolge – vom Vorsteher entlassen werden. Er wird ihre Entlassung in Erwägung ziehen, wenn sie nur Verwandte oder Verschwägerte haben und nicht weniger als zehn Jahre ihrer Strafe verbüßt haben."[24] Die Rolle der Verwandten ist unklar. Sie sollen wohl ein Auge auf sie werfen und sich um sie kümmern. Modern gesprochen verfügte Antoninus also, dass eine lebenslängliche Verurteilung zur Bergwerksarbeit nach zehn Jahren zur Bewährung ausgesetzt werden konnte.

Ziel und Hoffnung vieler Sklaven war die Freilassung. Erfolgte sie durch einen römischen Bürger vor dem zuständigen Magistrat, so erhielt der oder die Freigelassene (der *libertus* bzw. die *liberta*) automatisch das römische Bürgerrecht – unabhängig von Rasse und Geschlecht. Der ehemalige Herr wurde zum Patron des Freigelassenen, der den Gentilnamen seines Patrons übernahm und diesem in besonderer Weise verpflichtet blieb. So hatte er ihm einen – von der Zahl der vorhandenen Kinder abhängigen – Teil seines Erbes zu vermachen. Auch konnte mit der Freilassung die Auflage verknüpft sein, einige Tage im Jahr für den Patron zu arbeiten. Doch diese Einschränkungen schmälerten die mit der Freilassung verbundenen Chancen für den neuen Bürger und dessen Nachkommen nur wenig.

Freilassung war kein seltenes Ereignis. Plinius berichtet sogar von „sehr vielen Freilassungen"[25] anlässlich des Besuchs eines befreundeten Prokonsuls. Antoninus ließ mindestens 95 Sklaven frei.[26] Dass er damit schon vor seiner Adoption durch Hadrian begann, zeigen die beiden Freigelassenen T. Aurelius Strenion und T. Aurelius Egatheus. Den Gentilnamen Aurelius trug Antoninus ja nur bis zu seiner Adoption durch Hadrian. Egatheus war nach seiner Freilassung Verwaltungsbeamter am Kaiserhof.[27] Strenion finden wir auf einer Mitgliederliste der Schiffergilde von Ostia aus dem Jahr 152.[28] Dass er darauf als Patron dieser Gilde auf einer Stufe mit dem uns bestens bekannten Ritter Volusius Maecianus steht, zeigt seine geachtete Stellung. Auch von einem Freigelassenen der Kaisermutter erfahren wir aus den Inschriften.[29]

Häufig wurde die Freilassung in einem Testament ausgesprochen, wo sie bisweilen an eine Bedingung geknüpft wurde. Eine solche Bedingung konnte die Zahlung eines Geldbetrags oder das Verstreichen einer Frist sein. Bis zu ihrer Erfüllung hatte der Sklave den Status eines bedingt Freien, eines *statuliber* (oder im Falle einer Sklavin einer *statulibera*). Seine Stellung wurde von Antoninus durch eine Reihe von Entscheidungen deutlich gestärkt. Insbesondere wurde er im Strafrecht einem Freien gleichgestellt.[30] Verzögerte sich bei einer bedingt Freien die Erfüllung der Bedingung, so wurden bei ihrer Freilassung auch die inzwischen geborenen Kinder frei.[31] Wurde der, der gemäß Testament die Freilassung eines Sklaven veranlassen sollte, für unzurechnungsfähig erklärt (womit er zu einem solchen Rechtsakt nicht mehr befugt war), so war der Sklave von Amts wegen freizulassen.[32] Auch wenn der, der gemäß Testament die Freilassung eines Sklaven veranlassen sollte, vor Eintritt des Erbfalls verstarb, war der Sklave freizulassen.[33] Dass Antoninus andererseits entschied, die Freilassung eines Sklaven zu widerrufen, der die Rechtmäßigkeit des Testaments angefochten hatte, in dem seine Freilassung verfügt worden war, ist verständlich.[34]

Einen noch heute bekannten Rechtsgrundsatz finden wir in der folgenden Entscheidung des Antoninus. „Kommen die Richter nicht zu einem einheitlichen Urteil, so ist nach einer Entscheidung des vergöttlichten Pius bei Stimmengleichheit, wenn es um die Freiheit geht, zugunsten der Freiheit zu entscheiden, in anderen Streitfragen zugunsten des Angeklagten."[35] Antoninus formuliert hier den noch heute geltenden Grundsatz „im Zweifel für den Angeklagten" (die geläufige lateinische Wendung *in dubio pro reo* stammt aus viel späterer Zeit). Er modifiziert ihn aber in einem wichtigen Punkt. Geht es um die Freilassung eines Sklaven, so ist dieser freizulassen, unabhängig davon, ob die Rechtmäßigkeit der Freilassung vom Kläger oder vom Beklagten bestritten wird.

Dieser Vorrang der Freiheit durchzieht die gesamte Rechtsprechung des Antoninus, wie eine Reihe weiterer Reskripte zeigt. Wurde einem Sklaven oder einer Sklavin die Freilassung aus einem bestimmten Grund zugesagt, so darf diese nicht mehr widerrufen werden, sobald dieser Grund von den Behörden als rechtmäßig anerkannt wurde.[36] Auch ein Sklave, dem sein Besitzer das Testament diktierte und darin auch die Freilassung dieses Sklaven vorsah, sei freizulassen.[37] Damit setzt sich Antoninus über den Wortlaut eines alten Gesetzes hinweg, das allen, die für einen anderen ein Testament aufsetzten, verbot, sich darin ein eigenes Vermächtnis auszusetzen. Auch wenn in diesem Gesetz nicht ausdrücklich von Freien die Rede ist, sei es auf weisungsgebundene Sklaven nicht anzuwenden. Der Erblasser müsse nur durch eine Schlussbemerkung klar machen, dass alles seine Richtigkeit habe.

Auch unklare Formulierungen legt Antoninus zugunsten der Freiheit aus. Ist etwa einem Sklaven testamentarisch die Freiheit bedingungslos und ein Erbteil unter einen gewissen Bedingung zugesichert und für den Fall, dass er nicht erben würde, ein Vermächtnis ausgesetzt worden, in dem die Freilassung nicht (nochmals) erwähnt wird, so sei dies so zu handhaben, als sei die Freilassung dort ebenfalls zugesagt.[38]

Problematisch sind Testamentsklauseln, die das Erbe an die Bedingung knüpfen, dass ein bestimmtes Ereignis *nicht* eintritt. Ob ein Erbe die Bedingung, das Kapitol nicht zu betreten, erfüllt, kann schließlich erst beim Tod des Begünstigten entschieden werden. Nicht so absurd, aber deutlich gefährlicher ist die Bedingung, dass der Erbe einen bestimmten Sklaven nicht freilassen dürfe. Die Erfüllung dieser Bedingung kann ja auch durch den Tod des Sklaven entschieden werden. Die Versuchung des Erben, den Tod des Sklaven zu beschleunigen, ist greifbar. Hier erhielt die schon früher vertretene Rechtsauffassung, dass die Zusicherung des Erben, diese Handlung zu unterlassen, genüge, durch eine Verordnung des Antoninus allgemeine Gültigkeit.[39]

Auch der für einen Freigelassenen nicht unwichtige Patron wird in der Rechtsprechung des Antoninus Pius behandelt. So verfügt er, dass jemand, der trickreich die Freilassung eines Sklaven, zu der er verpflichtet wäre, zu verhindern sucht, keine Patronatsrechte erwirbt.[40] Verkauft der zur Freilassung Verpflichtete den Sklaven, so bleibt die Verpflichtung zur Freilassung bestehen. Antoninus gesteht dem Freigelassenen sogar ein Mitspracherecht bei der Frage zu, welchen von beiden er als Patron haben möchte, „damit sich nicht gegen den Willen des Verstorbenen sein Los verschlimmere“.[41]

6.3 Vor Gericht

Schon im vorigen Abschnitt sind uns Maßnahmen des Antoninus Pius begegnet, die das Los Angeklagter erleichterten. Dass die Stärkung ihrer Rechte ein wichtiges Anliegen des Kaisers war, soll dieser Abschnitt zeigen.

Wir beginnen mit einem Edikt Hadrians, das Antoninus Pius als Prokonsul der Provinz *Asia* veröffentlichte und als Kaiser weiter präzisierte. Darin geht es um die Irenarchen, in den Provinzen von den städtischen Magistraten eingesetzte Beamte, die sich um die Einhaltung der öffentlichen Ordnung zu kümmern hatten.[42] Insbesondere hatten sie „Banditen zu ergreifen, sie nach Komplizen und Hehlern zu befragen und dann zusammen mit dem versiegelten Untersuchungsbericht an den römischen Magistrat zu überstellen“. Sie nahmen also in den Provinzen polizeiliche und staatsanwaltliche Aufgaben wahr. Hadrian hielt ausdrücklich fest, dass die Ermittlungen dieser Behörde noch keine Verurteilung bedeuten, „da bekanntlich nicht alle diese Berichte gewissenhaft und ehrlich abfassen“.

Antoninus Pius unterstrich den Grundsatz, dass ein Beschuldigter noch kein Schuldiger ist, in den detaillierten Vorschriften, die er als Kaiser zu den Irenarchen erließ. Sie zeigen, wie sehr sich Antoninus um klare Vorschriften und damit um mehr Rechtssicherheit kümmerte. (Sie lassen aber auch verstehen, wie es zu dem Vorwurf kam, er sei ein Kümmelspalter gewesen.) Der Statthalter hatte danach zunächst zu entscheiden, ab die Klage zugelassen wird. Dazu hatte er den Irenarchen einzubestellen und den von ihm vorgelegten Untersuchungsbericht gründlich zu prüfen. „Hat er ihn gewissenhaft und ehrlich verfasst, so ist er zu belobigen. Hat er ihn nicht umsichtig genug verfasst und nicht besonders gut argumentiert, soll man nur darauf hinweisen, dass der Irenarch nichts Ordentliches vorgelegt habe. Hat man aber herausgefunden, dass er hinterhältig verhört oder die Aussage nicht wahrheitsgemäß protokolliert hat, soll man ihn als abschreckendes Beispiel bestrafen, damit er nicht künftig etwas Ähnliches versuche.“

Antoninus erhöhte auch das Risiko der Ankläger. „Der vergöttlichte Pius reskribierte dem Caecilius Maximus wie folgt: Die Verfügung seines Vaters [Hadrian], einen Ankläger zu zwingen, seinen Auftraggeber zu nennen, und ihn im Falle der Weigerung ins Gefängnis zu werfen, ist nicht so zu verstehen, dass der Ankläger der Strafe entgehe, wenn er seinen Auftraggeber offenbare, sondern dass der Anstifter ebenfalls so bestraft werden soll, als wenn er selbst angezeigt hätte.“[43] Einen Strohmann vorzuschicken, um gegen einen Widersacher vorzugehen, wurde also riskanter. Die Absicht des Antoninus Pius, Anklagen zu erschweren, statt sie zu belohnen, wird auch bei Hochverratsprozessen deutlich (siehe S. 65).

Um zu verhindern, dass ein Angeklagter vor der Urteilsverkündung untertauchte, konnte das Gericht von ihm verlangen, einen Bürgen zu stellen (der im Falle seines Verschwindens eine Geldstrafe zu zahlen hätte), ihn durch Soldaten bewachen lassen oder ihn – als härteste Maßnahme – in Untersuchungshaft nehmen. Antoninus entschied, dass die Haft auf schwere Verbrechen beschränkt bleiben, bei diesen aber auch verhängt werden müsse. „Der göttliche Pius hat in einem in griechischer Sprache verfassten Schreiben an die Antiochier wie folgt entschieden: Ist jemand bereit, Bürgen zu stellen, so darf er nicht ins Gefängnis geworfen werden, wenn nicht feststeht, dass er ein so schweres Verbrechen begangen hat, dass er weder Bürgen noch dem Militär überlassen werden darf, sondern er diese Gefängnisstrafe vor der eigentlichen Strafe ertragen müsse."[44]

Antoninus ließ also nicht leicht jemanden ins Gefängnis werfen. In deutlichem Kontrast dazu traf er aber folgende Entscheidung: „Wer ein Bild des Kaisers vor sich her trägt, um in seinem Schutz andere zu verunglimpfen, soll ins Gefängnis geworfen werden."[45] Er machte also nicht viel Federlesens mit Leuten, die ein heiliges Recht missbrauchten, die nicht im Tempel einer Gottheit oder bei einem Bild des Kaisers Schutz vor Verfolgung suchten, sondern im Gegenteil einen solchen Ort aufsuchten, um dort gefahrlos Verleumdungen verbreiten zu können. (Solche Orte sind also keine Errungenschaft des Internets.)

Schließlich sei noch eine Entscheidung des Antoninus zitiert, die auf den ersten Blick befremdet, weil sie zeitgemäß nur die männliche Perspektive bietet, auf den zweiten aber trotzdem modern anmutet: Nicht jede Tötung ist ein Mord; geschieht sie im Affekt, handelt es sich um Totschlag, der milder zu bestrafen ist. „So reskribierte Divus Pius dem Appollonius: Wer gesteht, seine beim Ehebruch ertappte Frau getötet zu haben, dem kann die Todesstrafe erlassen werden, da es sehr schwer ist, sich im gerechten Schmerz zu mäßigen. Er muss bestraft werden, weil er zu weit gegangen ist, nicht weil er nicht selbst hätte strafen dürfen. Daher genügt es, falls er niederen Stands ist, ihn zu lebenslanger Strafarbeit zu verurteilen, wenn höheren Stands, ihn auf eine Insel zu verbannen."[46]

Angesichts der Argumentation, dass der Mann lediglich sein Recht als *pater familias* (das er im gleichen Maß gegenüber seinen Kindern hatte) überdehnt habe, sind die Strafen durchaus drakonisch, insbesondere für Angehörige niederer Schichten. Die *relegatio*, die über Standespersonen verhängt wurde, war die mildere Form der Verbannung, die im Gegensatz zur Deportation (*deportatio*) das Vermögen der Verurteilten nicht antastete und ihnen auch das Bürgerrecht ließ. Außerdem ist hier kein Zeitraum genannt, was den Richtern zusätzlichen Spielraum bot. An dieser Entscheidung ist deutlich zu sehen, dass die römische Justiz eine Klassenjustiz war und unter Antoninus auch blieb. Bis zum Ende des *Imperium Romanum* sollte sich daran nichts ändern (zumindest nicht zum Besseren).

Dass Sklaven vom juristischen Standpunkt aus keine Personen, sondern Sachen waren, gereichte ihnen in der Rechtsprechung selbst dann zum schmerzlichen Nachteil, wenn sie nicht als Beschuldigte vor dem Richter standen. Machten sie vor Gericht eine Aussage, so galten sie nicht als Zeugen, sondern als Beweismittel.[47] Die Glaubwürdigkeit ihrer Aussagen wurde daher regelmäßig durch die Folter „überprüft". Daran änderte sich auch unter Antoninus Pius nichts grundsätzlich. Immerhin traf er einige Regelungen, welche die Folter etwas einschränkten.

So verbot er generell die Folter von Jugendlichen unter 14 Jahren.[48] (In diesem Alter wurden Römer üblicherweise volljährig.) Ferner schärfte er den Grundsatz ein, dass in Geldangelegenheiten die Folter eines Sklaven nur ausnahmsweise zulässig sei und kein Sklave gefoltert werden dürfe, um Aussagen gegen seinen Herrn zu bekommen.[49] In diesem Zusammenhang erließ er mehrere Gesetze, die bei Erbstreitigkeiten das Schicksal der Sklaven verbesserten.[50]

Wenn allerdings jemand versuchte, bestehende Gesetze trickreich zu umgehen, unterband Antoninus dies – selbst wenn es seiner persönlichen Aversion gegen Grausamkeiten widersprach. So entschied er, dass ein Sklave, den sein Herr nur freigelassen hat, um ihm bei einer anstehenden Gerichtsverhandlung die Folter zu ersparen, gefoltert werden dürfe (natürlich nicht, um Aussagen gegen seinen Herrn zu erzwingen).[51]

Freie wurden nicht gefoltert. Dieser republikanische Grundsatz wurde erst unter den Severern ausgehöhlt. Vor gesetzwidrigen Gewaltakten eines Kaisers schützte dies freilich nicht. Doch auch unter rechtstreuen Herrschern war der generelle Grundsatz nur die eine Seite der Medaille. Wurde nämlich jemand wegen eines Kapitalverbrechens zum Tod in der Arena oder zur Arbeit in den Bergwerken verurteilt, führte dies automatisch zum Verlust der Freiheit, er wurde zum Strafsklaven, zum *servus poenae*. Als solcher konnte er nun gefoltert werden, etwa um Mittäter zu entlarven.

Ein *confessus*, ein geständiger Täter, stand einem Verurteilten gleich und konnte somit wie dieser gefoltert werden. Dies war sicher kein Anreiz, eine Tat zu gestehen. Für das Verbot des Antoninus, geständige Täter zu foltern, um weitere Täter überführen zu können, sprechen neben humanitären also auch praktische Gründe.[52]

Strafsklaven konnten keine Erbschaften mehr antreten. Nach einer Verordnung des Antoninus galten Erbschaften an eine Person, die nach Abfassung des Testaments zur Bergwerksarbeit verurteilt wurde, als nicht ausgesetzt, fielen also nicht an den Fiskus. Der Kaiser begründete dies damit, dass der Verurteilte Strafsklave, nicht Sklave des Kaisers sei.[53] Frühere Kaiser hatten dies anscheinend nicht so eng gesehen.

Diese Zurückhaltung beim Zugriff auf private Vermögen zeigt sich auch bei seinem differenzierten und menschlichen Umgang mit Selbstmördern.[54] Oft ging es dabei um Angeklagte, die sich der Verurteilung und der damit verbundenen Schande entziehen wollten. Hier schränkte Antoninus die gängige Rechtspraxis, in solchen Fällen das Vermögen des Selbstmörders einzuziehen, stark ein. Er reskribierte, dass das Vermögen nur einzuziehen sei, wenn es auch im Falle einer Verurteilung eingezogen worden wäre, wenn also die Todesstrafe oder Deportation gedroht hätten. Außerdem räumte er den Angehörigen das Recht ein, die Sache gerichtlich weiter zu verfolgen. In diesem Fall dürfe erst nach einem Schuldspruch konfisziert werden. Antoninus hielt auch ausdrücklich fest, dass nicht konfisziert werden darf, „wenn jemand aus Lebensüberdruss, wegen unerträglicher Schmerzen oder Ähnlichem seinem Leben ein Ende macht".

6.4 Familienrecht

Das Familienoberhaupt, der *pater familias*, herrschte ursprünglich nahezu unumschränkt über die Menschen und Besitztümer der Familie. Selbst verheiratete Söhne standen unter seiner Gewalt (*potestas*). Frei – und damit zum *pater familias* einer eigenen Familie – wurden die Söhne nur durch formelle Entlassung aus der väterlichen Gewalt oder durch den Tod des Vaters. Diese Stellung des *pater familias* konnte ein Geschäftsunfähiger nicht ausfüllen. In diesem Fall musste ein Betreuer (*curator*) eingesetzt werden. Im Gegensatz zur heute üblichen Praxis, zuerst zu prüfen, ob eines der Kinder dafür in Frage komme, fand es die römische Rechtsprechung einhellig als unschicklich, dass der eben noch der väterlichen Gewalt unterworfene Sohn nun seinerseits Gewalt über den Vater erhalte. Antoninus entschied konträr zur gängigen Praxis, man solle eher einen rechtschaffenen Sohn als einen Fremden zum Betreuer machen.[55]

Zu Zeiten der Republik konnte allein der *pater familias* über das Vermögen der Familie verfügen. Die übrigen Mitglieder der Familie waren unabhängig von ihrem Alter nicht in der Lage, Vermögen zu erwerben. Die Frage, ob dem Vater Unterhalt zu leisten sei, stellte sich damit nicht. Umgekehrt war die Verpflichtung des Vaters, zum Unterhalt seiner Nachkommen beizutragen, zunächst nur moralischer Natur, rechtlich aber nicht einklagbar. In der Kaiserzeit entstanden schon aus praktischen Gründen zwischen den nicht selten über das Reich verstreuten Mitgliedern einer Familie vielfältige Vermögensstrukturen, die neue Abhängigkeiten schufen. Wie die Digesten zeigen, scheint es aber bis zur Regierungszeit des Antoninus Pius kaum rechtliche Regelungen zum Unterhalt gegeben zu haben. An einer der wenigen Stellen, die sich mit dieser Frage befassen,[56] finden sich fast nur generelle Aussagen mit dem Tenor, dass solche Fragen durch einen Richter zu klären seien. Antoninus sprach daher folgenden Grundsatz aus: „Es ist gerecht, dass die Kinder den dringenden Bedürfnissen ihrer Eltern abhelfen."[57]

Auch zur Pflicht der Eltern, ihre Kinder zu unterstützen, formulierte Antoninus einige Reskripte. „Die von dir angerufenen zuständigen Richter werden entscheiden, dass du von deinem Vater im Rahmen seiner Möglichkeiten ernährt wirst, wenn es stimmt, dass du ein Handwerker bist und dein Gesundheitszustand dir das Arbeiten nicht erlaubt."[58] Der Kaiser führte auch aus, dass neben dem Vater und dem Großvater väterlicherseits auch der Großvater mütterlicherseits zu Unterhaltszahlungen herangezogen werden müsse und der Vater nicht nur seinen Sohn, sondern auch seine legitime Tochter zu unterstützen habe.

Der Ausbau der Frauenrechte, der sich in dieser verstärkten Berücksichtigung weiblicher Nachkommen zeigt, wird auch in anderen Entscheidungen des Antoninus deutlich, etwa in folgendem Satz, mit dem er ein Erbprivileg der männlichen Nachkommen auf die weibliche Linie ausdehnt: „Zu den Kindern zählt auch ein Kind der Tochter."[59] Oder wenn er der Bitte einer Frau entspricht, einen Betreuer für ihre verschwenderischen Söhne einzusetzen.[60]

Es wäre absurd, Antoninus Pius zum Frauenrechtler zu machen. Vielmehr zeigen seine Entscheidungen, dass er sich generell für die einsetzte, die sich in einer schwachen Rechtsposition befanden, wozu insbesondere die Frauen und Kinder gehörten. Deutlich wird dies in einem Prinzip, das er in einem Streitfall formulierte, bei dem der Anspruch eines Kindes auf sein Erbteil bestritten wurde. Um zu verhindern, dass die Entscheidung wie üblich bis zur Volljährigkeit des Kindes vertagt wurde, bestritt der Kläger nicht nur die legitime Abstammung, sondern sogar die freie Geburt des Kindes – in der Hoffnung es dadurch rechtlos zu machen. Doch auch dieser Vorwurf verhinderte den Aufschub nicht. Antoninus war nämlich der Auffassung, dass man denen mehr helfen müsse, denen eine größere Gefahr droht, da man ja sonst um so leichter durchkomme, je größere Lügen man verbreite.[61]

Die nach einer Ehescheidung auftretenden Probleme waren die gleichen wie heute. Es ging hauptsächlich um Geld und den Aufenthalt der Kinder. Nach einer Scheidung hatte der Ehemann Forderungen der Frau sowohl im Hinblick auf die Mitgift als auch aus anderen Verträgen zu erfüllen. Allerdings begrenzte Pius dies auf die finanziellen Möglichkeiten des Ehemanns. Sein Ruin sollte also vermieden werden.[62] Für Forderungen des Ehemanns galt dieselbe Einschränkung.

Obwohl die Kinder auch nach einer Scheidung unter der *potestas* des Vaters oder ihres Großvaters väterlicherseits – wenn der Vater noch zu dessen Familie gehörte – standen, folgte daraus nicht unbedingt, dass sie auch bei ihm aufwuchsen. So stellte Antoninus fest, dass es bisweilen gute Gründe gebe, dass der Sohn bei seiner Mutter bleiben müsse, etwa wenn der Vater ein Nichtsnutz sei. Notfalls müsse man der Mutter dabei auch gerichtlichen Beistand leisten.[63]

6.5 Juden und Christen

Zahlreiche Beispiele aus den unterschiedlichsten Rechtsgebieten haben uns Antoninus als einen Kaiser mit einer dezidiert humanen Rechtsprechung gezeigt. Vor diesem Hintergrund wäre seine Haltung gegenüber Juden und Christen interessant. Allerdings gibt es hier kaum Greifbares.

Zum jüdischen Glauben kennen wir einen Erlass, der sich mit der Beschneidung befasst: „Nur den Juden wird durch ein Reskript des Divus Pius gestattet, ihre Söhne zu beschneiden. Wer dies bei einem macht, der sich nicht zu diesem Glauben bekennt, wird bestraft wie einer, der jemanden kastriert."[64]

Für Antoninus gab es nur dann einen Grund, die Beschneidung zu gestatten, wenn sie unter Hadrian verboten war. Dass dieser generell wenig Gespür für die religiösen Empfindlichkeiten der Juden zeigte, lassen die Errichtung eines Jupiter-Tempels an der Stelle des von Titus zerstörten jüdischen Heiligtums, aber auch die Namensänderungen der Provinz *Iudaea* in *Syria Palaestina* und der Stadt Jerusalem in *Aelia Capitolina* erkennen. In der HA[65] wird das Beschneidungsverbot sogar als Grund für den Aufstand des Bar Kochba genannt.

Der Erlass des Antoninus macht in seinem zweiten Satz deutlich, dass ihn der jüdische Brauch der Beschneidung (*mutilare genitalia*) zutiefst befremdet (sofern er überhaupt eine konkrete Vorstellung davon hatte). Trotzdem respektiert er ihn – ein weiterer Beweis für seine liberale Einstellung.

Über das Christentum ist keine Äußerung des Antoninus überliefert. Um so besser kennen wir Trajans Haltung. In einem berühmten und viel zitierten Briefwechsel mit dem jüngeren Plinius schreibt er: „Fahnden soll man nicht nach ihnen; wenn sie aber angezeigt und überführt werden, sind sie zu bestrafen, jedoch so, dass einer, der leugnet, Christ zu sein, und dies durch ein Opfer für unsere Götter unter Beweis stellt, aufgrund seiner Reue zu begnadigen ist, mag er sich in der Vergangenheit noch so verdächtig gemacht haben. Anonyme Anzeigen dürfen aber bei keiner Anklage berücksichtigt werden.“[66]

Hadrian geht noch einen Schritt weiter, wie ein von Justin überliefertes und von Eusebius zitiertes[67] Reskript an Minicius (im Text fälschlich Minucius) Fundanus, den Prokonsul der Provinz *Asia*, zeigt. In diesem Reskript, das früher als Fälschung angesehen wurde, dessen Echtheit heute aber als gesichert gilt,[68] verlangt Hadrian für einen solchen Prozess eine formelle Anklage und macht unmissverständlich die Folgen einer falschen Anklage klar: „Und beim Herkules: Wenn einer in verleumderischer Absicht klagt, so ergreife ihn wegen seines Verhaltens und sorge für seine Bestrafung!“ Christen anzuklagen wurde damit zu einem unkalkulierbaren Risiko. Schließlich hatte es der Beschuldigte selbst in der Hand, durch ein Opfer für die Götter und den Kaiser seine Unschuld zu beweisen.

Über Antoninus Pius überliefert Xiphilinos in seiner Epitome des Cassius Dio folgende Einschätzung: „Nach übereinstimmendem Urteil war Antoninus ein Ehrenmann, der weder sonst einige seiner Untertanen hart bedrückte noch eine Last für die Christen war; er brachte ihnen vielmehr hohe Achtung entgegen und ehrte sie noch mehr, als es Hadrian getan hatte.“[69] Aus diesem Satz lässt sich wenig mehr herauslesen, als dass Antoninus bei den Christen noch zur Zeit des Xiphilinos in einem guten Ruf stand.

Eusebius schreibt in seiner Kirchengeschichte weiter: „Nachdem Justin eine treffliche Schrift gegen die Hellenen und weitere Bücher, welche eine Verteidigung unseres Glaubens enthalten, fertiggestellt hatte, wandte er sich damit an Antoninus Pius und den römischen Senat.“[70] Mit seiner Apologie versuchte Justin, der römischen Obrigkeit zu zeigen, dass die Christen keine Gefahr für den Staat darstellen, ja sogar Gottes Segen für ihn und seine Beamten erbitten. „Abgaben und Steuern suchen wir überall vor allen anderen euren Beamten zu entrichten, wie wir von ihm [Christus] angeleitet worden sind. Denn in jener Zeit kamen einige und fragten, ob man dem Kaiser Steuern entrichten solle. Und er antwortete: ‚Sagt mir: Wessen Bild trägt die Münze?‘ Sie sprachen: ‚Des Kaisers‘. Und da entgegnete er ihnen: ‚Gebt also dem Kaiser, was des Kaisers ist, und Gott, was Gottes ist.‘ Darum beten wir zwar Gott allein an, euch aber leisten wir im übrigen freudigen Gehorsam, indem wir euch als Könige und Herrscher der Menschen anerkennen und beten, dass ihr nebst eurer Herrschermacht auch im Besitze vernünftiger Einsicht gefunden werdet.“[71] Ob diese Apologie Antoninus jemals erreicht hat, ist unklar. Ein Antwortschreiben des Kaisers, das Eusebius zitiert, ist jedenfalls eine Fälschung.

Die Quellen verraten also kaum etwas über die Haltung, die Antoninus gegenüber den Christen einnahm. Betrachtet man spätere christliche Einschätzungen und die generelle

Linie, die der Kaiser bei seiner Rechtsprechung verfolgte, ist allerdings nicht davon auszugehen, dass Antoninus die von Hadrian getroffenen Regelungen zu Lasten der Christen verschärfte.

Das bedeutet nicht, dass es unter Antoninus Pius keine Prozesse gegen Christen gab. Ein solcher Prozess vor dem Stadtpräfekten Lollius Urbicus wird von Justin ausführlich geschildert.[72] Justin lobt natürlich den Bekennermut der Christen und geißelt die römische Justiz. Trotzdem lässt sein Bericht recht gut das Verhalten der römischen Behörden wie auch mancher Christen erkennen. Eine Christin gewordene Dame aus besserem Haus lässt sich von ihrem heidnischen Mann scheiden. Um sich an ihr zu rächen, zeigt sie dieser bei den Behörden an. Die Dame bittet den Kaiser, ihr vor Prozessbeginn die Gelegenheit zu geben, ihre häuslichen Angelegenheiten zu regeln. Dieser Bitte wird entsprochen. Danach hört man von diesem Prozess nichts mehr. Er scheint im Sande verlaufen oder zumindest für die Beklagte glimpflich ausgegangen zu sein. Die Gelegenheit, den Märtyrertod einer Dame der römischen Gesellschaft in erhebenden Worten zu schildern, hätte sich Justin nicht entgehen lassen.

Als der Ehemann erkannte, dass er gegen seine ehemalige Gattin nichts erreichen konnte, suchte er sich als nächstes Opfer ihren christlichen Lehrer Ptolemäus. Der wird angeklagt und nach kurzem Prozess zum Tod verurteilt. Dem Stadtpräfekten genügt dafür das Bekenntnis des Ptolemäus zum Christentum. Man sieht am Verhalten des Lollius Urbicus, dass der Staat nicht aktiv nach Christen suchte, bei Höhergestellten sogar ausgesprochen nachsichtig reagierte, mit Angehörigen der unteren Schichten aber nicht viel Federlesens machte.

Die Fortsetzung dieser Geschichte zeigt aber auch, dass sich manche Christen geradezu danach drängten, als Märtyrer zu sterben. Nach der Verurteilung des Ptolemäus stand nämlich ein Besucher der öffentlichen Verhandlung auf und beschimpfte das Gericht, dass es einen unbescholtenen Bürger verurteilt habe. Als er die Frage des Urbicus, ob auch er Christ sei, bejahte, wurde er ebenfalls zum Tod verurteilt. Darauf habe er geantwortet, dass er dafür sogar dankbar sei. Würde er doch dadurch von schlechten Herrschern befreit und zum Vater und König im Himmel gelangen. Davon angesteckt, folgte ein weiterer Christ diesem Beispiel.

In den Selbstbetrachtungen Mark Aurels wird deutlich, wie sehr jene Eiferer, die den Märtyrertod suchten, um so einen Platz im Himmelreich sicher zu haben,[73] das Bild der Christen in der Öffentlichkeit bestimmten. „Wie erhaben ist eine Seele, die bereit ist, wenn sie sich nun vom Körper trennen muss, entweder zu erlöschen oder sich zu zerstreuen oder Bestand zu haben. Diese Bereitschaft muss aber auf der eigenen Überzeugung beruhen, nicht wie bei den Christen auf bloßer Sturheit, vielmehr nach reiflicher Überlegung, mit Würde, ohne viel Aufhebens, um auch andere zu überzeugen.“[74] Man sieht auch, wie gering Mark Aurel die Christen achtete. Diese Einstellung war aber nicht der Grund für die Christenverfolgungen, die unter seiner Herrschaft stattfanden. Sie wurden vielmehr durch lokale Übergriffe auf Christen ausgelöst, denen man die Schuld an den Epidemien gab, die das Reich heimsuchten.

Abschließend werfen wir einen Blick auf eine Entscheidung des Antoninus Pius, bei der es zwar um Religion geht, die aber mehr den gesunden Menschenverstand als die religiöse Einstellung des Kaisers zeigt. Antoninus urteilte, dass ein Eid auch dann zu halten sei, wenn er nach den Regeln einer nicht anerkannten Sekte abgelegt wurde. Dem Kaiser ging es offenkundig darum, gutgläubige Menschen vor gerissenen Betrügern zu schützen, diesen also die Ausrede zu nehmen, der von ihnen geleistete Eid sei ja nicht gültig gewesen. Eine generelle Anerkennung etwa des christlichen Eides ist daraus nicht abzulesen. Schon der um 170 geborene Jurist Ulpian scheint die Intention des Antoninus nicht mehr erkannt zu haben. Er stellt dessen Entscheidung seine Ansicht entgegen, dass ein Eid nur gegenüber den offiziellen Göttern gültig geleistet werden könne.[75]

7 Gleichmut

Die Abb. 7-1 zeigt einen Denar aus dem Jahr 160. Auf dem Avers sehen wir das zeitlose Profil des etwa 74-jährigen Herrschers. Am Beginn der Revers-Umschrift lesen wir SALV-TI AVG(usti). Die Münze ist also der *Salus*, dem Wohlergehen, des Kaisers gewidmet. Ihre Personifikation hält ein langes Zepter und füttert mit einer Schale eine Schlange, die sich um einen Altar windet. In dieser Münze spiegeln sich die mit fortschreitendem Alter wachsenden Sorgen um die Gesundheit des Kaisers.

Die HA berichtet nur von *einem* gesundheitlichen Problem, das Antoninus im Alter plagte: „Er war ein stattlicher Mann mit kerzengerader Haltung. Als er aber – groß wie er war – vom Alter gebeugt wurde, ließ er sich mit Latten aus Lindenholz, die um seine Brust gelegt wurden, bandagieren, um aufrecht gehen zu können.“[1] Von Mark Aurel erfahren wir, dass er zeitlebens an Migräne litt.[2] Doch kaum waren die Kopfschmerzen vorüber, „ging er mit der Munterkeit eines Jünglings wieder an seine gewohnten Arbeiten“. Weder Ärzte noch Apotheker scheinen an ihm reich geworden zu sein. Sein Stärkungsmittel war schlicht: „Auch aß er als alter Mann vor der morgendlichen Audienz trockenes Brot, um seine Kräfte zu erhalten.“[3]

Im Gegensatz zu seinem Vorgänger blieb Antoninus eine längere Leidenszeit erspart. Das Ende kam wohl trotz seines Alters für die meisten überraschend. Die HA ist erstaunlich präzise darüber informiert, was die letalen Beschwerden auslöste. Es war Käse aus den Alpen. Käse war im alten Rom sehr beliebt. Plinius der Ältere beschreibt ausführlich die Käsesorten aus den verschiedenen Gegenden des Reichs (darunter zwei aus den Alpen) und wundert sich, dass „barbarische Völker, welche seit so vielen Jahrhunderten von der Milch leben, den Käse nicht kennen oder verschmähen, obwohl sie die Milch zu einer angenehmen Säure und einer fetten Butter zu verdicken wissen.“[4]

Als Antoninus „bei der Mahlzeit zu gierig Alpenkäse gegessen hatte, musste er sich in der Nacht übergeben und wurde am nächsten Tag vom Fieber geschüttelt… Im Fieberwahn sprach er über nichts anderes als den Staat und jene Könige, denen er zürnte.“[5] Man kann vermuten, dass ihn die grauen Wolken über dem Osten des Reichs umgetrieben haben (siehe S. 92).

„Am darauffolgenden Tag, als er sah, dass sich sein Zustand verschlechterte, vertraute er in Anwesenheit der Präfekten Marcus Antoninus den Staat und seine Tochter an und ließ die goldene Statue der *Fortuna*, die gewöhnlich im Schlafzimmer der Kaiser stand, zu ihm hinüberschaffen. Dann gab er die Parole ‚Gleichmut‘ [*aequanimitas*] aus, wandte sich um, als ob er schliefe, und starb in Lorium.“[6]

Es war wohl nicht eine zu große Menge des Käses, die dem Kaiser den Tod brachte, zumal Antoninus stets als maßvoll beschrieben wurde. Wahrscheinlich war der Käse mit Salmo-

Abb. 7-1: Sorge um die Gesundheit des Kaisers

nellen oder Staphylokokken belastet, die bei einem älteren Organismus zum Tod führen können. Zumindest scheint dies wegen der kurzen Inkubationszeit die medizinisch plausibelste Todesursache.[7]

Das genaue Datum seines Todes überliefern die antiken Geschichtsschreiber nicht. Da man aber den Todestag des Mark Aurel und dessen Regierungsdauer kennt,[8] lässt es sich auf den 7. März des Jahres 161 festlegen. An diesem Tag wurde das jährliche Stiftungsfest des dem Veiovis geweihten Tempels gefeiert, der in der Senke zwischen den beiden Kuppen des Kapitols lag. Die Bedeutung dieses Gottes, dessen Kult bis in die Frühzeit Roms zurückreichte, konnte schon Cicero nicht mehr befriedigend erklären. Wahrscheinlich schrieb man ihm – wie Apollo – die Macht zu, mit den „sanften Pfeilen", die sein Kultbild in der Hand hielt, ein Leben in hohem Alter schmerzlos zu beenden.[9] Zumindest beim Tod des Antoninus Pius wurde Veiovis den auf ihn gesetzten Hoffnungen gerecht.

Bei der Konsekration des verstorbenen Kaisers gab es – in deutlichem Kontrast zu dem Geschehen nach Hadrians Tod – keine Probleme. Im Gegenteil: „Er wurde vom Senat zum Gott erklärt, wobei alle miteinander wetteiferten, da alle seine *pietas*, seine Milde, seinen Verstand, seinen gottgefälligen Lebenswandel lobten. Auch wurden alle Ehrungen beschlossen, die jemals zuvor den besten Kaisern erwiesen worden waren. Er erhielt verdientermaßen auch einen Flamen, Zirkusspiele, einen Tempel und das Kollegium der Antoninuspriester."[10]

Der Tempel, den er erhielt, stand bereits seit zwanzig Jahren und war bisher allein seiner verstorbenen Gattin Faustina gewidmet (siehe S. 50f). Auch in Puteoli (Pozzuoli) am Golf von Neapel wurde ihm ein Tempel geweiht[11] – vielleicht aus Dankbarkeit für die von ihm am dortigen Hafen veranlassten Arbeiten (siehe S. 77). Von diesem Tempel sind allerdings keine Überreste bekannt.

Zahlreiche Münzen wurden für den *divus Antoninus* geprägt. Auf der Rückseite des in Abb. 7-2 gezeigten Denars sehen wir den vierstöckigen, von einer Quadriga gekrönten und prächtig geschmückten Scheiterhaufen, auf dem sein Leichnam verbrannt wurde, bevor die Asche im Mausoleum des Hadrian beigesetzt wurde.[12]

Nach seiner Ernennung zum *Augustus* sorgte Mark Aurel – der sich nun Marcus Aurelius Antoninus nannte – dafür, dass auch Lucius Aelius diesen Titel sowie den Namen Lucius Verus erhielt. Zum ersten Mal gab es nun zwei *Augusti*. Beim Staatsbegräbnis des Divus Antoninus Pius hielten beide Kaiser eine Grabrede.[13]

Abb. 7-2: Der Scheiterhaufen

Abb. 7-3: Die Säule des Antoninus Pius

Zu Ehren ihres vergöttlichten Adoptivvaters ließen sie auf dem Marsfeld eine Säule aus rotem Granit errichten, die leider nur auf Münzen überlebte. Auf dem Denar der Abb. 7-3 erkennen wir, dass sie von einer Statue des Kaisers bekrönt war. Die im Jahr 1703 gefundene prächtige Säulenbasis ist heute im Garten der Vatikanischen Museen zu bewundern (siehe Abb. 7-4). Auf ihr lesen wir die – in ihrer Schlichtheit an die Worte auf der Schleife eines Trauerkranzes erinnernde – Widmung[14]

DIVO · ANTONINO · AVG · PIO
ANTONINVS · AVGVSTVS · ET
VERVS · AVGVSTVS · FILII

★

dem Divus Antoninus Augustus Pius
Antoninus Augustus und
Verus Augustus · seine Söhne

Auf der Frontseite des Säulenfußes wird die Vergöttlichung (Apotheose) des Kaisers und seiner Gattin Faustina dargestellt. Das Relief wird von einem nackten geflügelten Jüngling dominiert, der mit weit ausgebreiteten Schwingen nach rechts oben schwebt und das von Adlern flankierte Kaiserpaar in den Himmel trägt. Mit seiner Rechten fasst er einen über die linke Schulter geworfenen faltenreichen Mantel. Die Linke hält einen Himmelsglobus, um den sich eine Schlange windet. (Die Schlange als Heil verheißendes Symbol ist uns bereits in Abb. 7-1 begegnet.) Auch wenn in der Forschung seit der Freilegung des Reliefs

Abb. 7-4: Divus und Diva

über die Interpretation des geflügelten Jünglings gestritten wird,[15] ist seine Funktion klar. Er trägt das Kaiserpaar in die Unsterblichkeit.

Die rechts unten inmitten ihrer Waffen thronende *Roma* winkt dem kaiserlichen Paar zu. Ihr gegenüber ruht ein Jüngling, der mit seiner Linken einen von einer Kugel bekrönten Obelisken stützt und mit Erstaunen das Geschehen verfolgt. Einen solchen Obelisken hatte Kaiser Augustus auf dem Marsfeld aufstellen lassen. Der Jüngling personifiziert also das Marsfeld, auf dem die Begräbnisfeier und damit auch die Himmelfahrt stattfand.

Es ist bemerkenswert, dass das Relief die Vergöttlichung des Antoninus zusammen mit der seiner vor über zwanzig Jahren verstorbenen Gattin Faustina feiert. Da sich die beiden zudem einen Tempel auf dem Forum teilten, wird so die Vorbildfunktion dieses Paars nochmals in Erinnerung gerufen und bekräftigt, ja verewigt.

Antoninus gehört zu der kleinen Zahl der Herrscher, die sich trotz einer langen Regentschaft von den Privilegien des Amtes nicht korrumpieren ließen. Oder mit dem berühmten Wort Mark Aurels: Er „verkaiserte" nicht. Das Rezept seines Adoptivsohns, nicht selbst dieser Gefahr zu erliegen, lautet daher: „In allem lerne von Antoninus, von seinem Eifer für vernunftgemäßes Handeln, seiner Bodenständigkeit, seiner Gewissenhaftigkeit, seiner heiteren Miene, seinem sanften Wesen. Sei ebenso frei von Dünkel und eifrig bemüht, die Dinge geistig zu erfassen. Und denke daran, wie er an keine Sache heranging, bevor er sie nicht gründlich in Augenschein genommen und klar verstanden hatte, wie er die Leute ertrug, die ihn zu Unrecht tadelten, ohne sie wieder zu tadeln, wie er nichts überstürzte und wie er Verleumdungen kein Gehör schenkte."[16]

Antoninus Pius war kein Kaiser, der dem *Imperium Romanum* seinen eigenen Stempel aufdrücken und so seinen Nachruhm sichern wollte. Fronto feierte ihn als Steuermann eines Kriegsschiffs (siehe S. 88). Er selbst sah sich wohl eher am Steuer des ruhig dahingleitenden Staatsschiffs. Die Besatzung leistete zuverlässig ihren Dienst und selbst vom höchsten Ausguck waren keine Bedrohungen durch Piraten oder Riffe zu erkennen. Warum hätte er das Steuer herumreißen sollen?

Antoninus vertraute auf die Tragfähigkeit der von den Vorfahren in Jahrhunderten geschaffenen Basis. Er sah seine Aufgabe darin, diese durch eine effizient arbeitende und sparsam wirtschaftende Verwaltung, eine gesetzestreue und humane Rechtsprechung sowie eine starke, gelegentliche Unruhen problemlos meisternde Armee zu festigen und so seinem Nachfolger ein im Inneren stabiles und von außen ungefährdetes Reich zu übergeben. Dieser Aufgabe ist er in vorbildlicher Weise gerecht geworden. Der Niedergang des Reichs, der sich unter seinen Nachfolgern abzuzeichnen begann, ist ihm nicht anzukreiden.

Anmerkungen

Vorwort

1 Tacitus, Annalen IV.32 (2).

2 So fassen leicht überspitzt Gunnar Seelentag ([110], S. 295) und Karl Friedrich Stroheker ([116], S. 241) das in der Forschung etablierte Bild des Antoninus Pius zusammen. Dass sich allmählich eine differenziertere Betrachtungsweise durchsetzt, zeigt insbesondere die Monographie [82] von Christoph Michels.

3 Gibbon [45], Band I, S. 106.

4 Vergil, *Aeneis* VI.792f.

5 Seneca, *Apocolocyntosis* 4.

6 Cohen [25], Hadrien 1321.

7 Aelius Aristides, Romrede 106.

8 Cassius Dio, Römische Geschichte 73.15 (6) und 72.36 (4).

9 Michels [82], S. 1.

10 Michels [82], S. 294f.

Kapitel 1: Das Imperium Romanum im Jahr 138

1 Eine deutsche Übersetzung bietet [29].

2 Eine zweisprachige Ausgabe ist in der Reihe Tusculum erschienen (siehe [7]).

3 Den Text und eine deutsche Übersetzung von Ernst Hohl bieten [56] und [57].

4 Schehl [100], S. 193–208.

5 Siehe [6]. Das Buch enthält auch eine englische Übersetzung.

6 Eine deutsche Übersetzung enthält [93].

7 Eine zweisprachige Ausgabe bietet [86].

8 Siehe [133]. Das Buch enthält auch eine englische Übersetzung.

9 Eine deutsche Übersetzung enthält [66].

10 Eine deutsche Übersetzung enthält [79].

11 Siehe [50], darin auch eine englische Übersetzung.

12 Die von Manfred Clauss initiierte Epigraphik-Datenbank liefert einen praktischen online-Zugriff auf viele solche Sammlungen.

13 Appian, Römische Geschichte, Einleitung 1–5 sowie (zum Datum der Entstehung) Einleitung 9.

14 Cassius Dio, Römische Geschichte 56.33 (5).

15 Appian, Römische Geschichte, Einleitung 7.

16 Seneca, *Ad Helviam matrem de consolatione* 6.3.

17 Juvenal, *Satura* 3. Die Zustände, die Juvenal in der etwa eine Generation früher entstandenen Satire aufspießt, hatten sich seither sicher nicht gebessert.

18 Juvenal, *Satura* 10.81.

19 Augustus, *Res gestae* 5, 15 und 22f.

20 Dies legen die Listen der Konsuln nahe, die Alföldy [5], S. 303–326 bietet.

21 Siehe etwa CIL VI.1001 oder XI.5694.

22 Siehe Alföldy [5], S. 91–94.

Kapitel 2: Antoninus Augustus Pius

1 CIL VI.10234 und HA Antoninus I.8.

2 Siehe etwa Cicero, *De natura deorum* I.82.

3 Siehe Seaby [109] I, Papia 1f, Procilia 2, Roscia 3, Thoria 1. Von Mosch hält allerdings die gängige Meinung, aus der Prägung solcher Münzen die Herkunft einer *gens* aus Lanuvium abzuleiten, für fragwürdig ([84], S. 159f). Gesichert ist jedoch, dass die *gens* Thoria aus dieser Stadt stammt (Cicero, *De finibus bonorum et malorum* II.63f).

4 Appian, Römische Geschichte, XVII.24.

5 Cohen [25], Antonin 473.

6 Viele Informationen zum Stammbaum und zur Kindheit des Antoninus liefert HA Antoninus I.1–9.

7 CIL XV.69–74,76–78,81–91 und Brashear [15].

8 Plinius der Ältere, *Naturalis historia* 3.5/31.

9 Aurelius Victor, *Liber de Caesaribus* 15.2 und Eutrop, *Breviarium* VIII.8.1.

10 CIL III.6741f.

11 Tacitus, Historien I.79 (5).

12 Die beiden Konsulate und die Stadtpräfektur überliefert HA Antoninus I.2. Die Datierung der Ämter ist umstritten.

13 Tacitus, Historien I.77 (2).

14 Zu den Konsuln des Jahres 97 Zevi [135].

15 *Epitome de Caesaribus* 12.3.

16 Plinius der Jüngere, Briefe 4.3, 4.18, 5.15.

17 CIL VI.9355.

18 Sowohl das Geburtsjahr der Faustina als auch das Jahr ihrer Heirat sind unbekannt. Vermutungen dazu sind meist das Ergebnis von Wahrscheinlichkeitsrechnungen, die auf dem Geburtsjahr des Antoninus und dem damals üblichen Heiratsalter basieren. Während früher die Geburt der Faustina eher um 105 angesetzt wurde, geht Levick [75] von einer Geburt im Jahr 97 aus.

19 CIL XV.456f.

20 Zu Vater und Großvater HA Marcus I.2 und I.4.

21 HA Antoninus I.9.

22 HA Antoninus II.8.

23 Plinius der Ältere, *Naturalis historia* 14.6/56: *usura civilis ac modica*.

24 Tacitus, Annalen XIII.42 (4); ähnlich Cassius Dio, Römische Geschichte 62.2 (1).

25 Ammian, *Res gestae* XVI.10.15.

26 Vergil, *Aeneis* I.278f.

27 CIL VI.2080.

28 Dies belegt CIL XVI.163. Weitere Stationen seiner Laufbahn enthält CIL X.8291. Zur Rolle des Catilius Severus unter Hadrian siehe HA Hadrianus V.10, XV.7 und XXIV.6f.

29 HA Antoninus II.11.

30 HA Antoninus III.2.

31 Dabei variierte wohl die Zusammensetzung je nach Beratungsgegenstand (siehe Michels [82], S. 108).

32 HA Antoninus III.8.

33 Zu den Kindern HA Antoninus I.7, zum Tod der älteren Tochter HA Antoninus III.6.

34 CIL VI.988–990.

35 HA Hadrianus VII.1f.

36 Zum Folgenden Cassius Dio, Römische Geschichte 69.17 (1), 69.20 (1) und HA Hadrianus XXIII.1,7.

37 Die Stationen seiner Laufbahn enthält die auf einer Marmorbasis gefundene Inschrift CIL XIV.4237 sowie AE 1961,224.

38 In der auf den 19. Juni datierten Inschrift CIL VI.10242 führt der von Hadrian als Nachfolger vorgesehene Ceionius Commodus noch nicht den Titel *Caesar*.

39 Cassius Dio, Römische Geschichte 69.17 (1).

40 HA Hadrianus XXIII.10.

41 Dies erfahren wir aus dem in Schmidt [106] besprochenen Spottepigramm.

42 HA Hadrianus XXIII.2f.

43 Cassius Dio, Römische Geschichte 69.17 (2).
44 Haines [50], Volume I, S. 226/228.
45 HA Hadrianus XXVI.6.
46 Cassius Dio, Römische Geschichte 69.20 (4)–(5).
47 HA Marcus I.4.
48 HA Antoninus IV.4.
49 Zu Datum und Inhalt HA Antoninus IV.5f. Abweichend davon vermerkt die HA in der Vita Mark Aurels (V.1), Pius habe den Markus und dieser den Lucius Commodus adoptieren müssen.
50 Zu den Namen siehe [64], S. 131–135.
51 Siehe HA Hadrianus XXIV.1; HA Verus I.3; HA Antoninus IV.5 und VI.10.
52 Da der Beiname Verus vor seiner Regentschaft auch bei Mark Aurel auftritt, könnte der Kaisername Lucius Verus zu Verwechslungen führen.
53 HA Antoninus IV.7.
54 CIL VI.998.
55 Siehe auch HA Hadrianus XXV.5.
56 Dies ist ein gewichtiges Argument gegen die bisweilen geäußerte Vermutung, diese Münzen seien erst nach Hadrians Tod geprägt worden.
57 Siehe Herz [54], S. 1170. Unter Hadrian, dem sehr daran gelegen war, seine Adoption durch Trajan zu betonen, fanden diese Spiele sicher weiterhin statt. Sie boten Hadrian die ideale Bühne für die Ptäsentation des eigenen Adoptivsohns.
58 CIL I^2, S. 258 und S. 310.
59 HA Antoninus VII.9.
60 HA Antoninus IV.8.
61 Aurelius Victor, *Liber de Caesaribus* 14.11.
62 Zur umstrittenen Zuordnung der zahlreich gefundenen Ziegelstempel an Mutter oder Tochter siehe CIL XV, S. 270ff.
63 Plinius der Jüngere, Briefe 8.18.
64 Cassius Dio, Römische Geschichte 60.17 (3).
65 HA Hadrianus XXV.9; Übersetzung von Fritz Jaffé in [134].
66 Cicero, *Ad Atticum* XIV.7 und zahlreiche weitere Briefe.
67 HA Hadrianus XXV.6f.
68 HA Antoninus V.1.
69 Sueton, *De vita Caesarum*, Nero 34.5.
70 Cassius Dio, Römische Geschichte 69.23 (1).
71 HA Antoninus V.1.
72 Cassius Dio, Römische Geschichte 56.42 (2), (3).
73 Sueton, *De vita Caesarum*, Vespasianus 23.4.
74 Cassius Dio, Römische Geschichte 70.1 (1)–(3).
75 HA Antoninus V.2.
76 AE 1998,1620.
77 HA Antoninus V.2. Hadrian hatte sich ähnlich verhalten (siehe HA Hadrianus VIII.2).
78 CIL I^2, S. 272.
79 HA Antoninus VI.6.
80 CIL VI.984.
81 Zum Folgenden HA Antoninus II.3–7.
82 Cassius Dio, Römische Geschichte 70.2 (1).
83 Neben HA Antoninus II.7 auch Aurelius Victor, *Liber de Caesaribus* 15.1; Eutrop, *Breviarium* VIII.8; Orosius, *Historiarum Adversum Paganos* VII.14.1.
84 Seaby [109] I, Julius Caesar 12.

85 Vergil, *Aeneis* II.707–720. Auf dem Revers sehen wir im Abschnitt auch das bei Sesterzen übliche S(enatus) C(onsulto) (auf Beschluss des Senats). Es ist allerdings davon auszugehen, dass der Senat in der Münzprägung schon längst keine eigene Kompetenz mehr besaß.
86 Vergil, *Aeneis* I.10.
87 Vergil, *Aeneis* I.378.
88 Vergil, *Aeneis* VIII.43–45.
89 Siehe etwa Seaby [109] II, Antoninus Pius 914–918.
90 Digesten 27.1.17.1.
91 CIL XIV.2070. Da die Orte Lavinium und Lanuvium bereits in der Antike bisweilen verwechselt wurden, brachten manche Historiker wegen der unter Antoninus Pius geprägten Münzen mit dem Motiv der Bache sowie der Privilegien, die der Kaiser der Stadt Lavinium verlieh, Lavinium als Geburtsort des Antoninus ins Spiel (siehe [2], S. 501f und [84], S. 171). Allerdings scheint es wenig wahrscheinlich, dass bei einem Kaiser versehentlich die unbedeutendere der beiden Städte als Geburtsort gewählt wurde.
92 Pausanias, Beschreibung Griechenlands VIII.43.1f.
93 Pausanias, Beschreibung Griechenlands VIII.43.5.
94 HA Antoninus XI.5. Siehe auch CIL VI.1001 und die von den Arvalbrüdern gestiftete Tafel CIL VI.1000.
95 Mark Aurel, Selbstbetrachtungen I.16.
96 Polybios, Historien 6.56.7.
97 HA Hadrianus XVI.7.
98 *Collatio legum Mosaicarum et Romanarum* XV.2.6.
99 Mark Aurel, Selbstbetrachtungen I.16.
100 HA Antoninus II.1.

Kapitel 3: Der Kaiser und sein Umfeld

1 HA Marcus VI.3 und Verus II.4.
2 HA Antoninus VII.10.
3 Fronto in Haines [50], Volume I, S. 220.
4 Haines [50], Volume I, S. 150.
5 Siehe etwa Haines [50], Volume I, S. 92,140/142 (im Folgenden zitiert),172,178. Auch in seinen Selbstbetrachtungen (I.16) geht Mark Aurel darauf ein.
6 Haines [50], Volume I, S. 174.
7 HA Antoninus II.1.
8 Cicero, *De officiis* I.151.
9 HA Antoninus XI.1 und VI.12.
10 HA Antoninus XI.7.
11 HA Antoninus XI.2.
12 Haines [50], Volume I, S. 182.
13 Mark Aurel, Selbstbetrachtungen I.16.
14 HA Antoninus VI.4.
15 HA Antoninus VII.5f.
16 Haines [50], Volume II, S. 8.
17 Mark Aurel, Selbstbetrachtungen I.16.
18 HA Antoninus II.1.
19 Cicero, *Ad Familiares* VI.6.
20 HA Antoninus XI.8.
21 CIL VI.2086.
22 HA Marcus VI.9.
23 Nach Wright [133], S. 112–115 und S. 190–193.
24 HA Aelius VI.9; HA Verus II.3.
25 Dazu überzeugend Priwitzer [95], S. 239–244.

26 HA Antoninus V.2. Hadrians Gattin Sabina hatte 10 Jahre auf diese Würde warten müssen. Sie wurde damit geehrt, als Hadrian den Titel *pater patriae* annahm.
27 HA Antoninus VI.7f.
28 Hierzu ausführlich Michels [82], S. 149 und S. 167–176.
29 HA Antoninus X.1.
30 Sueton, *De vita Caesarum*, Domitianus 13.
31 CIL XIV.5326; Übersetzung leicht gekürzt.
32 Diese von Weiß in [128] vorgeschlagene Interpretation überzeugt wegen der deutlich sichtbaren Sockel und des Altars zwischen den beiden kleineren Figuren (die in Münzkatalogen meist als Mark Aurel und Faustina die Jüngere angesprochen werden). Die so vom Kaiserpaar vermittelte sakrale Bedeutung der Ehe mag für Antoninus Pius auch der Anlass gewesen sein, bei der ehrenvollen Entlassung eines Soldaten der Hilfstruppen seine während der Dienstzeit illegitim geborenen Kinder künftig nicht mehr in die Bürgerrechtsverleihung einzubeziehen (siehe [128], S. 30–37). Es kann bei dieser Maßnahme aber auch darum gegangen sein, weiterhin genügend Soldaten für die Hilfstruppen zu bekommen.
33 CIL VI.8972.
34 HA Antoninus VIII.9.
35 Haines [50], Volume I, S. 128.
36 Tacitus, Annalen III.69 (5).
37 HA Antoninus X.2.
38 Weitere Einzelheiten und Vermutungen zum Ablauf dieses Jahres bei Weiß [128], S. 20f.
39 AE 1991,1380.
40 Mark Aurel, Selbstbetrachtungen I.17.
41 So berichtet es zumindest Cassius Dio (Römische Geschichte 55.14 (1) bis 55.22 (1)).
42 HA Marcus XIX.1–9.
43 HA Antoninus III.7.
44 Aurelius Victor, *Liber de Caesaribus* 16.2.
45 HA Verus III.2.
46 HA Verus III.5; siehe auch CIL III.3843.
47 Siehe Thomas [123].
48 HA Marcus II.2–4, II.7, III.2f, III.6, IV.9. Siehe auch Birley [13], S. 65f.
49 HA Marcus II.6.
50 Mark Aurel, Selbstbetrachtungen I.7–9,12–15. Neben den in der HA genannten Lehrern dankt Mark Aurel auch dem Platoniker Alexander.
51 HA Antoninus X.4.
52 Ob er aus Chalkis auf der Insel Euböa oder aus Bithynien stammte, ist unklar.
53 CIL VI.1008.
54 HA Marcus III.3.
55 Mark Aurel, Selbstbetrachtungen I.6.
56 Haines [50], Volume I, S. 76/78.
57 Mark Aurel, Selbstbetrachtungen I.5.
58 HA Verus III.6.
59 HA Verus II.5,8.
60 HA Verus III.7.
61 HA Marcus XXIX.6.
62 Haines [50], Volume I, S. 240.
63 So der Panegyriker Eumenius; siehe Haines [50], Volume II, S. 250.
64 Haines [50], Volume II, S. 98/100.
65 Mommsen [83], S. 350.
66 Haines [50], Volume I, S. 136.
67 Haines [50], Volume II, S. 134.

68 CIL VIII.5350.
69 Zur Datierung siehe Eck [34].
70 Siehe die Überlegungen von Alföldy [5], S. 59.
71 Haines [50], Volume I, S. 110/112.
72 Cassius Dio, Römische Geschichte 69.18 (3).
73 *Noctes Atticae* 19.8.1. Bei den *Noctes Atticae* handelt sich um eine zusammenhanglose Sammlung kurzer Essays über die unterschiedlichsten Themen. Eine altertümliche Übersetzung enthält [126].
74 Haines [50], Volume I, S. 58–70.
75 Haines [50], Volume I, S. 148.
76 Haines [50], Volume I, S. 236/238.
77 Haines [50], Volume I, S. 262/264.
78 Appian, Römische Geschichte, Einleitung 15.
79 CIL XI.6334; in Zeile 6 müsste es korrekt *nepoti* heißen.

Kapitel 4: Pater patriae

1 Cassius Dio, Römische Geschichte 74.8 (3).
2 Sueton, *De vita Caesarum*, Gaius (Caligula) 37.
3 HA Antoninus XII.3.
4 Siehe HA Antoninus VI.4 und XI.1.
5 HA Antoninus VI.5.
6 Tacitus, Historien I.16 (4).
7 HA Antoninus VI.11.
8 Aelius Aristides, Romrede 107.
9 HA Antoninus VIII.4. Siehe auch Fronto in Haines [50], Volume II, S. 154.
10 HA Antoninus VII.2–4.
11 Siehe Michels [82], S. 114–123.
12 Sueton, *De vita Caesarum*, Domitianus 10.
13 HA Hadrianus VII.4.
14 Cassius Dio, Römische Geschichte 68.2 (3).
15 HA Antoninus VIII.10.
16 Digesten 48.9.9pr.
17 Sueton, *De vita Caesarum*, Claudius 34.
18 HA Antoninus V.3.
19 Alföldy [5], S. 22–24.
20 Siehe AE 1939,179 und AE 1939,178 sowie die Ausführungen in Schlumberger [103].
21 Apuleius, Apologie 38.1 und 41.4.
22 Alföldy [5], S. 287.
23 HA Antoninus VIII.6.
24 Plinius der Jüngere, Briefe 2.9.
25 Cassius Dio, Römische Geschichte 68.30 (2).
26 *Noctes Atticae* 13.18.2.
27 Bruttius Praesens, der im Jahr 139 als *consul II* amtierte, wurde dafür wohl noch von Kaiser Hadrian designiert. Den Zeitpunkt des zweiten Konsulats des Erucius Clarus belegt CIL VI.1008.
28 CIL VIII.6705f.
29 Zu den Prätorianerpräfekten unter Antoninus Pius HA Antoninus VIII.7–9.
30 HA Commodus VI.7.
31 CIL IX.5358f.
32 Haines [50], Volume I, S. 254–263.
33 CIL III.5174.

34 CIL VI.31147 und VI.31151 belegen, dass er in den Jahren 139 und 143 Amtskollege des Gavius Maximus war. Im Jahr 134 nennt ihn CIL III.44 als Statthalter Ägyptens. Bei dem gleichnamigen *consul suffectus* des Jahres 150 handelt es sich wohl um einen Verwandten (siehe Alföldy [5], S. 156).
35 HA Commodus VII.5.
36 Sueton, *De vita Caesarum*, Vespasianus 18.
37 Aurelius Victor, *Liber de Caesaribus* 14.2f.
38 HA Antoninus XI.3.
39 Digesten 27.1.6.8.
40 Digesten 27.1.6.2.
41 Digesten 27.1.6.7.
42 HA Antoninus VII.7f.
43 Digesten 50.4.1.1f.
44 Digesten 50.6.
45 Digesten 50.1.17.9.
46 BGU II 372.
47 HA Antoninus VII.11.
48 Sueton, *De vita Caesarum*, Nero 30.3.
49 HA Antoninus VII.12.
50 HA Antoninus XII.3.
51 HA Hadrianus VII.5.
52 Aelius Aristides, Romrede 33. Dies spricht auch für einen guten Zustand der Straßen im gesamten Reich. Dass sich Antoninus Pius darum kümmerte, zeigen die zahlreichen Straßenbaumaßnahmen, die Hüttl [61], Band I, S. 335 auflistet.
53 Aelius Aristides, Romrede 101.
54 Digesten 50.7.4.6.
55 Plinius der Jüngere, Briefe 10.44.
56 AE 1983,998.
57 Siehe Kolb [67], S. 163.
58 Augustus, *Res gestae* 21.
59 HA Antoninus IV.10.
60 HA Hadrianus VI.5.
61 Man schließt dies aus der Tatsache, dass Mark Aurel diese Richter nach dem Beispiel Hadrians wieder etablierte (HA Marcus XI.6).
62 HA Antoninus VII.1.
63 Wir werden dies noch mehrfach sehen. Auch Mark Aurel (Selbstbetrachtungen VI.30) fand dies bemerkenswert.
64 HA Antoninus VII.8.
65 HA Hadrianus VIII.8.
66 HA Antoninus VI.1f.
67 HA Antoninus X.7.
68 Digesten 48.20.7.4.
69 HA Antoninus VIII.2f.
70 HA Verus III.1. Michels ([82], S. 57) hält diese Stelle der HA für unachtsam verkürzt und plädiert für eine zeitliche Trennung der beiden Ereignisse.
71 Cohen [25], Antonin 618. Nicht nur Cohen sieht darin allerdings den Tempel des vergöttlichten Augustus. Dem steht entgegen, dass dessen Restaurierung einige Jahre später explizit auf zahlreichen Münzen gefeiert wird.
72 Ritter warnt in [97] zurecht davor, jedes Münzbild eines Bauwerks als exaktes Abbild der Realität zu begreifen. Diese Warnung bezieht er aber ausdrücklich nicht auf den detailreich wiedergegebenen Augustus-

Tempel auf Sesterzen des Kaisers Caligula (Cohen [25], Caligula 9–11). Nach den von Ritter formulierten Kriterien gilt die Warnung ebenso wenig für den hier betrachteten Aureus des Antoninus Pius.

73 Seaby [109] I, Augustus 343.
74 HA Antoninus IX.3.
75 Horster [59], S. 45 mit Verweis auf Vogt [124].
76 CIL XI.6664, X.6891, X.1640.
77 Michels ([82], S. 61) hält es mit Recht für bemerkenswert, dass sich Antoninus im Gegensatz dazu auf Münzen nie als *divi filius*, als Sohn des Vergöttlichten präsentiert. Damit korrespondiert, dass auch der von Hadrian geerbte Namensbestandteil Aelius nur selten auf Münzen zu lesen ist.
78 CIL XIV.98.
79 CIL III.549, X.103, VIII.4205, VIII.2653.
80 Siehe etwa Scheithauer [101], S. 181.
81 CIL III.836.
82 CIL VIII.22210. Zur Datierung CIL VIII.2543.
83 HA Antoninus IX.1f.
84 CIL XII.4342.
85 HA Antoninus IX.1, wo auch das Unglück im *Circus Maximus* erwähnt wird.
86 Haines [50], Volume II, S. 280.
87 Pausanias, Beschreibung Griechenlands VIII.43.4.
88 Digesten 50.10.7.
89 HA Antoninus VIII.11.
90 HA Antoninus IV.9.
91 Siehe [64], S. 129 und Cohen [25], Antonin 148–152,480–532.
92 *Epitome de Caesaribus* 15.9.
93 HA Antoninus IV.9 und X.2.
94 *Epitome de Caesaribus* 12.4.
95 CIL XI.1147.
96 CIL IX.5700 und XI.6002.
97 CIL XI.5957 und XI.5989.
98 CIL XI.5956.
99 HA Antoninus VIII.1.
100 HA Antoninus X.9.
101 Mark Aurel, Selbstbetrachtungen I.16; siehe auch HA Antoninus XII.3.
102 Greek Inscriptions In The British Museum 491; dazu auch Williams [132].
103 So dürfte das römische Volk die Botschaft dieser Münze verstanden haben. Andere in der Forschung diskutierte Anlässe für diese Prägung (siehe Michels [82], S. 128f) scheinen daher weniger plausibel.
104 Aurelius Victor, *Liber de Caesaribus* 15.4.
105 Sueton, *De vita Caesarum*, Nero 32.2.
106 Er hatte den Titel *procurator hereditatium*; siehe etwa CIL VI.8433 oder XIV.2932.
107 HA Antoninus VIII.5. Zum Verhalten Hadrians: HA Hadrianus XVIII.5.
108 Digesten 49.14.22.2.
109 Er hatte den Titel *procurator ad bona damnatorum*; siehe etwa CIL VI.1634.
110 Pausanias, Beschreibung Griechenlands VIII.43.5.

Kapitel 5: Übertrieben friedliebend?

1 Mommsen [83], S. 391.
2 Aelius Aristides, Romrede 70.
3 HA Antoninus V.4.
4 Siehe etwa Seaby [109] II, Antoninus Pius 86, 99 bzw. 97.

5 HA Antoninus V.4.
6 Haines [50], Volume II, S. 250.
7 CIL X.515.
8 Aurelius Victor, *Liber de Caesaribus* 15.5.
9 *Epitome de Caesaribus* 15.6.
10 Der Papyrus, der diese Informationen liefert, wurde ausführlich von Schehl in [100] diskutiert.
11 Augustus, *Res gestae* 29.
12 HA Hadrianus XXI.11.
13 HA Antoninus IX.6.
14 HA Antoninus IX.7.
15 HA Hadrianus XIII.8.
16 CIL IX.2457. Das Konsulat unter Mark Aurel und Lucius Verus wurde von Weiß in [127] nachgewiesen.
17 Ammian, *Res gestae* XXXI.2.13 und XXXI.2.21f.
18 HA Antoninus V.5.
19 Aelius Aristides, Romrede 100.
20 Dazu ausführlich Nesselhauf [88].
21 Cassius Dio, Römische Geschichte 70.15 (3).
22 HA Antoninus IX.6.
23 Zu diesem Sachverhalt HA Hadrianus XXI.13, XIII.9 und XVII.12.
24 *Epitome de Caesaribus* 14.10.
25 *Epitome de Caesaribus* 15.4.
26 HA Antoninus IX.6.
27 HA Antoninus IX.6. Die Bedeutung dieser Aussage ist umstritten; dazu Walentowski [125], S. 245f.
28 HA Antoninus IX.9.
29 HA Antoninus IX.8. Die bisweilen vorgeschlagene Lesart *curator* anstelle von Eupator scheint mir nicht schlüssig.
30 CIL VI.1208.
31 HA Hadrianus XII.7.
32 Tacitus, Historien II.58 (1).
33 Pausanias, Beschreibung Griechenlands VIII.43.3.
34 Die Beantwortung dieser Frage bleibt Gutsfeld in [49] schuldig. Dass er den Römern etwas vorschnell die Rolle des Aggressors zuschreibt, zeigt auch der folgende Satz ([49] S. 101): „Er [Antoninus] ließ den Heißspornen unter seinen Militärs jedoch nicht nur in der nördlichsten Provinz des Reichs und in Obergermanien zuweilen freie Hand, sondern auch in Nordafrika."
35 CIL XVI.173.
36 Gutsfeld listet [49], S. 110ff zahlreiche Inschriften auf, die unterschiedliche Auslegungen erlauben.
37 AE 1960,28.
38 CIL VIII.10230.
39 CIL VIII.2535f.
40 CIL XVI.99.
41 Siehe Christol [23], S. 134f. Auch die Formulierung des Diploms legt dies nahe.
42 Pferdehirt [94], Nr. 32 listet 3 *alae* aus *Noricum* auf sowie 5 *alae* aus *Pannonia superior* (darunter die beiden in CIL XVI.99 erwähnten). Die übrigen – namentlich leider nur teilweise zu erschließenden – Einheiten sind RMD 5,405 zu entnehmen.
43 AE 1957,176.
44 Dies belegt das in [35] diskutierte Diplom. Da Flavius Flavianus noch im Jahr 156 Statthalter dieser Provinz ist, ist es eher in das Jahr 153 zu datieren.
45 AE 2006,1213.
46 AE 1983,998.
47 Genaueres dazu bei Erkelenz [38] und Gsell/Carcopino [48].

48 AE 1941,79.
49 [49], S. 107 räumt Gutsfeld zwar gewichtige Gründe für die Anwesenheit des Uttedius Honoratus in dieser Provinz ein, vermutet dafür aber einen nichtmilitärischen Anlass, ohne dies überzeugend belegen zu können.
50 RMD 5,405 und 5,407.
51 Zum Folgenden etwa AE 2005,1149f (Stationierung in Rätien); 2007,1776f (*vexillatio* 153); CIL XVI.181f (*vexillatio* 156/157); AE 1987,500 (*vexillatio* 161); AE 1992,1942 (endgültige Verlegung).
52 Siehe Nouwen [89].
53 Siehe Gsell/Carcopino [48], S. 33f.
54 Daher scheint die Frage müßig, ob es einen, zwei oder drei Kriege gegen die Mauren gab (Gutsfeld [49], S. 104f).
55 Haines [50], Volume I, S. 236; wir haben diesen Brief bereits im Abschnitt 3.4 betrachtet.
56 CIL XVI.108.
57 HA Antoninus V.4 und CIL III.1416.
58 Vita nach CIL III.5211–5216.
59 HA Antoninus V.4.
60 Der Gegenstand wird in Münzkatalogen meist als Diadem angesprochen. Maria R.-Alföldi plädiert in [4] für eine Königsfibel und schlägt eine Datierung der Münze um 140 vor. Die zahlreichen, teilweise ausufernden Interpretationsversuche diskutiert Michels in [82], S. 258–269.
61 Aelius Aristides, Romrede 84.
62 Appian, Römische Geschichte, Einleitung 7.
63 Vergleiche Dobesch [30], S. 1038ff.
64 HA Antoninus V.4.
65 Aelius Aristides, Romrede 70. Dass zur Zeit des Antoninus Pius römische Truppen am Roten Meer stationiert waren, belegt die Inschrift AE 2004,1643, die auf den südwestlich der Arabischen Halbinsel gelegenen Farasan-Inseln gefunden wurde.
66 HA Antoninus XII.2.
67 CIL VIII.12513 und VIII.20424.
68 Die Stationen seiner Laufbahn enthält CIL VI.1523. Nach dem Militärdiplom CIL XVI.108 war er am 8. Juli 158 Statthalter in Dakien. Die Inschrift CIL III.1061 (die auch den Mut der *legio XIII Gemina* würdigt) zeigt, dass er dort von seiner Designation zum Konsul für 159 erfuhr. Seine Rolle im parthischen Krieg vermerken HA Marcus IX.1 und HA Verus VII.1. Agrippas Auszeichnung überliefern Sueton, *De vita Caesarum*, Augustus 25 und Cassius Dio, Römische Geschichte 51.21 (3).
69 HA Antoninus IX.10 und XIII.4.
70 Eutrop, *Breviarium* VIII.8.
71 Cicero, *De re publica* II.25f.
72 Gibbon [45], Band I, S. 105.

Kapitel 6: Ein Kümmelspalter?

1 Julian, *Caesares* 311f.
2 HA Antoninus XII.1.
3 Es ist zwar ein Salvius Valens bezeugt (Digesten 48.2.7.2). Doch dieser ist kein Jurist, sondern Statthalter einer Provinz. Dazu Liebs [78], S. 40–43.
4 CIL VI.1421.
5 Seine Mitgliedschaft unter Mark Aurel belegt Digesten 28.4.3.
6 *Codex Iustinianus* III.33.15.
7 HA Antoninus VIII.5.
8 Hüttl [61], Band I, S. 127.
9 Digesten 49.16.13.6.
10 HA Antoninus X.8.

11 Fronto in Haines [50], Volume II, S. 58.
12 So die HA Hadrianus XXII.8. CIL XI.5028 belegt jedoch einen ritterlichen Amtsinhaber unter Vitellius (der aber mit weiteren Aufgaben betraut war).
13 CIL III.411.
14 Vita nach CIL XIV.5347 (siehe auch Holder [58]).
15 Vita nach der in der Provinz *Africa* gefundenen Inschrift CIL VIII.24094 (siehe dazu auch Alföldy [5], S. 209).
16 *Collatio legum Mosaicarum et Romanarum* XI.6.
17 Digesten 49.14.15.2.
18 Cassius Dio, Römische Geschichte 54.23 (2).
19 Gaius, *Institutiones* 1.53.
20 Digesten 1.6.2.
21 *Collatio legum Mosaicarum et Romanarum* III.3.5f.
22 Digesten 11.4.3 und 11.4.5.
23 Plinius der Jüngere, Briefe 10.32.
24 Digesten 48.19.22.
25 Plinius der Jüngere, Briefe 7.32.
26 Chantraine [19], S. 247.
27 CIL VI.8440. Er wird auch von Fronto erwähnt (Haines [50], Volume II, S. 94).
28 CIL XIV.250.
29 CIL VI.2120.
30 Digesten 48.19.9.16.
31 Digesten 40.5.26.2–4.
32 Digesten 40.5.30.7.
33 Digesten 40.5.42.
34 Digesten 34.9.5.15.
35 Digesten 42.1.38pr.
36 Digesten 40.2.9.1.
37 Digesten 48.10.15.3.
38 Digesten 35.1.77pr und 40.4.26.
39 Digesten 35.1.7pr.
40 Digesten 26.4.1.3.
41 Digesten 40.5.24.21.
42 Digesten 50.4.18.7; die folgenden Zitate zu diesem Thema aus Digesten 48.3.6pr und 48.3.6.1.
43 Digesten 49.14.2.5.
44 Digesten 48.3.3.
45 Digesten 48.19.28.7.
46 Digesten 48.5.38.8; zur Strafzumessung auch Digesten 48.8.1.5.
47 Dies zeigt die Trennung von Zeugen und Sklaven bei Tacitus, Annalen II.28 (1). Siehe zu diesem Sachverhalt auch Ermann [39], S. 424.
48 Digesten 48.18.10pr.
49 Digesten 48.18.9pr und 48.18.1.5.
50 Digesten 29.5.1.5 und 48.18.15.2.
51 Digesten 48.18.1.13.
52 Digesten 48.18.16.1.
53 Digesten 29.2.25.3, 34.8.3pr und 49.14.12.
54 Zum Folgenden Digesten 48.21.3.
55 Digesten 26.5.12.1.
56 Digesten 25.3.5.
57 *Codex Iustinianus* V.25.1.

58 Digesten 25.3.5.7.
59 Digesten 50.12.15.
60 Digesten 26.5.12.2.
61 Digesten 37.10.1.5.
62 Digesten 42.1.20.
63 Digesten 43.30.3.5 und 43.30.1.3.
64 Digesten 48.8.11pr.
65 HA Hadrianus XIV.2.
66 Plinius der Jüngere, Briefe 10.96f.
67 Eusebius, Kirchengeschichte 4.9.
68 Dazu ausführlich Kuhlmann [70].
69 Cassius Dio, Römische Geschichte 70.3 (1).
70 Eusebius, Kirchengeschichte 4.11.
71 Justin, Erste Apologie 17.
72 Justin, Zweite Apologie 1f.
73 Dass dies keine Einzelfälle waren, belegt etwa ein Ausspruch des Arrius Antoninus in seiner Eigenschaft als Prokonsul der Provinz *Asia* (wohl um 185), den Tertullian in seinem Brief an Scapula überliefert. Viele von denen, die sich um den Märtyrertod rissen, habe er mit folgenden Worten heimgeschickt: „Elende, wenn ihr sterben wollt, so habt ihr ja Abgründe und Stricke."
74 Mark Aurel, Selbstbetrachtungen XI.3.
75 Digesten 12.2.5.3 und 12.2.5.1.

Kapitel 7: Gleichmut

1 HA Antoninus XIII.1.
2 Mark Aurel, Selbstbetrachtungen I.16.
3 HA Antoninus XIII.2.
4 Plinius der Ältere, *Naturalis historia* 11.96f/238–242.
5 HA Antoninus XII.4 und XII.7.
6 HA Antoninus XII.5f. Die Bedeutung der goldenen Fortunastatue belegt eine Anekdote über Septimius Severus (HA Septimius Severus XXIII.5f). Der Kaiser, der die Rivalitäten zwischen seinen beiden Söhnen kannte, ließ sogar ein Duplikat dieser Statue herstellen, um jedem von ihnen eine solche Statue zu hinterlassen. Kurz vor seinem Tod habe er sich aber anders entschieden und befohlen, die echte *Fortuna* täglich abwechselnd in den Schlafzimmern seiner Söhne aufzustellen.
7 Cordruwisch [26], S. 92f.
8 Cassius Dio, Römische Geschichte 72.33 (4^2) und 72.34 (5).
9 Siehe Erika Simon [111], S. 210–212. Sie widerlegt überzeugend die beiden einander widersprechenden Deutungen, die Ovid in seinen *Fasti* und Gellius in seinen *Noctes Atticae* bieten.
10 HA Antoninus XIII.3f.
11 CIL X.1784.
12 Der genaue Ablauf der Feierlichkeiten ist umstritten. So wird auch die Ansicht vertreten, dass wegen der im zweiten Jahrhundert zunehmenden Erdbestattungen der Leichnam des Antoninus im Mausoleum beigesetzt und auf dem Scheiterhaufen nur eine Wachspuppe verbrannt wurde. Ausführlich referiert werden diese Diskussionen in Chantraine [20] und Temporini [121], S. 221–226. Da uns diese Überlegungen den Kaiser nicht näher bringen, sollen sie hier nicht weiter interessieren.
13 HA Marcus VII.11.
14 CIL VI.1004.
15 Dazu ausführlich Bechtold [9], S. 268–275.
16 Mark Aurel, Selbstbetrachtungen VI.30.

Abbildungsnachweise

Abb. 2-1 Wikimedia Commons, Sailko
Abb. 2-2 Wikimedia Commons, Heilfort Steffen
Abb. 2-4 Auktionshaus H. D. Rauch, Wien, Auktion 102, Los 71
Abb. 2-5 KHM-Museumsverband
Abb. 2-8 Fritz Rudolf Künker GmbH & Co. KG, Osnabrück, Auktion 288, Los 577
Abb. 2-9 Fritz Rudolf Künker GmbH & Co. KG, Osnabrück, Auktion 288, Los 578
Abb. 3-1 Fritz Rudolf Künker GmbH & Co. KG, Osnabrück, Auktion 280, Los 626
Abb. 3-2 Wikimedia Commons, David Castor
Abb. 3-3 Roma Numismatics Ltd, www.RomaNumismatics.com
Abb. 3-4 Numismatica Ars Classica NAC AG, Zürich - London, Auktion 102, Los 523
Abb. 4-1 Numismatica Ars Classica NAC AG, Zürich - London, Auktion 99, Los 11
Abb. 4-2 Auktionshaus H. D. Rauch, Wien, Auktion 102, Los 77
Abb. 4-3 Wikimedia Commons, Stefano du Perac
Abb. 4-4 Numismatica Ars Classica NAC AG, Zürich - London, Auktion 97, Los 141
Abb. 4-6 Wikimedia Commons, Saturnian
Abb. 4-7 Gorny & Mosch, Giessener Münzhandlung, München, Auktion 245, Los 1617
Abb. 4-8 Fritz Rudolf Künker GmbH & Co. KG, Osnabrück, Auktion 280, Los 621
Abb. 4-9 Wikimedia Commons, Classical Numismatic Group, Inc. http://www.cngcoins.com
Abb. 4-10 Numismatica Ars Classica NAC AG, Zürich - London, Auktion 95, Los 276
Abb. 4-11 Landesmuseum Württemberg, Stuttgart, CC BY-SA (Adolar Wiedemann)
Abb. 5-2 Numismatica Ars Classica NAC AG, Zürich - London, Auktion 64, Los 1184
Abb. 5-4 Numismatica Ars Classica NAC AG, Zürich - London, Auktion 40, Los 726
Abb. 5-6 Fritz Rudolf Künker GmbH & Co. KG, Osnabrück, Auktion 295, Los 864
Abb. 5-7 Wikimedia Commons, Classical Numismatic Group, Inc. http://www.cngcoins.com
Abb. 5-9 Gorny & Mosch, Giessener Münzhandlung, München, Auktion 240, Los 507
Abb. 6-1 Numismatik Lanz, München, Auktion 102, Los 588
Abb. 7-1 Gorny & Mosch, Giessener Münzhandlung, München, Auktion 245, Los 1616
Abb. 7-2 Gorny & Mosch, Giessener Münzhandlung, München, Auktion 249, Los 691
Abb. 7-4 Wikimedia Commons, Lalupa

Literaturverzeichnis

[1] Albrecht, M. v. (Hrsg.): Die römische Literatur in Text und Darstellung 1–5, Reclam Verlag, Stuttgart 1987–2000

[2] Alföldi, A.: Das frühe Rom und die Latiner, Wissenschaftliche Buchgesellschaft, Darmstadt 1977

[3] Alföldi, M. R.-: Bild und Bildersprache der römischen Kaiser, Verlag Philipp v. Zabern, Mainz 1999

[4] Alföldi, M. R.-: Nochmal: REX QVADIS DATVS. In: Numismatische Zeitschrift 106/107, 91–94 (1999)

[5] Alföldy, G.: Konsulat und Senatorenstand unter den Antoninen: Prosopographische Untersuchungen zur senatorischen Führungsschicht, Rudolf Habelt Verlag, Bonn 1977

[6] Appian: Roman History I, übers. v. H. White, Harvard University Press, Cambridge 2002

[7] Aurelius Victor: Die römischen Kaiser – Liber de Caesaribus, übers. v. M. Fuhrmann, Artemis & Winkler Verlag, Düsseldorf 2009[3]

[8] Baier, T. (Hrsg.): Der Neue Georges, Wissenschaftliche Buchgesellschaft, Darmstadt 2013

[9] Bechtold, Ch.: Gott und Gestirn als Präsenzformen des toten Kaisers, V&R unipress, Göttingen 2011

[10] Beigel, T.: Die Alimentarinschrift von Veleia, Dissertation, Universität Heidelberg 2015

[11] Bellen, H.: Grundzüge der römischen Geschichte I–III, Wissenschaftliche Buchgesellschaft, Darmstadt 1995–2003

[12] Billeter, G.: Geschichte des Zinsfusses im griechisch-römischen Altertum bis auf Justinian, Verlag B. G. Teubner, Leipzig 1898

[13] Birley, A.: Mark Aurel, Verlag C. H. Beck, München 1977[2]

[14] Brandt, H.: König Numa in der Spätantike: Zur Bedeutung eines frührömischen *exemplum* in der spätrömischen Literatur. In: Museum Helveticum: schweizerische Zeitschrift für klassische Altertumswissenschaft 45, 98–110 (1988)

[15] Brashear, W.: Ein gestempelter römischer Ziegelstein (124 n. Chr.). In: Zeitschrift für Papyrologie und Epigraphik 19, 299f (1975)

[16] Bringmann, K.: Kaiser Julian, Wissenschaftliche Buchgesellschaft, Darmstadt 2004

[17] Bryant, E.E.: The Reign of Antoninus Pius, University Press, Cambridge 1895

[18] Champlin, E.: Fronto and Antonine Rome, Harvard University Press, Cambridge 1980

[19] Chantraine, H.: Freigelassene und Sklaven im Dienst der römischen Kaiser, Franz Steiner Verlag, Wiesbaden 1967

[20] Chantraine, H.: „Doppelbestattungen“ römischer Kaiser. In: Historia 29, 71–85 (1980)

[21] Christ, K.: Geschichte der römischen Kaiserzeit, Verlag C. H. Beck, München 1995[3]

[22] Christ, K.: Die Römische Kaiserzeit, Verlag C. H. Beck, München 2001

[23] Christol, M.: L'armée des provinces pannoniennes et la pacification des révoltes maures sous Antonin le Pieux. In: Antiquités africaines 17, 133–141 (1981)

[24] Clauss, M. (Hrsg.): Die römischen Kaiser, Verlag C. H. Beck, München 1997

[25] Cohen, H.: Description historique des monnaies frappées sous L' Empire Romain, Paris 1880–1892[2]

[26] Cordruwisch, B.: Infektionskrankheiten römischer Kaiser, Dissertation, Universität Hamburg 2012

[27] Demandt, A.: Das Privatleben der römischen Kaiser, Verlag C. H. Beck, München 1996

[28] Demandt, A.: Geschichte der Spätantike, Verlag C. H. Beck, München 2008[2]

[29] Dio, C.: Römische Geschichte I–V, übers. v. O. Veh, Wissenschaftliche Buchgesellschaft, Darmstadt 2007

[30] Dobesch, G.: Aus der Vor- und Frühgeschichte der Markomannenkriege. In: Heftner, H. und Tomaschitz, K. (Hrsg.): Gerhard Dobesch, Ausgewählte Schriften, Böhlau Verlag, Köln 2001

[31] Dohna, F.: Apotheosedarstellungen römischer Kaiser, Dissertation, Universität Heidelberg 1998

[32] Domaszewski, A. v.: Geschichte der römischen Kaiser, erster und zweiter Band, Quelle & Meyer, Leipzig 1909

[33] Eck, W.: Die staatliche Organisation Italiens in der hohen Kaiserzeit, Verlag C. H. Beck, München 1979

[34] Eck, W.: M. Cornelius Fronto, Lehrer Marc Aurels, Consul suffectus im J. 142. In: Rheinisches Museum für Philologie 141, 193–196 (1998)

[35] Eck, W., Holder, P. und Pangerl, A.: Eine Konstitution aus dem Jahr 152 oder 153 für niedermösische und britannische Truppen, abgeordnet nach Mauretania Tingitana. In: Zeitschrift für Papyrologie und Epigraphik 199, 187–201 (2016)

[36] Eich, A.: Die römische Kaiserzeit, Verlag C. H. Beck, München 2014

[37] Erkelenz, D.: Die Ehrung als Fest: Wie wurden Ehrenstatuen in der Öffentlichkeit präsentiert? In: Eck, W. und Heil, M. (Hrsg.): Senatores populi Romani, Franz Steiner Verlag, Stuttgart 2005

[38] Erkelenz, D.: Die administrative Feuerwehr? Überlegungen zum Einsatz ritterlicher Offiziere in der Provinzialadministration. In: Haensch, R. und Heinrichs, J. (Hrsg.): Herrschen und Verwalten, Böhlau Verlag, Köln 2007

[39] Ermann, J.: Die Folter Freier im römischen Strafprozeß in der Kaiserzeit bis Antoninus Pius. In: Zeitschrift der Savigny-Stiftung für Rechtsgeschichte, Romanistische Abteilung 117, 424–431 (2000)

[40] Eutropius: Eutropi breviarium ab urbe condita, Wissenschaftliche Buchgesellschaft, Darmstadt 1975

[41] Flach, D.: Römische Geschichtsschreibung, Wissenschaftliche Buchgesellschaft, Darmstadt 2013[4]

[42] Franke, P.R.: Römische Kaiserporträts im Münzbild, Hirmer Verlag, München 1972[3]

[43] Friedl, R.: Das Konkubinat im kaiserzeitlichen Rom, Historia Einzelschriften 98, Franz Steiner Verlag, Stuttgart 1996

[44] Fündling, J.: Marc Aurel, Wissenschaftliche Buchgesellschaft, Darmstadt 2008

[45] Gibbon, E.: Verfall und Untergang des römischen Imperiums, 2 Bände, Wissenschaftliche Buchgesellschaft, Darmstadt 2016

[46] Giebel, M.: Kaiser Julian Apostata, Artemis & Winkler Verlag, Düsseldorf 2002

[47] Grant, M.: The Antonines, Routledge, New York 1994

[48] Gsell, S. und Carcopino, J.: La base de M. Sulpicius Félix et le décret des décurions de Sala. In: Mélanges d'archéologie et d'histoire 48, 1–39 (1931)

[49] Gutsfeld, A.: Römische Herrschaft und einheimischer Widerstand in Nordafrika, Franz Steiner Verlag, Stuttgart 1989

[50] Haines, C.R.: The Correspondence of Marcus Cornelius Fronto I, II, William Heinemann, London 1919, 1920

[51] Hase, S. v.: Die Nordseite des Palatin. In: Antike Welt 3/17, 52–61 (2017)

[52] Heil, M.: Sozialer Abstieg: Beredtes Schweigen? In: Eck, W. und Heil, M. (Hrsg.): Senatores populi Romani, Franz Steiner Verlag, Stuttgart 2005

[53] Hertel, D.: Die Mauern von Troia, Verlag C. H. Beck, München 2003

[54] Herz, P.: Kaiserfeste der Prinzipatszeit. In: ANRW II 16.2, 1135–1200 (1978)

[55] Hillen, H.J. (Hrsg.): Die Geschichte Roms. Römische und griechische Historiker berichten, Artemis & Winkler Verlag, Düsseldorf 2006

[56] Hohl, E. (Hrsg.): Scriptores Historiae Augustae I, II, BSB B. G. Teubner, Leipzig 1971[3]

[57] Hohl, E. (Hrsg.): Historia Augusta – Römische Herrschergestalten I, II, Artemis, Zürich 1976, 1985

[58] Holder, P.A.: Auxiliary Units Entitled Aelia. In: Zeitschrift für Papyrologie und Epigraphik 122, 253–262 (1998)

[59] Horster, M.: Bauinschriften römischer Kaiser, Historia Einzelschriften 157, Franz Steiner Verlag, Stuttgart 2001

[60] Howatson, M.C. (Hrsg.): Reclams Lexikon der Antike, Reclam Verlag, Stuttgart 1996

[61] Hüttl, W.: Antoninus Pius I, II, Arno Press, New York 1975

[62] Jacques, F. und Scheid, J.: Rom und das Reich in der Hohen Kaiserzeit I, Verlag B. G. Teubner, Stuttgart 1998

[63] Kent, J.P.C., Overbeck, B. und Stylow, A.U.: Die römische Münze, Hirmer Verlag, München 1973

[64] Kienast, D., Eck, W. und Heil, M.: Römische Kaisertabelle, Wissenschaftliche Buchgesellschaft, Darmstadt 2017[6]

[65] Klee, M.: Grenzen des Imperiums, Konrad Theiss Verlag, Stuttgart 2006

[66] Klein, R.: Die Romrede des Aelius Aristides: Einführung, Wissenschaftliche Buchgesellschaft, Darmstadt 1981

[67] Kolb, A.: Transport und Nachrichtentransfer im Römischen Reich, Akademie Verlag, Berlin 2000

[68] König, I.: Kleine römische Geschichte, Reclam Verlag, Stuttgart 2001

[69] König, I.: Der römische Staat, Reclam Verlag, Stuttgart 2007

[70] Kuhlmann, P.: Religion und Erinnerung, Die Religionspolitik Kaiser Hadrians und ihre Rezeption in der antiken Literatur, Vandenhoeck & Ruprecht, Göttingen 2002

[71] Lampe, P.: Die stadtrömischen Christen in den ersten beiden Jahrhunderten, J.C.B. Mohr, Tübingen 1989

[72] Le Bohec, Y.: Die römische Armee, Nikol Verlagsgesellschaft, Hamburg 2009

[73] Leisering, W. (Hrsg.): Putzger Historischer Weltatlas, Cornelsen Verlag, Berlin 1997[102]

[74] Lepelley, C.: Rom und das Reich – Die Regionen des Reiches, Nikol Verlagsgesellschaft, Hamburg 2006

[75] Levick, B. M.: Faustina I and Faustina II, Oxford University Press, Oxford 2014

[76] Liebs, D.: Römisches Recht, Vandenhoeck & Ruprecht, Göttingen 2004[6]

[77] Liebs, D.: Reichskummerkasten. Die Arbeit der kaiserlichen Libellkanzlei. In: Kolb, A. (Hrsg.): Herrschaftsstrukturen und Herrschaftspraxis, Akademie Verlag, Berlin 2006

[78] Liebs, D.: Hofjuristen der römischen Kaiser bis Justinian, Verlag C. H. Beck, München 2010

[79] Mark Aurel: Des Kaisers Marcus Aurelius Antoninus Selbstbetrachtungen, übers. v. A. Wittstock, Reclam Verlag, Stuttgart 1949

[80] Marotta, V.: Multa de iure sanxit, Giuffrè, Mailand 1988

[81] Michels, Ch. und Mittag, P.F. (Hrsg.): Jenseits des Narrativs, Antoninus Pius in den nichtliterarischen Quellen, Franz Steiner Verlag, Stuttgart 2017

[82] Michels, Ch.: Antoninus Pius und die Rollenbilder des römischen Princeps, de Gruyter, Berlin 2018

[83] Mommsen, Th.: Römische Kaisergeschichte, Herausgegeben von Barbara und Alexander Demandt, Verlag C. H. Beck, München 1992

[84] Mosch, H.-Ch. v.: Aphrodite Selene. In: Jahrbuch für Numismatik und Geldgeschichte 67, 145–239 (2017)

[85] Mratschek-Halfmann, S.: Divites et praepotentes, Historia Einzelschriften 70, Franz Steiner Verlag, Stuttgart 1993

[86] Müller, F.L.: Die beiden Satiren des Kaisers Julianus Apostata, Franz Steiner Verlag, Stuttgart 1998

[87] Müller-Eiselt, K.P.: Divus Pius Constituit, Kaiserliches Erbrecht, Duncker & Humblot, Berlin 1982

[88] Nesselhauf, H.: Ein neues Fragment der Fasten von Ostia. In: Athenaeum 36, 219–228 (1958)

[89] Nouwen, R.: The Vexillationes of the Cohortes Tungrorum during the second Century. In: Proceedings of the XVIth International Congress of Roman Frontier Studies, Oxbow Monograph 91, 461–465 (1997)

[90] Opper, T.: Hadrian, Wissenschaftliche Buchgesellschaft, Darmstadt 2009

[91] Orosius P.: Historiarum adversum paganos libri VII, Georg Olms, Hildesheim 1967

[92] Otto, C.E., Schilling, B., Sintenis, C.F.F. (Hrsg.): Das Corpus Juris Civilis 1–7, Verlag von Carl Focke, Leipzig 1830–1833

[93] Pausanias: Beschreibung Griechenlands, 2 Bände, übers. v. E. Meyer, Deutscher Taschenbuch Verlag, München 1972

[94] Pferdehirt, B.: Römische Militärdiplome und Entlassungsurkunden in der Sammlung des Römisch-Germanischen Zentralmuseums, Mainz 2004

[95] Priwitzer, S.: Dynastisches Potential von Kaiserfrauen im Prinzipat am Beispiel der Faustina minor – Tochter, Ehefrau und Mutter. In: Augustae – Machtbewusste Frauen am römischen Kaiserhof?, Akademie Verlag, Berlin 2010

[96] Rémy, B.: Antonin le Pieux – le siècle d'or de Rome 138–161, Fayard, Paris 2005

[97] Ritter, S.: Buildings on Roman coins: Identification problems. In: Jahrbuch für Numismatik und Geldgeschichte 67, 101–143 (2017)

[98] Salomies, O.: Redner und Senatoren. Eloquenz als Standeskultur. In: Eck, W. und Heil, M. (Hrsg.): Senatores populi Romani, Franz Steiner Verlag, Stuttgart 2005

[99] Scarre, C.: Die römischen Kaiser, ECON Verlag, Düsseldorf 1996

[100] Schehl, F.: Untersuchungen zur Geschichte des Kaisers Antoninus Pius. In: Hermes 65, 177–208 (1930)

[101] Scheithauer, A.: Kaiserliche Bautätigkeit in Rom, Franz Steiner Verlag, Stuttgart 2000

[102] Schipp, O.: Die Adoptivkaiser, Wissenschaftliche Buchgesellschaft, Darmstadt 2011

[103] Schlumberger, D.: Bornes frontières de la Palmyrène. In: Syria 20, 43–73 (1939)

[104] Schlumberger, J.: Die Epitome de Caesaribus. Untersuchungen zur heidnischen Geschichtsschreibung des 4. Jahrhunderts n. Chr., Verlag C. H. Beck, München 1974

[105] Schmall, S.: Patrimonium und Fiscus: Studien zur kaiserlichen Domänen- und Finanzverwaltung von Augustus bis Mitte des 3. Jahrhunderts n. Chr., Dissertation, Rheinische Friedrich-Wilhelms-Universität zu Bonn 2011

[106] Schmidt, M.G.: URSUS TOGATUS (CIL VI 9797). In: Zeitschrift für Papyrologie und Epigraphik 126, 240–242 (1999)

[107] Schmitt, M.T.: Die römische Außenpolitik des 2. Jahrhunderts n. Chr., Franz Steiner Verlag, Stuttgart 1997

[108] Schulten, P.N.: Die Typologie der römischen Konsekrationsprägungen, Numismatischer Verlag P.N. Schulten, Frankfurt 1979

[109] Seaby, H.A.: Roman Silver Coins I, II, Seaby, London 1967, 1968

[110] Seelentag, G.: Trajan, Hadrian und Antoninus Pius. In: Winterling, A. (Hrsg.): Zwischen Strukturgeschichte und Biographie: Probleme und Perspektiven einer neuen Römischen Kaisergeschichte 31 v.Chr.–192 n.Chr., Oldenbourg Verlag, München 2011

[111] Simon, E.: Die Götter der Römer, Hirmer Verlag, München 1990

[112] Sommer, M.: Roms orientalische Steppengrenze, Franz Steiner Verlag, Stuttgart 2005

[113] Stein-Hölkeskamp, E. und Hölkeskamp, K.-J. (Hrsg.): Erinnerungsorte der Antike – Die römische Welt, Verlag C. H. Beck, München 2006

[114] Stoll, R.: Frauen auf römischen Münzen, Trier 1996

[115] Strack, P.: Untersuchungen zur römischen Reichsprägung des zweiten Jahrhunderts III: Die Reichsprägung zur Zeit des Antoninus Pius, Kohlhammer, Stuttgart 1937

[116] Stroheker, K.F.: Die Außenpolitik des Antoninus Pius nach der Historia Augusta. In: Antiquitas, Reihe 4, Band 3, 241–256, Rudolf Habelt Verlag, Bonn 1966

[117] Sueton: Das Leben der römischen Kaiser, übers. v. H. Martinet, Albatros Verlag, Düsseldorf 2001

[118] Sutherland, C.H.V.: Roman Coins, Barrie & Jenkins, London 1974

[119] Tacitus: Annalen, 3 Bände, übers. v. A. Städele, Wissenschaftliche Buchgesellschaft, Darmstadt 2011

[120] Tacitus: Historien, 2 Bände, übers. v. A. Städele, Wissenschaftliche Buchgesellschaft, Darmstadt 2014

[121] Temporini, H.: Die Frauen am Hofe Trajans, de Gruyter, Berlin 1978

[122] Temporini-Gräfin Vitzthum, H. (Hrsg.): Die Kaiserinnen Roms. Von Livia bis Theodora, Verlag C. H. Beck, München 2002

[123] Thomas, J.D.: An imperial *constitutio* on papyrus. In: Bulletin of the Institute of Classical Studies 19, 103–112 (1972)

[124] Vogt, J.: Die Alexandrinischen Münzen, Kohlhammer, Stuttgart 1924

[125] Walentowski, S.: Kommentar zur Vita Antoninus Pius der Historia Augusta, Rudolf Habelt Verlag, Bonn 1998

[126] Weiss, F.: Die Attischen Nächte des Aulus Gellius, Fues's Verlag, Leipzig 1875

[127] Weiß, P.: Militärdiplome und Reichsgeschichte: Der Konsulat des L. Neratius Proculus und die Vorgeschichte des Partherkriegs unter Marc Aurel und Lucius Verus. In: Haensch, R. und Heinrichs, J. (Hrsg.): Herrschen und Verwalten, Böhlau Verlag, Köln 2007

[128] Weiß, P.: Die vorbildliche Kaiserehe. In: Chiron 38, 1–45 (2008)

[129] Wesch-Klein, G.: Der obergermanische Limes und seine Entwicklung. In: Studia Universitatis Babeş-Bolyai: Historia 57, 116–136 (2012)

[130] Wesch-Klein, G.: Die Provinzen des Imperium Romanum, Wissenschaftliche Buchgesellschaft, Darmstadt 2016

[131] Williams, W.: Antoninus Pius and the Control of Provincial Embassies. In: Historia 16, 470–483 (1967)

[132] Williams, W.: Individuality in the Imperial Constitutions: Hadrian and the Antonines. In: The Journal of Roman Studies 66, 67–83 (1976)

[133] Wright, W.C.: Philostratus and Eunapius, The Lives of the Sophists, William Heinemann, London 1922

[134] Yourcenar, M.: Ich zähmte die Wölfin, Deutscher Taschenbuch Verlag, München 1999[19]

[135] Zevi, F.: I consoli del 97 d. Cr. in due framenti gia' editi dei Fasti Ostienses. In: Folia philologica 96, 125–137 (1973)

Register

Antoninus Pius und Zitate der *Historia Augusta* (HA) sind nicht aufgenommen.

[ ] verweist auf eine Infobox, [ ] auf einen Lebenslauf.

a libellis, 110
ab epistulis, 49, 111
Abakus, 80
Abgar, Abgariden, 94
Acilius Glabrio, 29, 48
Actium, 77
Adler, 50
AE, 15
Aelia Capitolina, 120
Aelius Aristides, 13, 65, 71, 86, 93, 103, 104
Aelius Caesar, 30, 82
Aeneas, 8, 41, 42
Aeneis, 8, 41
Aequitas, 109
ala, 99
Alanen, 92
Alexander (Philologe), 57
Alexander (Rhetor), 49
Alfius Iulius, 113
alimentatio, 81
Ammian, 27, 92
amphitheatrum Flavium, 75
Anagnia, 46
Anchises, 8, 42
Andron, 57
Ankläger, 111
Annius Macer, 58
Annius Verus, 27, 36
Antiochia, 78
Antium, 78
Antoninuswall, 86
Apollo, 48, 77
Apollonius (Philosoph), 58, 59
Apollonius (Redner), 59
Appian, 12, 15, 16, 22, 63, 103
Apuleius, 66
Aristides, *siehe* Aelius Aristides
Armenien, 24, 89, 92
Arria Fadilla, 22, 26
Arrius Antoninus, 24, 51
Arvalbrüder, 28, 48
Ascanius, 42
Asowsches Meer, 92
Aspurgus, 94
Athen, 78
Atilius Titianus, 65
Augusta, 49, 50, 54
Augustus (Kaiser), 8, 16, 55, 59, 73, 76, 89, 108
Augustus (Titel), 20, 125
Aulus Gellius, 61, 67
Aurelius Egatheus, 114
Aurelius Fulvus, 23, 24, 26
Aurelius Fulvus Antoninus, 28
Aurelius Strenion, 114
Aurelius Victor, 11, 24, 35, 56, 84, 88
aurum coronarium, 73
Auspizien, 88
Avidius Heliodorus, 89

Baiae, 37
Bar Kochba, 104, 120
Beschneidung, 120
BGU, 15
Boionia Procilla, 26
Bosporanisches Reich, 94
Breviarium, 11

Caecilius Maximus, 116
Caesar, 41, 48, 89
Caesar (Titel), 20, 30, 34, 56
Caieta, 77
Caligula, 45, 76

Calpurnius Piso, 64
Caninius Celer, 58, 59
Caracalla, 12, 76
Carrhae, 89
Cassius Dio, 8, 10, 32, 38, 41, 93, 112, 121
Catilius Severus, 28, 32, 66
Ceionius Commodus, *siehe* Aelius Caesar
Censorius Niger, 67
Centumcellae, 45
Christenverfolgungen, 122
Chronograph von 354, 35, 40, 78
Cicero, 38, 45, 46, 48, 74, 106
CIL, 15
Cinna Catulus, 58
Cirta, 61
Civitavecchia, 45
Claudius, 8, 37, 65
Claudius Maximus, 58, 66
Claudius Severus, 58
Codex Iustinianus, 14
Cohen, 14
Collatio legum Mosaicarum et Romanarum, 14
Commodus, 8, 10, 41, 55, 67, 68
Concordia, 30, 34, 54
confessus, 112, 118
congiarium, 80
consecratio, 38, 38, 39, 75, 125
consilium, 28, 57, 64, 74, 108
consul, 11
Cornelius Fronto, *siehe* Fronto
Corpus Inscriptionum Latinarum, 15
Corpus Iuris Civilis, 14
cursus honorum, 19, 27, 37, 61

delator, 111
deportatio, 117, 118
Diabolenus, 108
Diana, 34
dies imperii, 31
Digesten, 14, 68, 108, 119
Diognetus, 58
Diokletian, 12
Dionysius Gothofredus, 14
diploma militare, 39, 96, 98, 100
Domitia, 38
Domitia Faustina, 54
Domitia Lucilla, 36, 48, 61, 62
Domitia Paulina, 31
Domitian, 7, 22, 24, 26, 45, 51, 65, 86
Domus Tiberiana, 45, 58

Engelsburg, 38
Ephesus, 34
epistula, 111
Epitome, 10
Epitome de Caesaribus, 11
Erucius Clarus, 66, 67
Euander, 43
Eupator, 94
Euphorion, 57
Eusebius, 121
Eutrop, 11, 106
Excerpta Ursiniana, 10

Fadilla, 28
Fasti Ostienses, 14, 65, 77, 93
Faustina die Ältere, 14, 26, 28, 35, 36, 50–53, 56, 82, 126
Faustina die Jüngere, 19, 29, 35, 49, 53–55, 81
Felicitas, 34
Filocalus, 35
Fortuna, 124
Fregellae, 77
Freigelassene, 53, 64, 69, 110, 114
Fronto, 13, 31, 45–47, 53, 58–63, 67–68, 78, 88, 100
Fulvio Orsini, 10
Fulvius Aburnius Valens, 108
Fuscus, 31

Gaeta, 77
Gaius, 14, 112
Galba, 64
Galerius Aurelius Antoninus, 28
Gallienus, 21
Gavius Maximus, 67, 95
Geminus, 57
Gentilname, *siehe nomen gentile*
Gibbon, 7, 106
Gordian III., 13

Götterversammlung, 107
Graecostadium, 75
Gyaros, 53

HA, 11
Hadrian, 7, 8, 10, 12, 14, 16, 20, 23, 27–38, 40–42, 45, 49, 56, 65, 66, 71–73, 75, 76, 79, 82, 86, 88–90, 92, 93, 100, 104, 110, 112, 116, 121
Hadrianswall, 86
Hafen
    von Caieta, 75, 77
    von Puteoli, 77
    von Tarracina, 75, 77
Harpocratio, 59
Hephaestio, 59
Herodes Atticus, 13, 58, 59, 62
Historia Augusta, 11
Hochverrat, 65, 85, 117
homo novus, 19, 61, 67, 108, 111

Iberer, 93
Imperator, 32, 88, 102, 106
imperium proconsulare, 11, 34, 54
Institutiones, 14
Irenarch, 116
Iulius Lupus, 24
Iunius Rusticus, 58, 67
Izmir, 48, 110

Julian, 13, 107
Juno, 22
Jupiter, 27
Justin, 121, 122
Justinian, 14
Juvenal, 18

Karthago, 78
Kimmerischer Bosporus, 92, 94
Klassenjustiz, 117
Kleopatra, 108
Kolchis, 94
Kolosseum, 75
Konsekration, *siehe consecratio*
Konstantin der Große, 107
Konsul, 11
Konsular, 11, 18

Kranzgold, 73

Lambaesis, 78
Lamia Silvanus, 54
L'Année épigraphique, 15
Lanuvium, 22, 42, 45, 46
Lasen, 94
latus clavus, 66
Laurentum, 46
Lavinium, 42, 43
Lazen, 94
legatus, Legat, 30
libellus, 110
liberalitas, 80
libertus, liberta, siehe Freigelassene
Licinius Crassus, 89
Limes, 102
Livia, 55
Lollius Urbicus, 67, 86, 122
Lorium, 24, 35, 45, 124
Lucius Aelius, 33, 34, 56–59, 92, 125
Lucius Ceionius Commodus, *siehe* Lucius Aelius
Lucius Verus, *siehe* Lucius Aelius
Lysistrate, 53

Macrinus, 21
Malalas, 12
Marcus Annius Verus, *siehe* Mark Aurel
Marcus Antonius, 89, 108
Marcus Aurelius, *siehe* Mark Aurel
Mark Aurel, 8, 10, 12–14, 19, 33, 43, 45–47, 49, 54–61, 67, 68, 75, 82, 87, 88, 92, 107, 108, 122, 124, 125
Markouna, 78
Mausoleum
    des Augustus, 38
    des Hadrian, 38, 40, 52, 75, 125
Medien, 92
Mesomedes, 69
Militärdiplom, *siehe diploma militare*
Minerva, 34
Minicius Fundanus, 121
Mommsen, 15, 86
mos maiorum, 42, 43, 109
munificentia, 83

Narbo, Narbonne, 78
Neapel, 46
Nemausus, 23
Neratius Proculus, 92
Nero, 8, 32, 38, 45, 70, 84
Nerva, 7, 8, 26, 27, 56, 65, 81
900-Jahr-Feier Roms, 83
Nicomedes, 59
Nîmes, 23
nomen gentile, 30, 33, 34, 114
Numa Pompilius, 106

Olbia, Olbiopolis, 94
ordo equester, 20
ornamenta consularia, 24, 67
Orosius, 13
Osrhoene, 94
Osroes, 92
Ostia, 78
Otho, 24

Pacorus, 94
Palladium, 72
Pallantion, 43
Pallas Athene, 72
Palmyra, 66
Pandekten, 14
Pantheon, 76
Parther, 89–92, 105
pater familias, 119
pater patriae, 40, 64
Pausanias, 12, 43, 79, 85, 95
Personifikation, 14, 34, 54, 72, 73, 80, 109, 124
Pertinax, 64
Petronius Mamertinus, 68
Petronius Sura, 68
Pfau, 50
Pharasmanes, 93
Pharos, 77
Philadelphia, 89
Philostratos, 13, 48
Pietas, 34
Plinius der Ältere, 23, 27, 124
Plinius der Jüngere, 26, 36, 66, 71, 114, 121
Pola, 57
Polemon, 48
Polybios, 43
Pompeius, 89
pontifex maximus, 43
Pontius Laelianus, 66
Porolissum, 78
Pozzuoli, 38, 46, 77, 125
praefectus Aegypti, 71
praefectus praetorio, 66
praefectus urbi, 11, 13, 24, 27, 28, 32, 58, 63, 66
praefectus vehiculorum, 71
praenomen imperatoris, 32
Prastina Messalinus, 98, 100
princeps, 20
Priscianus, 65
Proculus, 57
provincia, Provinz, 18
Provinzen
- *Aegyptus*, 70, 89, 108
- *Africa*, 11, 18, 66, 98, 100
- *Asia*, 18, 26, 28, 48, 62, 69, 78, 89, 100, 116, 121
- *Britannia*, 99
- *Cappadocia*, 89
- *Dacia*, 78, 100
- *Gallia Lugdunensis*, 43
- *Gallia Narbonensis*, 23
- *Germania inferior*, 108
- *Germania superior*, 102
- *Hispania Baetica*, 112
- *Iudaea*, 120
- *Mauretania Caesariensis*, 95, 98, 100
- *Mauretania Tingitana*, 95, 99, 100
- *Moesia inferior*, 99
- *Noricum*, 99
- *Pannonia inferior*, 98
- *Pannonia superior*, 66, 98, 99
- *Raetia*, 100, 102
- *Syria*, 28, 66, 89
- *Syria Palaestina*, 120

puellae faustinianae, 83
Pula, 57
Puteoli, 38, 46, 77, 125

Quaden, 102

Regierungsjubiläen, 83
relegatio, 117
Repentinus, 53
rescriptum, Reskript, 111
Rhodos, 78
Rhoimetalkes, 94
Ritter, 20
RMD, 15
Rom, 18, 28, 38, 42, 43, 52, 61, 68, 70, 72, 78, 83, 93, 100
Roma, 72, 127
Roman Military Diplomas, 15
Romulus, 106
Rupilia Faustina, 26

Sala, 71, 99
Salus, 124
Salvidienus Orfitus, 66
Salvius Iulianus, 19, 108, 111
Säule
    des Antoninus Pius, 79, 126
    des Mark Aurel, 75
    des Trajan, 100
Scaurinus, 58
Scheiterhaufen, 50, 125
Schottland, 86
Scolacium, 78
Segni, 45
Seneca, 8, 27
Septimius Severus, 10, 12, 13, 41, 76
servus poenae, 113, 118
Severus Alexander, 10
sevir turmarum equitum Romanorum, 29, 56
Sextilius Acutianus, 110
Sextius Calpurnius, 63
Sextus, 58, 59
Signia, 45
Sklaven, 112–114
Smyrna, 48, 110
Stadtpräfekt, *siehe praefectus urbi*
Statius Priscus, 21, 101, 105
statuliber, 114
Straße von Kertsch, 92, 94
Strafsklave, 113
Sueton, 38, 84
Sulpicius Felix, 71, 99

Tacitus, 7, 26, 64, 95
Tarracina, 77
Tattius Maximus, 68
Tazoult-Lambèse, 78
Telephus, 59
Tempel
    der Faustina, 50
    der *Iuno Sospita*, 22, 78
    der Vesta, 72
    des Agrippa, 75, 76
    des Antoninus, 50, 125
    des Augustus, 76
    des Hadrian, 75
    in Lanuvium, 22, 75, 78
Terracina, 77
Tiberbrücken, 77
Tiberius, 7, 45, 59
Tibur, 46, 79
Titus, 27, 30, 120
Tivoli, 46, 79
Totschlag, 117
Trajan, 7, 8, 16, 20, 23, 27–29, 35, 56, 66, 71, 72, 79, 81, 88, 90, 91, 100, 106, 114, 121
Trajansforum, 27
tres militiae, 101
tribunicia potestas, 34, 36, 54, 56, 83, 110
Triumph, 88
Troja, 43
Trosius Aper, 57
Tusculum, 45, 46

Ulpian, 123
Ulpius Marcellus, 108
Ursus Servianus, 31, 36
Uttedius Honoratus, 99

Valerius Homullus, 48
Varius Clemens, 20, 95, 100, 101
Vedius Pollio, 112
Veiovis, 125
Venus, 54
Verecunda, 78
Vergil, 8, 41

Vermächtnis, 84
Verres, 74
Vespasian, 24, 27, 30, 52, 71
vexillatio, 86, 87, 92
via Aemilia, 77
Victoria, 86, 88, 102
Vindius Verus, 108
Vitellius, 24
Vologaeses III., 92
Vologaeses IV., 92
Volusius Maecianus, 21, 58, 71, 108, 110, 110, 114
vota, 31, 48, 54, 84

Xiphilinos, 10, 121

Zweite Sophistik, 13

Die Bildnisse des Tiberius
Von Dieter Hertel
2013. 4°. Ln., 256 S., 560 s/w- Abb., 142 Tafeln,
11 Beilagen mit 96 Strichzeichnungen
(978-3-89500-917-4)

Das römische Herrscherbild
I. Abteilung, Teil 3

Der erste Kaiser des Römischen Reiches, Augustus, war darauf bedacht, eine Dynastie zu begründen. Nachdem mehrere Ansätze durch den Tod der jeweiligen Thronprätendenten gescheitert waren, wurde Tiberius aus der Familie der Claudier adoptiert und zum Nachfolger ernannt. Eine der Maßnahmen, die geplante Rolle des Tiberius zu propagieren, war die Verbreitung von Portraits des Thronfolgers. Nach dem Tod des Augustus schließlich wurden weitere Bildnistypen geschaffen, nach denen Kopien hergestellt und im gesamten Römischen Reich verbreitet wurden um den Herrscher auch bildlich bekannt zu machen. Das Werk behandelt diese im Römischen Reich gefundenen Porträts des Tiberius; dabei werden seine Bildnisdarstellungen in allen Medien der Kunst zusammengetragen und nach Typen/Bildnisfassungen gegliedert. Es folgt eine Analyse der jeweiligen Kopien/Repliken mittels einer Kopienkritik/Replikenrezension. Diese in der Porträtforschung bewährte Methode dient dazu, eine Vorstellung von dem jeweiligen Urbild zu gewinnen, das dem zugehörigen Typus zugrundeliegt und unter dem Einfluss des Hofes kreiert wurde. Dabei stellt sich heraus, dass eine Kerngruppe von Bildnissen viele übereinstimmende Züge zeigt, während andere Köpfe Formen aufweisen, die das Vorbild des Typus relativ frei reproduzieren. Aufgrund der Bedingungen der antiken Kopistentechnik ist Ausgangspunkt der Untersuchung an erster Stelle die Gestalt der Frisur, vor allem der Anlage der Haarsträhnen über der Stirn; erst danach folgt das Studium der Physiognomie und Mimik. Abschluss der kopienkritischen Analyse ist dann der Versuch, die Bildnistypen zu datieren und anschließend ihre politische Aussage zu ermitteln. Die Ergebnisse dieser Untersuchung aller Bildnisdarstellungen werden zuletzt mit den in antiken Schriftquellen überlieferten Nachrichten über das Aussehen des Tiberius verglichen und auf ihre Zuverlässigkeit hin befragt. Ein Katalog und ein umfangreicher Tafelteil mit einer möglichst vollständigen Dokumentation aller Tiberius-Bildnisse sowie Beilagen mit den Umzeichnungen der Frisurschemata beschließen diesen Band der vom DAI herausgegebenen Reihe „Das römische Herrscherbild".

Paweł Gołyźniak
Ancient Engraved Gems in the National Museum in Kracow
2017. 4°. Hc., 432 pp., 1002 b/w-ill.
(978-3-95490-243-9)

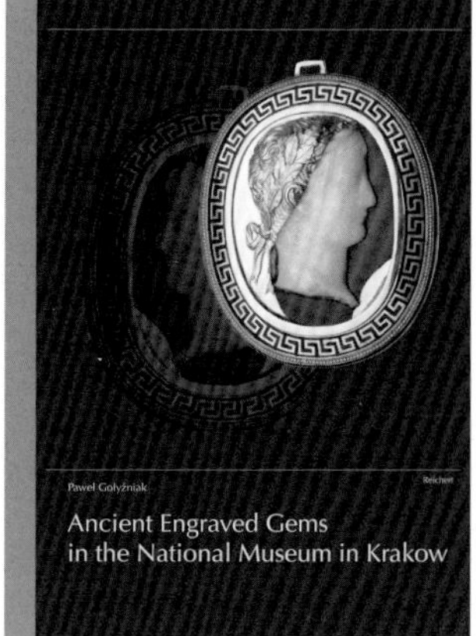

The collection of ancient engraved gems in the National Museum in Krakow is considerable in size and top in quality. It consists mostly of the specimens assembled by the extraordinary collector and art dealer Constantine Schmidt-Ciążyński (1818-1889). Almost 780 cameos, intaglios, scarabs and finger rings are presented in this volume.

Jeffrey Spier – Jack Ogden
Rings of the Ancient World
Egyptian, Near Eastern, Greek, and Roman Rings from the Slava Yevdayev Collection
2015. 8°. Hc., 152 pp., 159 ill. (color), 20 b/w-ill.
(978-3-95490-048-0)

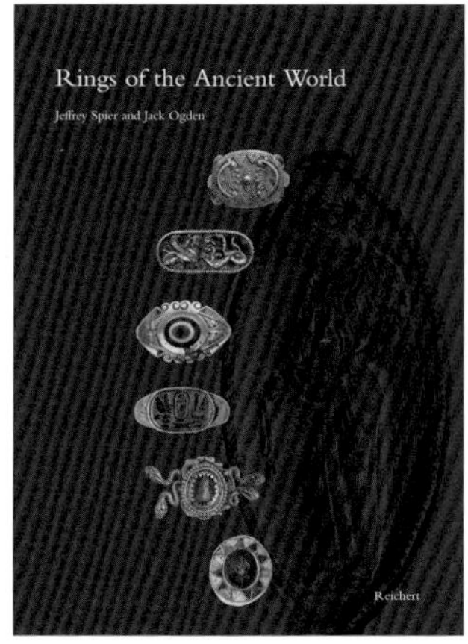

The Yevdayev Collection of ancient rings comprises 59 superb examples from Egypt, Phoenicia, Persia, Greece, Etruria, and Rome, dating from the second millennium BC to the fourth century AD. The variety of rings is remarkable and includes not only examples in gold, silver, and copper, which are often set with gems, but also others carved from semiprecious stone, amber and shell. The rings are notable not only for their exceptional design and craftsmanship, but also for the fine engravings, which provide a wealth of images attesting to the importance of rings to the ancient civilizations of the Mediterranean region. Many have not been published previously.

in Vorbereitung:
Paweł Gołyźniak
Engraved Gems from Tbilisi, Georgia
The Natsvlishvili Family Collection. With a contribution to the problem of forgeries
2019. 8°. Hc., ca. 200 pp., ca. 400 ill. full colored (978-3-95490-335-1)

Studien zur Antiken Stadt

Im Auftrag der Kommission zur Erforschung des antiken Städtewesens der Bayerischen Akademie der Wissenschaften herausgegeben von Paul Zanker

Band 15: Römische Gladiatorenbilder
Studien zu den Gladiatorenreliefs
der späten Republik und der Kaiserzeit aus Italien
Von Manuel Flecker
2015. 4°. Geb., 312 S., 272 s/w- Abb.
(978-3-95490-097-8)

Die Darstellung von Gladiatoren und ihren Kämpfen gehört zu den zentralen Themen der kaiserzeitlichen Bilderwelt. Durch die Untersuchung von Ikonographie und Erzählweise geht die vorliegende Studie erstmals umfassend der Entstehung und Entwicklung der Gladiatorenbilder sowie ihren Funktionen und Botschaften zwischen später Republik und Kaiserzeit nach. Im Zentrum der Arbeit steht dabei die sozialhistorische und kunstgeschichtliche Einordnung der Reliefffriese, die einst die Grabbauten munizipaler Würdenträger in Italien schmückten. Als konkrete Erinnerungsbilder verwiesen sie auf die Rolle der Grabinhaber als Veranstalter von munera gladiatoria. Der Blick auf weitere Denkmälergattungen wie Reliefkeramik, Bildlampen oder Graffiti vermag es darüber hinaus, gewandelte Darstellungsinteressen in unterschiedlichen Kontexten, Zeiten und Regionen aufzuzeigen.

Band 14: Das Haus XV B (Maison 49, 19) von Megara Hyblaia
Von Anette Haug und Dirk Steuernagel
2014. 4°. Geb., 102 S., 90 s/w- und 4 Farbabb.,
6 Pläne (978-3-95490-044-2)

Das Haus XV B (auch bekannt als Maison 49,19) in Megara Hyblaia, einer antiken Kleinstadt bei Syrakus, gehört zu den größten Wohnkomplexen des hellenistischen Siziliens. Verteilt um zwei Höfe beherbergt das Haus aus dem 3. Jahrhundert v. Chr. eine ganze Reihe großzügig geschnittener >Haupträume<, zugleich jedoch Bereiche mit Installationen für produktive Tätigkeiten. Damit gehört es zu den auch unter sozial- und kulturhistorischen Gesichtspunkten besonders interessanten hellenistischen Wohnbauten – und macht das bereits in den 1960er Jahren ausgegrabene, seither aber im Grunde unpubliziert gebliebene Haus zum lohnenden Objekt für eine bauhistorisch-archäologische Befundanalyse, die hiermit nun vorliegt.

Band 13: Polis und Porträt
Standbilder als Medien öffentlicher Repräsentation im hellenistischen Osten
Hg. von Jochen Griesbach
2014. 4°. Geb., 192 S., 94 s/w- und 2 Farbabb.
(978-3-95490-009-1)

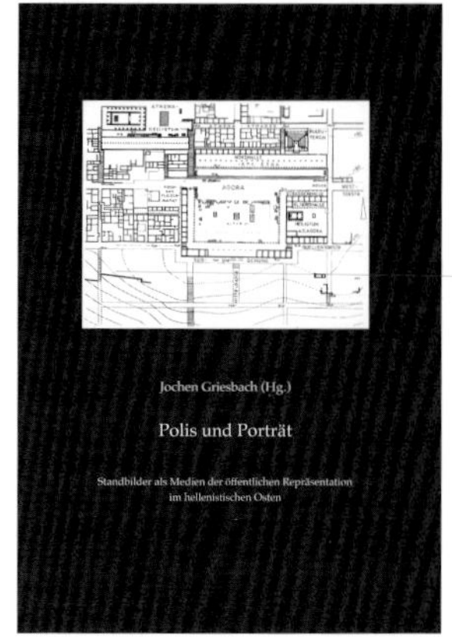

Aus öffentlichen oder privaten Geldern errichtete Porträtstatuen zu Ehren verdienter Männer und Frauen bildeten seit dem Hellenismus die beliebteste Form individueller Repräsentation in der griechischen Poliswelt. Im Band zu einer internationalen Tagung in München (4.–6. Dez. 2009) nähern sich Nachwuchswissenschaftler vor allem der Frage, nach welchen Kriterien diese multimedialen Monumente räumlich in Szene gesetzt wurden. Dabei geht es zum einen um die Rekonstruktion von Denkmälerlandschaften vor dem Hintergrund ihrer antiken Lebenswirklichkeit, zum anderen um die kultur- und sozialgeschichtlichen Erkenntnisse, die sich aus ihrer Betrachtung gewinnen lassen: Strategien zur Legitimation von selektiven Vorbildern in einer demokratisch orientierten Gesellschaft, dynamische Faktoren bei der Grenzziehung zwischen Privat und Öffentlich, ortsspezifischen Einsatz von sozialen Rollenbildern, Modelle der Integration von Vertretern einer fremden Hegemonialmacht in den eigenen Denkmälerbestand oder Konstruktionen von Geschichte über Gesichter und Körper, die man ihr aus scheinbar unvergänglichen Materialien verleiht. Anhand ausgewählter Kontexte wird so deutlich gemacht, wie den öffentlichen Räumen griechischer Städte über die Aufstellung von Standbildern Bedeutungsordnungen eingeschrieben wurden und welche Veränderungen im Verlauf der hellenistischen Epoche bis zu den Anfängen der Kaiserzeit dabei zu verzeichnen sind.

Band 12: Antike Bauornamentik
Grenzen und Möglichkeiten ihrer Erforschung
Von Johannes Lipps und Dominik Maschek
2013. 4°. Geb., 256 S., 155 s/w- und 11 Farbabb. (978-3-89500-997-6)

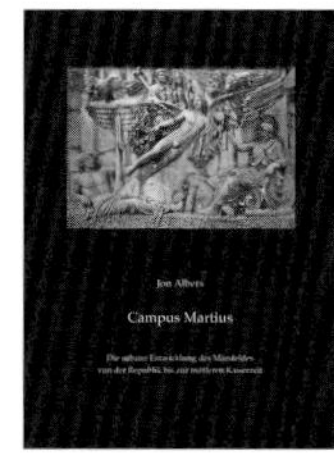

Band 11: Campus Martius
Die urbane Entwicklung des Marsfeldes von der Republik bis zur mittleren Kaiserzeit
Von Jon Albers
2013. 4°. Geb., 292 S., 150 s/w- und 4 Farbabb. (978-3-89500-921-1)

Band 10: Die Ehrenbögen in Pompeji
Von Klaus Müller mit Beiträgen von Valentin Kockel
2011. 4°. Geb., 140S., 138/w- Abb., 2 Klapptafeln (978-3-89500-817-7)

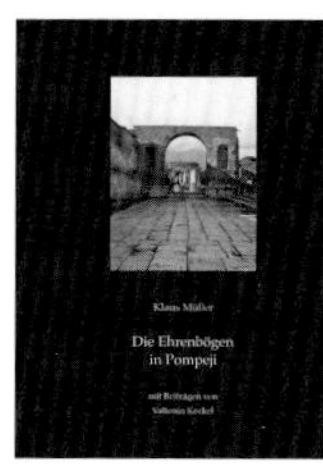

Band 9: Etruskisch-italische und römisch-republikanische Häuser
Hg. von Martin Bentz und Christoph Reusser
2010. 4°. Geb., 304 S., 323 s/w- und 5 Farbabb. (978-3-89500-779-8)

Spätantike · Frühes Christentum · Byzanz

Hg. von Franz Alto Bauer, Beat Brenk, Johannes G. Deckers und Arne Effenberger

Vol. 40: Kaiser, Senatoren und Gelehrte
Untersuchungen zum spätantiken
männlichen Privatporträt
Von Martin Kovacs
2014. 8°. Geb., 456 S., 600 s/w Abb., 150 Tafeln,
1 Beilage (978-3-89500-843-6)

Reihe B: Studien und Perspektiven

Ein wichtiges Phänomen im römischen Porträt ist das „Zeitgesicht", die Angleichung der Bürger an das Bildnis des Kaisers. Zur Zeit Konstantins des Großen wird jedoch nach 300 Jahren dieser unmittelbar erfahrbare Reflex der zuvor prägenden Prinzipatsideologie aufgegeben und insbesondere die Vertreter der Reichsaristokratie suchen fortan nach angemesseneren und vom Herrscherbild entkoppelten Formen der Bildnisrepräsentation. Gleichzeitig nutzen in Griechenland alte Eliten das Medium des Porträts als Ausdruck eines ganz besonderen Vergangenheitsdiskurses. Die Arbeit bemüht sich unter Berücksichtigung einer Vielzahl literarischer und epigraphischer Quellen um eine kulturgeschichtliche Einordnung des spätantiken Porträts, um eine Ergründung der Bedeutung der Gattung der Porträtstatue für ihre Zeitgenossen am Ende der Antike, und letztlich um eine Diskussion der Frage, weshalb sie schließlich als Repräsentationsobjekt aufgegeben wurde.

Reihe B: Studien und Perspektiven

Vol. 41: Kapitelle des 11.–13. Jahrhunderts im Veneto
als Nachgestaltungen antiker und spätantik/frühbyzantinischer Modelle und das „revival" im Kirchenbau
Von Joachim Kramer
2016 8°. Geb., 266 S., 108 s/w Abb., 10 Tafeln
(978-3-95490-099-2)

Vol. 39: monumenta sanctorum
Von Markus Löx
Rom und Mailand als Zentren des frühen Christentums: Märtyrerkult und Kirchenbau unter den Bischöfen Damasus und Ambrosius
2013. 8°. Geb., 352 S., 128 s/w Abb., 69 Tafeln
(978-3-89500-955-6)

Vol. 38: The Byzantine Churches of Sardinia
By Mark J. Johnson
2013. 8°. Hc., 224 pp., 71 ill. b/w and 131 ill. (color),
2 maps, 96 plates (978-3-89500-937-2)

Vol. 37: Capital continuous
By Ralf Bockmann
A Study of Vandal Carthage and Central North Africa from an Archaeological Perspective
2013. 8°. Hc., 320 pp., 25 ill. b/w and 14 ill. (color) on
18 plates (978-3-89500-934-1)

Vol. 36: Die Christianisierung der Städte der Provinz Scythia Minor
Von Robert Born
Ein Beitrag zum spätantiken Urbanismus auf dem Balkan
2012. 8°. Geb., 264 S., 147 s/w-Abb.
(978-3-89500-782-8)

Vol. 35: Villa und christlicher Kult auf der Iberischen Halbinsel in Spätantike und Westgotenzeit
Von Alexis Oepen
2012. 8°. Geb., 592 S., 109 s/w-Abb.
(978-3-89500-857-3)

Vol. 34: Ehrenstatuen in der Spätantike
Von Ulrich Gehn
Chlamydati und Togati
2012. 8°. Geb., 590 S., 197 s/w-Abb., 5 farbige Abb.
(978-3-89500-861-0)

Vol. 33: Die Baugeschichte der Sophienkirche in Sofia
Von Galina Fingarova
2011. 8°. Geb., 416 S., 350 s/w-Abb., 192 Tafeln
(978-3-89500-784-2)